本课题研究由广州市大型企业创新体系建设研究中心、
广东省重点智库"华南理工大学科技革命与技术预见智库"承担

新发展理念研究丛书

创新发展理念研究

创新是引领发展的
第一动力

RESEARCH ON INNOVATION IDEAS

INNOVATION IS THE FIRST DRIVING FORCE OF
LEADING DEVELOPMENT

张振刚　陈一华　编著

社会科学文献出版社
SOCIAL SCIENCES ACADEMIC PRESS (CHINA)

新发展理念研究丛书编委会

主　　编：徐咏虹

执行主编：曾伟玉

编　　委：（按姓氏笔画排序）

王　宁　左　丽　张振刚　陈伟民　陈鸿宇

杨　霖　周永章　贺　忠　郭德焱　梅声洪

董小麟

编　　务：（按姓氏笔画排序）

吴　晴　刘　颖　沈　超　李　钧

总序
践行新发展理念，谋划改革开放新宏图

魏后凯[*]

当今之中国，正处于历史上发展最好的时期。党的十八大以来，在世界经济持续低迷、我国经济发展进入新常态的背景下，我国经济年均增速保持在 7% 左右，2018 年经济总量超过 90 万亿元，人均国内生产总值接近 1 万美元；对世界经济增长的年均贡献率达 30% 左右，成为世界经济增长的主要动力源和稳定器。

从国际大势看，世界经济在大调整大变革之中出现了一些新的变化趋势，国际金融危机深层次影响持续蔓延，国际竞争更趋激烈，保护主义、内顾倾向初见端倪，国际经济格局和治理体系出现重大调整，我国发展的外部环境和条件发生了急剧变化。

从我国面临的问题看，改革开放以来，尽管我们创造了举世瞩目的发展奇迹，经济长期向好基本面没有变，但长期快速发展中积累的矛盾、问题也不少。比如，发展不平衡不充分、发展质量和效益不高等，转方式、调结构、换动力的要求日益迫切。

---

* 魏后凯，中国社会科学院农村发展研究所所长、研究员。

在大调整大变革的时代背景下，习近平总书记在党的十八届五中全会上提出了以"创新、协调、绿色、开放、共享"的新发展理念引领我国发展全局的战略思想，为我国"十三五"乃至更长时期的发展指明了方向和思路。

新发展理念既是能否顺利实现"十三五"规划、"两个一百年"奋斗目标的五大决定性因素，也是引领"四个全面战略布局"的核心理念。新发展理念"不是凭空得来的，是我们在深刻总结国内外发展经验教训的基础上形成的，也是在深刻分析国内外发展大势的基础上形成的，集中反映了我们党对经济社会发展规律认识的深化，也是针对我国发展中的突出矛盾和问题提出来的"①。这些重要论述，鲜明体现了新发展理念是管全局、管根本、管长远的战略思想，所揭示的经济发展规律，是对我国社会主要矛盾变化规律的科学把握和深刻反映，为我们破解发展难题、增强发展动力、厚植发展优势提供了行动指南。

坚定践行新发展理念，对于更好地在中国特色社会主义道路上创造全面建成小康社会的历史辉煌，进一步聚合全面深化改革正能量，增创广东发展新优势具有重大现实意义和深远历史意义。

深自砥砺，笃定前行。近年来，广东全省上下不懈努力，深入学习贯彻习近平新时代中国特色社会主义思想和党的十九大精神，坚定践行新发展理念，牢记习近平总书记对广东做出的"三个定位，两个率先"和"四个坚持、三个支撑、两个走在前列"的重要指示，充分发挥粤港澳综合优势，加快建设富有活力和国际竞争力的国际一流湾区和世界级城市群，在转变经济发展方式、发展实体经济、推动科技创新、提高开放水平以及完善和创新社会治理等方面，广东显示出先人一步的优势，其创新发展实践探索不仅为后续发展注入了澎湃动力，也为全国各地区

---

① 习近平：《在党的十八届五中全会第二次全体会议上的讲话（节选）》，《求是》2016 年第 1 期。

的创新发展实践提供了生动样本。2018 年，广东省地区生产总值达到 9.73 万亿元，经济总量连续 30 年稳居全国第一位。除经济总量外，体现发展质量的规模以上工业企业总数、国家级高新技术企业数量、有效发明专利、区域创新综合能力等均居全国第一。广州作为国家重要中心城市，把握历史新机遇，努力践行新发展理念，坚持"攻城拔寨、落地生根"抓落实，推动广州各项事业发展全面上水平、走前列。近年来，广州经济保持较快增长，地区生产总值由 2011 年的 1.26 万亿元提高到 2018 年的 2.29 万亿元，稳定保持在全省前列。

坚持新发展理念，是被广东、广州实践验证的科学指导思想，更是广东、广州在新起点上再创新辉煌必须遵循的基本原则。在新的起点上，广东要持续践行新发展理念，崇尚创新、注重协调、倡导绿色、厚植开放、推进共享，努力破解发展中面临的新问题和新动向，实现更高质量、更有效率、更加公平、更可持续的发展。

2018 年 3 月 7 日，习近平总书记在参加第十三届全国人大一次会议广东代表团审议时，对广东在形成全面开放新格局中应抓住参与建设粤港澳大湾区的战略机遇提出了明确要求，强调指出："要以更宽广的视野、更高的目标要求、更有力的举措推动全面开放，加快发展更高层次的开放型经济，加快培育贸易新业态新模式，积极参与'一带一路'建设，加强创新能力开放合作。要抓住建设粤港澳大湾区重大机遇，携手港澳加快推进相关工作，打造国际一流湾区和世界级城市群。"① 广东必须深入落实新发展理念，牢牢抓住新时代的重要战略机遇，勇于迎接挑战，力争在全面开放新格局中继续走在全国前列。

总书记的殷殷嘱托，给新时期的广东提出了新的时代任务和挑战。为持续深入学习宣传贯彻党的十九大精神，研究阐释和准确把握习近平

---

① 《习近平李克强栗战书汪洋王沪宁赵乐际韩正分别参加全国人大会议一些代表团审议》，《人民日报》2018 年 3 月 8 日，第 1 版。

新时代中国特色社会主义思想的科学内涵、精神实质和实践要求，扎实推进习近平新时代中国特色社会主义思想在南粤大地落地生根结出丰硕成果，中共广州市委宣传部、广州市社会科学界联合会、广州市社科规划办组织开展了"习近平新时代中国特色社会主义思想"系列课题研究，从"践行新发展理念"和"新时代文化自信"两个方向设立了研究课题，充分整合广州地区高校、党校、科研机构等的研究力量，凝聚广州地区知名社科理论名家的成果和智慧，组织出版了新发展理念研究丛书和文化自信研究丛书。这既是广州社科界服务中国特色社会主义建设事业的一次大胆尝试，也充分展现了广州社科界的研究力、创造力和价值引领力。

新发展理念研究丛书由 5 部专著组成，约 150 万字，分别从创新理念、协调理念、绿色理念、开放理念、共享理念五个方面，对新发展理念的重大意义、丰富内涵和深邃道理进行了全面透彻阐述。具体而言，在创新、协调、绿色、开放、共享的新发展理念中，创新要着力解决的是发展动力问题，创新是新发展理念的核心，是实现协调、绿色、开放与共享的根本动力与实践抓手。协调发展注重的是解决发展不平衡问题。要学会运用辩证法，善于"弹钢琴"，处理好局部和全局、当前和长远、重点和非重点的关系，着力推动区域协调发展、城乡协调发展、物质文明和精神文明协调发展，推动经济建设和国防建设融合发展。绿色发展注重的是解决人与自然和谐问题。要树立大局观、长远观、整体观，坚持节约资源和保护环境的基本国策，像保护眼睛一样保护生态环境，像对待生命一样对待生态环境，推动形成绿色发展方式和生活方式。开放发展注重的是解决发展内外联动问题。要提高把握国内国际两个大局的自觉性和能力，提高对外开放质量和水平。共享发展注重的是解决社会公平正义问题。要坚持人民主体地位，顺应人民群众对美好生活的向往，不断实现好、维护好、发展好最广大人民根本利益，做到发展为了人民、发展依靠人民、发展成果由人民共享。

　　与此同时，丛书也全景式、立体式地展现了广东省、广州市践行新发展理念取得的成效和发展经验，以期为全国各地践行新发展理念提供实践参考。丛书的出版，对于我们正确认识当前所处的时代环境和国内外形势，从容应对各种风险和挑战，具有重要的指引作用和参考价值；对我们深入学习领会习近平新时代中国特色社会主义思想，坚持以新发展理念为引领，更好推动高质量发展，具有重要的理论意义和实践价值。

　　在撰写过程中，本丛书主要遵循以下四个原则。一是时代性。针对习近平总书记关于新发展理念的深刻论述，本丛书在认真研读新发展理念的基础上致力于追溯其理论背景、理论基础和内涵意义，明确回答为何要深入贯彻落实新发展理念。二是准确性。丛书的核心观点均出自习近平总书记关于新发展理念的论述，在认真研读、深刻领会前提下力求将习近平总书记的新发展理念原汁原味地展现给读者，展现它的继承性、发展性、权威性。三是完整性。无论是每部专著的概念框架还是每一章节的具体阐述，都对习近平总书记的论述进行了全面系统的梳理，努力结构化、系统化、体系化地展现出习近平总书记的新发展理念。四是实践性。本书注重理论与实践相结合，在详细论述新发展理念深刻内涵的同时，把理论解读、观点阐释同国家及广东的实践相结合，为我国理论工作者、实践工作者和广大高校学生，在当前和今后深入学习研究新发展理念提供了一个导引性的读本。

　　新发展理念具有科学的理论逻辑、立意高远的实践内涵以及对中国未来乃至世界文明的重大示范意义，它是马克思主义发展观在当代中国的重大创新，也是解决新时代社会主要矛盾，引领高质量发展，推进中国特色社会主义建设的行动指南。由于新发展理念内涵丰富、博大精深，本丛书的理解和阐释必然还有改进的余地，书中存在遗漏与不足在所难免，但我相信，本丛书的出版将为广大读者深入学习和实践新发展理念提供重要的参考。

目 录
Contents

前　言

创新发展理念，是以习近平同志为核心的党中央以马克思主义政治经济学为指导，继承和丰富马克思主义创新思想，吸收了当代西方经济学有关技术进步促进经济增长、演化经济理论、制度创新等方面的理论综合创新的结果，基于我国社会主义初级阶段发展经验、发展变化，立足于新起点、新问题和新实践，顺应世界经济政治以及科技革命发展形势的新要求，提出的新理念。坚持创新发展，是以习近平同志为核心的党中央分析近代以来世界发展历程特别是总结我国改革开放成功实践得出的结论，是我们应对发展环境变化、转换并增强发展动力、把握发展主动权，更好引领新时代中国经济社会发展的根本之策。

抓住了创新，就抓住了牵动经济社会发展全局的"牛鼻子"，抓创新就是抓发展，谋创新就是谋未来。坚持创新发展，必须把创新摆在国家发展全局的核心位置，这是以习近平同志为核心的党中央从顺应国内外发展大势、实现"两个一百年"奋斗目标、实现中华民族伟大复兴的中国梦的战略高度做出的正确决策，具有一定的时代紧迫性和发展必要性。习近平总书记指出："虽然我国经济总量跃居世界第二，但大而不强、臃肿虚胖体弱问题相当突出，主要体现在创新能力不强，这是我国这个经济大块头的'阿喀琉斯之踵'。通过创新引领和驱动发展已经成为我国发展的迫切要求。"① 之所以说通过创新引领和驱动发展已成为我国发展的迫切要求，具体而言至少体现在以下三个方面。

第一，紧抓时代发展机遇需要依靠创新。从时代发展上看，抓住当前新工业革命带来的赶超机遇需要依靠创新。当前，以大数据、云计算、物联网、机器人、人工智能、虚拟现实、新材料、生物科技等为代表的新技术蓄势待发，重大颠覆性技术不断涌现，将对传统产业的产品、商业模式和业态产生深刻的影响，并催生许多新的产业领域。世界主要发达国家纷纷实施新的创新战略和政策，加强对人才、专利、标准等战略性资源的争夺，抓紧布局新兴技术，培育新兴产业。新的科技革命和产业变革给后发国家提供了"弯道超车"的机会。对于我国来说，我国现在的科技实力和经济实力有了大幅度提升，已经具备抓住新一轮工业革命和产业变革机遇的条件。我国现在比历史上任何时期都更接近实现"两个一百年"和中华民族伟大复兴的目标，必须通过创新驱动抓住这个千载难逢的历史机遇。

第二，实现经济发展新突破需要创新。历经 40 年的改革开放，中国顺利地从追赶到赶超，再到部分领先，成功地走完了现代化建设的"前半程"，综合国力大大增强。但是，我国经济发展仍然面临着巨大的困难和挑战。在当今的"后金融危机"时代，世界经济仍处于复苏调整期，新的增长动力尚未形成，全球经济领域出现了产能过剩、增长动能不足、治理滞后和发展失衡现象，对中国经济增长的带动力不足，并且在贸易保护主义抬头、逆全球化的做法频频出现的背景下，中国利用世界经济增长和国际市场实现自身发展的外部条件极为不稳定。同时，改革开放以来，我国经济的持续高速增长主要得益于抓住全球产业转移的趋势，

---

① 习近平：《在省部级主要领导干部学习贯彻党的十八届五中全会精神专题研讨班上的讲话》，人民出版社，2016，第 11 页。

充分发挥了我国劳动力资源丰富的比较优势。但是，近年来，随着人口红利消退，建立在劳动力、资源、土地投入等初级生产要素基础上的旧动能趋缓，对进一步增强我国国际竞争力所发挥的作用逐步弱化，依靠要素驱动与投资驱动的传统发展方式已难以为继。要突破经济发展中的瓶颈，化解深层次矛盾，实现经济增长方式的转型和经济社会持续健康发展，我们必须更多依靠内在动力实现跨越式发展，加快经济发展方式转变，提高经济发展质量和效益。因此，实现发展新跨越的根本出路在于创新驱动，不断解放和发展社会生产力，推进供给侧结构性改革，加快形成以创新为引领发展的第一动力和主要支撑的经济体系。

第三，实现中华民族伟大复兴离不开创新。习近平总书记深刻指出，纵观人类发展历史，创新始终是一个国家、一个民族发展的重要力量，也始终是推动人类社会进步的重要力量。不创新变革，就可能陷入战略被动，错失发展机遇。在绵延五千多年的文明发展进程中，中华民族在天文历法、数学、农学、医学、地理学等众多科技领域取得了举世瞩目的成就，取得了以四大发明为代表的一大批发明创造。同样，英国抓住了第一次产业革命的机遇，成为世界霸主；美国把握了第二次产业革命的机遇，在科技和产业革命中成为领航者和最大获利者，赶超英国成为世界第一强国。近代以来，我国屡次与科技革命失之交臂，从世界强国变为任人欺凌的半殖民地半封建国家，中华民族经历了一个多世纪列强侵略、战乱不止、社会动荡、人民流离失所的深重苦难。中华人民共和国成立以来，特别是改革开放以来，经过不懈努力，我国科技发展取得了举世瞩目的伟大成就，科技整体能力持续提升，在一些重要领域跻身世界先进行列，在某些前沿方向开始进入并行、领跑阶段。在我国发展新的历史起点上，在中国特色社会主义进入新时代的历史关键期，实现中华民族伟大复兴的中国梦，要把科技创新摆在更加重要的位置，吹响建设世界科技强国的号角；必须坚持走中国特色自主创新道路，面向世界科技前沿、面向经济主战场、面向国家重大需求，加快各领域科技创新，掌握全球科技竞争先机；要在科技创新方面有新理念、新设计、新战略，要深入贯彻新发展理念，深入实施科教兴国战略和人才强国战略，深入实施创新驱动发展战略①。

"创新是一个民族进步的灵魂，是一个国家兴旺发达的不竭动力，也是中华民族最深沉的民族禀赋。在激烈的国际竞争中，惟创新者进，惟创新者强，惟创新者胜。"② 提升社会生产力和综合国力需要靠创新作为战略支撑，必须把创新当作引领发展的第一动力，把创新摆在发展全局的核心位置。在习近平总书记的执政理念中，"创新"始终占据着重要位置。社会主义的根本任务是解放和发展生产力，在我国仍处于并将长期处于社会主义初级阶段，发展是建设中国特色社会主义的第一要务。在新的历史条件下，在新的起点上，"把创新作为引领发展的第一动力"，是对"科学技术是第一生产力"重要思想在新时代条件下的坚持与创造性的发展。在我国由大国向创新强国的进程中，如果科技创新不能实现新突破，产业结构就不可能得到优化，经济发展方式就不可能得到转变，发展动力就不可能实现转换。因此，我们要抓住创新，让创新引领发展，让创新贯穿党和国家的一切工作，让创新在全社会蔚然成风。

创新还是一个复杂的社会系统工程，涉及经济、社会等各个领域，即以科技创新为核心的包括社会、经济、文化、生态、教育、政治等各个领域在内的全面创新发展。创新发展理念的内涵是一个涵盖思想、制度和技术的系统发展方略，包括理论创新、技术创新、制度创新、管理创新等各个要素的创新，需要打造国家的全面创新体系来支撑国家的创新发展。

---

① 习近平：《为建设世界科技强国而奋斗——在全国科技创新大会、两院院士大会、中国科协第九次全国代表大会上的讲话》，《人民日报》2016 年 6 月 1 日，第 2 版。
② 习近平：《在欧美同学会成立 100 周年庆祝大会上的讲话》，《人民日报》2013 年 10 月 22 日，第 2 版。

　　理论创新、制度创新、科技创新和文化创新这四大创新连同其他方面的创新共同构成了创新发展理念的完整内涵，指明了我国发展的方向和要求，代表了当今世界的发展潮流。"不断推进理论创新、制度创新、科技创新、文化创新等各方面创新，让创新贯穿党和国家一切工作"[①]，创新是一项复杂的系统工程。创新实践与绩效涉及上层建筑与经济基础、生产关系与生产力之间各个要素的变革与关系的调整。要真正释放创新之于发展的推动作用，必须进行系统性与结构性的改革[②]。

　　在创新发展理念中，理论创新是社会发展和变革的先导，是各类创新活动的思想灵魂和方法来源。习近平总书记强调，我们党之所以能够历经考验和磨难无往而不胜，关键就在于不断进行实践创新和理论创新。制度创新是持续创新的保障，能够激发各类创新主体的活力，也是引领经济社会发展的关键，其核心是国家治理创新，推进国家治理体系和治理能力现代化，形成有利于创新发展的体制机制。习近平总书记曾指出，实施创新驱动发展战略，最紧迫的就是要破除体制机制障碍，而改革则是点燃创新这个新引擎必不可少的点火系。科技创新是全面创新的重中之重，是经济社会发展的原动力，需要充分发挥科技创新在全面创新中的引领作用。科技是国之利器，国家赖之以强，企业赖之以赢，人民生活赖之以好。科技兴则民族兴，科技强则国家强。新时期、新形势、新任务，要求我们在科技创新方面有新理念、新设计、新战略，必须坚持走中国特色自主创新道路，加快各领域科技创新，强化事关发展全局的基础研究和共性关键技术研究，全面提高自主创新能力，掌握全球科技竞争先机。文化创新是根本，文化创新本质上是孕育创新的土壤与基础，为各类创新活动提供源源不竭的精神滋养。习近平总书记在 2014 年 10 月

----

① 中共中央文献研究室编《习近平关于科技创新论述摘编》，中央文献出版社，2016，第9 页。

② 中共中央党校哲学教研部：《五大发展理念——创新　协调　绿色　开放　共享》，中共中央党校出版社，2016，第 121 页。

的文艺工作座谈会上强调："创新是文艺的生命。""要把创新精神贯穿文艺创作生产全过程，增强文艺原创能力。"①

发展理念需要发展战略来落实，发展战略需要发展理念来指导。党的十八大做出了实施创新驱动发展战略的重大部署。当前，我国创新驱动发展已具备发力加速的基础。其一，经过多年努力，科技发展正向质的提升跃进，科研体系日益完备，人才队伍不断壮大，科学、技术、工程、产业的自主创新能力快速提升。其二，经济向高质量发展、人民群众日益增长的物质文明需求、生态环境的迫切建设和国防现代化建设对创新提出了巨大需求。国家经济社会发展需求、庞大的市场规模、完备的产业体系、多样化的消费需求与数字经济时代创新效率的提升相结合，极大拓展了创新发展空间。其三，中国特色社会主义制度的优越性提供创新保障，中国体制机制决定了我们能够有效结合集中力量办大事和市场配置资源的优势，为实现创新驱动发展提供根本保障。但也要看到，我国许多产业仍处于全球价值链的中低端，一些关键核心技术受制于人，发达国家在科学前沿和高技术领域仍然占据明显领先优势，我国支撑产业升级、引领未来发展的科学技术储备亟待加强。适应创新驱动的体制机制亟待建立健全，企业创新动力不足，创新体系整体效能不高，经济发展尚未真正转到依靠创新的轨道。科技人才队伍大而不强，领军人才和高技能人才缺乏，创新型企业家群体亟须发展壮大。激励创新的市场环境和社会氛围仍需进一步培育和优化②。

在我国加快推进社会主义现代化、实现"两个一百年"奋斗目标和中华民族伟大复兴中国梦的关键阶段，要让创新成为国家意志和全社会的共同行动，走出一条从人才强、科技强到产业强、经济强、国家强的

---

① 习近平：《在文艺工作座谈会上的讲话》，人民出版社，2015，第 11 页。
② 《中共中央　国务院印发〈国家创新驱动发展战略纲要〉》，《人民日报》2016 年 5 月 20 日，第 1 版。

发展新路径，为我国未来十几年乃至更长时间创造一个新的增长周期，实现我国创新驱动发展战略提出的"三步走"目标：第一步，到 2020 年进入创新型国家行列，基本建成有中国特色的国家创新体系；第二步，到 2030 年跻身创新型国家前列，发展驱动力实现根本转换，经济社会发展水平和国际竞争力大幅提升；第三步，到 2050 年建成世界科技创新强国，成为世界主要科学中心和创新高地。

从具体的创新战略措施看，"坚持创新发展，既要坚持全面系统的观点，又要抓住关键，以重要领域和关键环节的突破带动全局。要超前谋划、超前部署，紧紧围绕经济竞争力的核心关键、社会发展的瓶颈制约、国家安全的重大挑战，强化事关发展全局的基础研究和共性关键技术研究，全面提高自主创新能力，在科技创新上取得重大突破，力争实现我国科技水平由跟跑并跑向并跑领跑转变。要以重大科技创新为引领，加快科技创新成果向现实生产力转化，加快构建产业新体系，做到人有我有、人有我强、人强我优，增强我国经济整体素质和国际竞争力。要深化科技体制改革，推进人才发展体制和政策创新，突出'高精尖缺'导向，实施更开放的创新人才引进政策，聚天下英才而用之"①。

"理念是行动的先导，一定的发展实践都是由一定的发展理念来引领的。"② 改革开放以来，广东一直被视为全国改革开放的前沿地带，广东的改革发展在全国具有先导性、示范性意义。2015 年 6 月，党中央、国务院将广东列入系统推进全面创新改革试验试点，之后的 2016 年 6 月，《广东省系统推进全面创新改革试验方案》正式被国务院批复。广东被赋予创新驱动排头兵的重要使命，足以证明其作为中国改革开放先行地的地位不可取代，也凸显了广东对中国经济发展和中国改革开放的重要意

---

① 习近平：《在省部级主要领导干部学习贯彻党的十八届五中全会精神专题研讨班上的讲话》，《人民日报》2016 年 5 月 10 日，第 3 版。
② 《习近平谈治国理政》第 2 卷，外文出版社，2017，第 197 页。

义。作为创新驱动发展排头兵的广东，坚持以习近平新时代中国特色社会主义思想为指导，深入贯彻落实党的十八大、十九大精神，以习近平总书记对广东做出的"三个定位、两个率先"（即广东要努力成为发展中国特色社会主义的排头兵、深化改革开放的先行地、探索科学发展的试验区，为率先全面建成小康社会、率先基本实现社会主义现代化而奋斗）和"四个坚持、三个支撑、两个走在前列"（"四个坚持"是指坚持党的领导、坚持中国特色社会主义、坚持新发展理念、坚持改革开放；"三个支撑"是指为全国推进供给侧结构性改革、实施创新驱动发展战略、构建开放型经济新体制提供支撑；"两个走在前列"是指在全面建成小康社会上走在前列、加快建设社会主义现代化新征程上走在前列）重要指示精神为统领，把"四个走在全国前列"（即在构建推动经济高质量发展的体制机制上走在全国前列；在建设现代化经济体系上走在全国前列；在形成全面开放新格局上走在全国前列；在营造共建共治共享社会治理格局上走在全国前列）的新要求落到实处，迅速做出战略抉择，把创新驱动发展作为广东省经济社会发展的核心战略和经济结构调整的总抓手，把创新落到发展上，部署实施了一系列具体举措。

第一，以深入实施创新驱动发展战略为重点，加快建设科技创新强省。实施核心技术攻关，构建高水平的科技创新体系，加快推进以广深科技创新走廊为重点的珠三角国家自主创新示范区建设，打造国际人才新高地，强筋壮骨、强核补芯，推动广东省从创新大省向创新强省转变。

第二，以构建现代产业体系为重点，加快建设现代化经济体系。瞄准高端高新产业打造产业新支柱，大力发展新能源、高端装备制造业、新材料、电子信息技术、生物医药等战略性新兴产业，高起点建设世界先进制造业集群，以绿色低碳引领推动产业结构优化调整，推动产业向全球价值链高端攀升，推动经济绿色化发展。

第三，以粤港澳大湾区建设为重点，加快形成全面开放新格局。深化粤港澳协同发展、互利共赢，打造国际一流湾区、世界级城市群和国际科技创新中心，深度参与"一带一路"建设，率先形成陆海内外联动、东西双向互济的开放格局，加快构建开放型、协调型经济新体制。

第四，以提高发展质量和效益为重点，加快构建推动经济高质量发展的体制机制。实行以落实新发展理念为导向的考核制度，深化供给侧结构性改革，建立高要求的质量标准体系和严格的市场监管体系，推动制造大省向制造强省转变、广东制造向广东创造转变、广东速度向广东质量转变①。在破除制约科技创新发展的体制机制障碍方面，广东省于2014年出台了《关于全面深化科技体制改革加快创新驱动发展的决定》，启动了广东创新驱动发展战略。随后，陆续出台了《关于加快建设创新驱动发展先行省的意见》《关于加快科技创新若干政策意见》《关于建设一批高水平大学的意见》等政策性文件。修订了《广东省自主创新促进条例》，通过了《广东省促进科技成果转化条例》，实施《珠三角国家自主创新示范区建设实施方案（2016—2020年)》等。

党的十八大以来，广东的创新驱动发展取得了明显成效，在新旧动能转换上迈出了坚实步伐，大大增强了广东省的创新实力，也为全面建成创新型国家、实现中华民族伟大复兴的中国梦提供了坚实支撑。全省地区生产总值从2012年的5.8万亿元增加到2017年的8.99万亿元，占全国的10.5%，连续29年居全国首位，五年年均增长7.9%。先进制造业增加值占规模以上工业增加值比重达53.2%，主营业务收入超百亿元、千亿元的企业分别达260家、25家，进入世界500强的企业从4家增加到11家。新增3个国家级高新区。国家级高新技术企业从6652家增加到3万家，跃居全国第一。高新技术产品产值达6.7万亿元，年均增长11.4%。全省研发经费支出从1236亿元增加到超过2300亿元，居全国第

---

① 徐林：《全面深化习近平总书记重要讲话精神的学习贯彻，把"四个走在全国前列"要求落到实处，以新担当新作为开创广东工作新局面》，《南方日报》2018年6月9日，第1版。

一，占地区生产总值比重从 2.17% 提高到 2.65%。有效发明专利量、PCT 国际专利申请量及专利综合实力连续多年居全国首位，技术自给率和科技进步贡献率分别达 72.5% 和 58%①，这意味着广东迈入了创新型地区行列。

在转变经济发展方式、发展实体经济、推动科技创新、提高开放水平以及完善和创新社会治理等方面，广东有先人一步的优势，其创新驱动发展实践探索不仅为广东后续发展注入澎湃动力，也为全国各地区创新驱动发展实践提供了生动样本。因此，在研究习近平总书记的创新发展理念的同时，本书强调融入一定的实践探索案例，让读者直接、客观、真实地了解习近平总书记的创新发展理念如何指导创新实践。受广州市社会科学界联合会的委托，本团队承担创新发展理念的研究工作，在撰写过程中，我们遵循以下四个原则：（1）时代性。针对习近平总书记关于创新发展理念的深刻论述，本团队在认真研读的基础上致力于追溯其所处的时代背景和时代意义，明确回答为何要深入贯彻落实创新发展理念。（2）准确性。各章节的核心观点均出自习近平总书记关于创新发展理念的论述，在认真研读、深刻领会前提下力求将习近平总书记的创新发展理念原汁原味地展现给读者，展现它的继承性、发展性、权威性和政治性。（3）完整性。无论是整本书的概念框架还是每一章节的具体阐述，都对习近平总书记的论述进行了全面系统的梳理，努力结构化、系统化、体系化地展现习近平总书记的创新发展理念。（4）实践性。本书注重理论与实践相结合，在详细论述习近平总书记创新发展理念深刻内涵的同时，把理论解读、观点阐释同国家及广东省、广州市的实践相结合，适当融入国家创新驱动发展举措以及广东省、广州市的实践思路，以期为深入贯彻习近平总书记关于创新发展的重要讲话精神、实施创新驱动发展战略提供广东的探索经验。

---

① 马光瑞：《政府工作报告》，《南方日报》2018 年 2 月 2 日，第 3 版。

　　本书共八章，基于对习近平总书记关于创新发展重要论述的梳理研究，本书的写作结构安排如下：第一章主要阐释创新发展理念的时代背景、理论渊源及基本内涵。第二章着重阐释科技创新的重要性以及新时代中国推进科技创新与产业发展的理论逻辑和实践逻辑。第三章、第四章、第五章注重阐释新时代中国推进以科技创新为核心的全面创新的自主、协同、开放三大创新战略及创新发展路径，包括坚定不移走中国特色自主创新道路，真正掌握竞争和发展的主动权；形成协同创新新格局，形成推进创新驱动发展的强大合力；坚持在开放中创新，构建人类命运共同体。第六章阐释创新发展的第一资源——人才，分析创新人才对国家创新的重要意义及人才强国战略的重要举措，探讨如何在创新事业中发现人才、培育人才、使用人才及凝聚人才。第七章注重探讨如何通过科技体制机制创新来激励和保障科技创新，即如何坚持科技创新与制度创新"双轮驱动"。第八章是广东践行创新发展理念，贯彻习近平总书记"四个走在全国前列"重要指示精神的具体实践和案例。

　　由于成稿时间与编者水平有限，书中存在遗漏与不足在所难免，希望读者不吝批评指正。

第一章 创新发展理念的时代背景、理论基础与基本内涵

创新发展理念，是以习近平同志为核心的党中央以马克思主义政治经济学为指导，在继承和丰富了马克思主义创新思想、吸收当代西方经济学技术进步理论的基础上，基于我国社会主义初级阶段发展经验、发展变化，立足于建设社会主义现代化国家的新起点、新问题和新实践，顺应世界经济政治以及科技革命发展形势的新要求，提出的新发展理念。坚持创新发展，是以习近平同志为核心的党中央分析近代以来世界发展历程特别是总结我国改革开放成功实践得出的结论，是我们应对发展环境变化、转换并增强发展动力、把握发展主动权，更好引领新时代中国经济社会发展的根本之策。

第一节 创新发展理念的时代背景

在党的十八届五中全会上，习近平总书记系统论述了创新、协调、绿色、开放、共享"五大发展理念"。这"五大发展理念"是五中全会《中共中央关于制定国民经济和社会发展第十三个五年规划的建议》的精

髓和主线①，是"十三五"乃至更长时期我国发展思路、发展方向、发展着力点的集中体现。其中，创新发展位居"五大发展理念"之首，注重的是解决发展动力问题。创新不仅是引领发展的第一动力，决定了发展速度、效能以及可持续性，还是应对我国发展环境变化、把握发展主动权、更好引领新常态的根本之策②。

习近平总书记提出的创新发展理念，不仅来自他前期的工作经验总结升华，也来自我国经济发展实践经验的总结和国情变化的战略应对。

习近平同志在正定县工作期间就具有创新的信念和勇气。他认为这一"高产穷县"必须通过改革创新以及大胆启用和广泛接受各种人才来盘活本地经济③。此外，习近平同志在浙江工作时就提出了"自强不息、坚韧不拔、勇于创新、讲求实效"的浙江精神④。他还始终强调创新发展的重要性，切实把提高自主创新能力作为提高浙江综合竞争力的中心环节和第一要务，从而使浙江从一个资源小省一跃成为拥有强大"第一动力"的科技创新大省。如果将当年习近平同志关于改革创新的重要论述和实践与创新理念进行比较，可以清晰地看出两者之间的联系。譬如，他当年提出的"新时期的用人观点"，实际上就是科教兴国战略、人才强国战略和科技兴军战略的朴素表达；当年提出的"避免破坏性震动"同当前的"决不能在根本性问题上出现颠覆性错误"相似；当年提出的"第一动力"重要论断同现今提倡的"创新是引领发展的第一动力"重要观点，也有着一脉相承的内在逻辑。

就中国发展实践来说，1978 年开始我国实行改革开放，从解放思想开始，逐步实行一系列创新举措，进而打破旧体制、建立社会主义市场

---

① 人民日报社理论部：《"五大发展理念"解读》，人民出版社，2015，第 18 页。
② 习近平：《在省部级主要领导干部学习贯彻党的十八届五中全会精神专题研讨班上的讲话》，《人民日报》2016 年 5 月 10 日，第 2 版。
③ 王相坤：《习近平的成长经历与新时代中国特色社会主义思想的形成》，《党史文苑》2017 年第 12 期，第 47 ~ 51 页。
④ 习近平：《与时俱进的浙江精神》，《哲学研究》2006 年第 4 期，第 3 ~ 8 页。

经济体制，形成了一套指导中国经济发展的创新理论体系。当前中国特色社会主义进入了新时代，进入了全面深化改革的新阶段，这是我国发展历程中新的历史方位，改革的重点在于建立新体制，尤其是系统完备、科学规范、运行有效的制度体系，使各方面制度更加成熟，这需要创新的思路和理念[①]。就发展机遇与挑战来说，世界范围内新一轮科技革命与产业革命正在兴起，全球经济格局正在发生深刻调整，我国发展逐步由高速增长转向高质量发展。我们要清楚地意识到，虽然我国经济规模很大，但依然大而不强；我国经济增速很快，但依然快而不优，依靠资源等要素投入推动经济增长和规模扩张的粗放型发展呈现不可持续性，需要转向以创新驱动为主的新发展阶段，通过全面创新进一步促进经济高质量发展，从而实现新时代中华民族的伟大复兴。

一　新一轮科技革命与产业革命正在兴起

当前，新一轮全球科技革命和产业变革正在兴起，新技术突破、重大颠覆性创新极大地释放出社会生产力，加速带动产业业态和发展路径变革，对世界经济结构和竞争格局产生了重大影响。综合来看，新一轮科技革命与产业革命呈现以下几大发展趋势。

首先，基础科学与新兴高科技领域日益呈现跨界融合与交叉分化的发展态势。当前，一些重要科学问题和关键核心技术已经呈现革命性突破的先兆，带动了关键技术交叉融合、群体跃进。传统意义上的基础研究、应用研究、技术开发和产业化的边界日趋模糊。新兴学科不断涌现，前沿领域不断延伸，未来世界可能发生的一系列重大科技事件在互联网技术和其他新兴学科的交叉应用方面已初现端倪，在基础科学研究方面也将出现重大变化。

其次，信息技术、生物技术、新材料技术、新能源技术广泛渗透，

---

① 　洪银兴主编《创新发展》，江苏人民出版社，2016，第2页。

带动相关领域发生以绿色、智能等为特征的群体性技术革命，催生了高附加值的高端新兴产业。与以往追求经济高速发展的生产方式不同，新一轮科技革命与产业革命的动力还源于人们对于可持续发展、绿色发展的追求和向往，因此更加注重发展的可持续性。

最后，科技创新链条更加灵巧，技术更新和成果转化更加快捷。当前，科技成果向现实生产力转化不力、不顺、不畅，其症结就在于科技创新链条上存在诸多体制机制关卡①。为解决这个问题，世界各国不断加快深化科技体制改革步伐，着力从科技体制改革和经济社会领域改革两个方面同步发力，对国家科技创新战略规划和资源配置体制机制进行深化改革。

即将出现的新一轮科技革命与产业变革与我国加快转变经济发展方式形成历史性交会，为我们实施创新发展战略提供了难得的重大机遇。同时，我们也要清醒地看到，我国创新能力不强，科技发展水平总体不高，科技对经济社会发展的支撑能力不足，科技对经济增长的贡献率远低于发达国家水平，这是我国这个经济大个头的"阿喀琉斯之踵"。②

为此，我们要瞄准世界科技前沿领域和顶尖水平，牢牢把握科技发展大趋势，着力增强自主创新能力。在科技前沿、国家重大需求、经济主战场领域快速布局科技创新，力争在基础科技领域做出更大的创新。在核心关键技术领域取得大的突破，在更高层次、更大范围发挥科技创新的引领作用，努力成为世界主要科学中心和创新高地，实现建设世界科技强国的奋斗目标。

二 国际经济格局出现新调整提出新挑战

2014 年 11 月 9 日，习近平总书记在亚太经合组织工商领导人峰会开

---

① 习近平：《在中国科学院第十七次院士大会、中国工程院第十二次院士大会上的讲话》，《人民日报》2014 年 6 月 10 日，第 2 版。
② 中共中央文献研究室编《习近平关于科技创新论述摘编》，中央文献出版社，2016，第24 页。

幕式上指出："国际金融危机后续影响尚未完全消除，一些经济体的复苏仍然脆弱。"① 究其根源，全球增长动能不足是重要原因之一。世界经济的复苏需要依靠全球创新能力提升。然而，当今世界正面临百年未有之大变局：单边主义和保护主义抬头、中美贸易摩擦逐渐升级、发达国家再工业化兴起……上述发展态势对中国创新发展而言，既充满机遇，也存在挑战。

首先，经济全球化背景下单边主义和保护主义抬头，国际社会再次走到十字路口。经济全球化一方面促进了世界经济和众多国家经济的增长，另一方面也引发了全球治理体系的深刻重塑。世界多极化、经济全球化在曲折中前行，地缘政治热点此起彼伏，单边主义、保护主义愈演愈烈，多边主义和多边贸易体制受到严重冲击。要合作还是要对立，要开放还是要封闭，要互利共赢还是要以邻为壑，是每一个国家都需要深入思考的问题。作为世界最大的发展中国家，中国能够做的和应该做的就是要抢抓机遇，加大创新投入，着力培育新的经济增长点，实现新旧动能转换；就是要树立全球视野，深化国际创新交流合作，发挥各自的比较优势和资源禀赋，让科技进步惠及更多国家和人民；就是要坚定支持多边贸易体制，继续推进全球经济治理改革，提高新兴市场国家和发展中国家在创新、贸易投资、知识产权保护等方面，以及网络、外空、极地等新疆域的代表性和发言权②。

其次，随着新一轮中美贸易摩擦逐渐升级，科技创新在我国嵌入全球产业链、价值链、创新链高端环节过程中的作用日益凸显。经济全球化导致的利益分配失衡和中美贸易失衡是中美贸易摩擦升级的重要原因。在美国看来，中国是本轮全球化的最大受益者，中国的崛起对世界经济

---

① 习近平：《谋求持久发展　共筑亚太梦想——在亚太经合组织工商领导人峰会开幕式上的演讲》，《人民日报》2014 年 11 月 10 日，第 2 版。

② 习近平：《顺应时代潮流　实现共同发展——习近平主席在金砖国家工商论坛上的讲话》，《对外经贸实务》2018 年第 8 期，第 4~7 页。

格局产生了重大影响。为追求自身利益最大化，美国不顾中美两国间的利益损失，贸然对华发动贸易战，这种行为实际上是对全球价值链和全球网络生产体系的挑战。中国应清醒地认识到：新一轮中美贸易摩擦背后，是科技实力的较量。没有强大的科技创新实力，在高度全球化的分工格局中，中国只能在产业链、价值链的中低端徘徊①。这是新时代我们解决中美贸易战纷争的一个重要挑战，也是建设创新型国家、向世界科技强国迈进必须跨越的门槛。

最后，发达国家的"再工业化"战略也为我国实施创新驱动发展战略带来新挑战。基于工业在各产业中的地位不断降低、工业品在国际市场上的竞争力相对下降、大量工业性投资移师海外而国内投资相对不足的发展状况，发达国家提出"再工业化"发展战略。这一战略的实质是用新技术推动高端制造业发展，要求经济发展转向可持续增长模式，以及重新重视国内产业尤其是制造业实体经济的发展。对我国而言，"再工业化"既是挑战，也是机遇。就挑战而言，"再工业化"背景下，全球产业竞争进一步加大，我国在智能制造等新兴工业领域的发展水平仍较低，加之技术发达国家以知识产权保护、国家安全为由实行技术封锁，加剧了我国自主创新的必要性、紧迫性与实施难度②。就机遇而言，"再工业化"提倡发展以绿色化、智能化、柔性化、网络化等为特征的先进制造业，将引发全球价值链和生产方式的变革重构，对我国进入全球价值网络提供了赶超的空间，同时也逆向驱动我国科技与产业的发展，这不仅会从源头上有效缓解我国资源环境压力，而且会引发制造业及其相关产业链的重大变革。从长期看，实行"再工业化"需要持续不断的创新推动，依靠创新推动"再工业化"，大力发展先进制造业。通过新一轮的技

---

① 马振岗：《美国挑起对华贸易摩擦的背后》，《人民论坛》2018 年第 12 期，第 18～20 页。
② 郭晓蓓：《欧美"再工业化"战略进展及对我国产业升级的启示》，《当代经济管理》2018 年第 3 期，第 89～97 页。

术革命引领，创造新的经济增长点，带来新的就业岗位，已成为当前很多国家摆脱危机、实现增长的根本出路。

三　中国经济由高速增长转向高质量发展

党的十九大报告明确指出，新时代我国经济已由高速增长阶段转向高质量发展阶段，正处在转变发展方式、优化经济结构、转换增长动力的攻关期。新时代反映经济转向高质量发展的阶段性变化表现在：由低收入阶段向中等收入发展阶段转变；经济增长由粗放型增长向质量效益型增长转变。由此可见，高质量发展对经济增长的要求更高，进入新时代意味着我国必须探索高质量发展道路[①]。

首先，由低收入阶段向中等收入发展阶段转变。我国社会的主要矛盾发生了重大变化，我国经济发展阶段也在发生历史性变化，不平衡、不充分的发展就是发展质量不高的表现。在低收入阶段，解决人民温饱问题、人民生活总体水平达到小康水平是我国社会主义现代化建设的重要目标；进入中等收入发展阶段以后，全面建设小康社会和社会主义现代化强国是紧扣我国社会主要矛盾变化、统筹推进社会经济建设、政治建设、文化建设、社会建设、生态文明建设的重大战略目标。因此，我们要加快转变经济发展方式，加快完善创新机制，全方位推进科技创新、企业创新、产品创新、市场创新、品牌创新，为全面建设社会主义现代化强国积蓄创新动能。

其次，粗放型增长向质量效益型增长转变。长期以来，粗放型经济发展方式在我国发挥了很大作用，加快了我国经济发展的步伐。然而，这种发展方式不仅造成资源的极大浪费和环境的严重污染，受资源环境和劳动力的约束也逐步增大，而且极易受到国际市场波动的影

---

① 任保平：《新时代中国经济从高速增长转向高质量发展：理论阐释与实践取向》，《学术月刊》2018 年第 3 期，第 66～86 页。

响。这就需要我国加快转变经济发展方式，由粗放的发展模式向集约的发展模式转变，追求高质量、高效益的发展。当前，世界新一轮科技革命和产业革命方兴未艾、孕育着新的生产力突破，我们要坚定不移地实施创新驱动发展战略，牢牢把握转变发展方式的新机遇，积极推动经济发展质量变革、效率变革、动力变革，最终提高经济发展的质量和效益。

我国的经济规模和人口规模巨大，从高速增长阶段转向高质量发展阶段并不容易，需要坚决贯彻落实新发展理念，特别是提升国家整体创新实力，增强科技对经济社会发展的支撑能力。

四　中国正处在实现民族复兴的关键时期

中华民族是勇于创新、善于创新的民族。我们的先人们早就提出"周虽旧邦，其命维新。""天行健，君子以自强不息。""苟日新，日日新，又日新。"等同创新相关的思想言论，可以说，创新精神是中华民族最鲜明的禀赋。在5000多年文明发展进程中，中华民族创造了高度发达的文明，我们的先人们发明了造纸术、火药、印刷术、指南针，在天文、算学、医学、农学等多个领域创造了累累硕果，为世界贡献了无数科技创新成果，对世界文明进步影响深远、贡献巨大，也使我国长期居于世界强国之列①。

鸦片战争以后，历经近百年的抗争和探索，在对各种各样救亡道路的反复比较中，中国的先进分子开始接受马克思主义，并在历史和人民的选择下通过革命走上了社会主义道路。以毛泽东同志为主要代表的中国共产党人，把马克思主义基本原理同中国具体实际相结合，在经历了反复实践和许多挫折之后，取得了新民主主义革命的伟大胜利，建立了

---

① 习近平：《在中国科学院第十七次院士大会、中国工程院第十二次院士大会上的讲话》，《人民日报》2014年6月10日，第2版。

人民当家做主的新中国①。

新中国成立 60 多年来，中国人民在中国共产党的带领下，取得了社会主义革命、建设和改革的巨大成就。经过长期努力，中国特色社会主义进入新时代，这意味着近代以来久经磨难的中华民族迎来了从站起来、富起来到强起来的伟大飞跃，迎来了实现中华民族伟大复兴的光明前景，意味着中国正处在实现民族复兴的关键时期②。历史和新中国的发展实践经验告诉我们，创新是实现中华民族伟大复兴中国梦的强大动力和战略支撑。

新时代背景下，坚持创新发展，不仅是我们分析近代以来世界发展历程特别是总结我国改革开放成功实践得出的结论，也是我们应对发展环境变化、增强发展动力、把握发展主动权，更好引领新常态的根本之策，还是在新的历史条件下奋力实现中华民族伟大复兴中国梦的战略支撑。

第二节　创新发展理念的理论基础

虽然马克思、恩格斯等人没有明确地提出创新这个概念，但是其著作先于熊彼特对创新进行了深刻论述，在理论、科技、制度等方面起到重要的价值引领作用，之后列宁等人继承和发展了他们的思想。在当前加快建设创新型国家时代背景下，马克思主义经典作家关于创新的论述对深刻理解创新发展理念的理论渊源及推动国家创新战略实施具有非常重要的指导意义。

一　马克思主义经典作家关于创新和技术进步的思想

与创新发展相关的论述可追溯至马克思的技术进步论。马克思认为，

---

① 任理轩：《伟大的民族复兴之路（壮丽史诗·纪念新中国成立 60 周年）——为新中国成立 60 周年而作》，《人民日报》2009 年 9 月 15 日，第 7 版。

② 习近平：《决胜全面建成小康社会　夺取新时代中国特色社会主义伟大胜利——在中国共产党第十九次全国代表大会上的报告》，人民出版社，2017，第 10～11 页。

创新是对现有知识的创造，是打破常规的过程，是人类特有的具有实践本性的活动。人类通过有目的的实践创造对象世界，即改造无机界，因而创新是现实的人有目的的创造性实践活动，具有革命性特征①。在马克思看来，现代工业的技术基础是革命的，创新以科技革命为基础，一个部门的创新会带动全社会其他部门的创新②。他总是强调发展科学技术的重要性，认为技术进步是经济社会发展的重要推动力，并指出其巨大作用不仅表现在对没落社会制度的摧毁上，而且表现在对上升的社会制度的引领和推进上③。

（一）马克思主义经典作家关于创新概念的论述

创新思想可追溯到马克思《资本论》中所提出的自然科学在技术进步中的作用，马克思指出，社会生产力的发展来源于"发挥作用的劳动的社会性质，归结为社会内部的分工，归结为智力劳动特别是自然科学的发展。""生产力中也包括科学"，并且在工业发展到一定程度时，"相反地却取决于一般的科学水平和技术进步，或者说取决于这种科学在生产上的应用"④。马克思、恩格斯对创新概念的表达有：发明、机器、发现、革命、改革、革新、进步、资本有机结构变化和"新事物"等。可见，马克思主义经典作家虽然关注技术革命对经济的作用，但不限于科技领域，还蕴含了较为清晰的制度创新、理论创新和文化创新思想。

第一，关于科技创新的理解。马克思虽然没有对科技创新做明确解释，但是"科学是生产力""新机器""技术变革""资本有机构成的提高""劳动资料的革命"等都表达了具有现代意义的科技创新思想。他强调了科技进步对经济发展的促进作用，并提出："随着一旦已经发生的、

---

① 《马克思恩格斯全集》第 42 卷，人民出版社，1979，第 96~97 页。
② 洪银兴、安同良、孙宁华：《创新经济学》，江苏人民出版社，2017，第 24~26 页。
③ 黄群慧：《论中国特色社会主义的创新发展理念》，《光明日报》2017 年 9 月 5 日，第 14 版。
④ 《马克思恩格斯全集》第 46 卷（下），人民出版社，1980，第 217 页。

表现为工艺革命的生产力革命，还实现着生产关系的革命。"① 恩格斯也热衷于探讨科技创新的概念。在科学创新方面，他重视科学理论的确立在科学创新中的作用，并指出："哈唯由于发现了血液循环而使生理学（人体生理学和动物生理学）确立为科学。"② 在技术创新方面，恩格斯还认识到人类实践在科技发展中所起到的作用。在他看来，科学的发展并非由个人意志左右，也不完全取决于科技发展的速度，更多的是受经济社会发展所需的社会生产实践的影响③。马克思和恩格斯关于科学技术创新内涵中包括科学创新和技术创新的统一，科学创新主要表现为科学发现，技术创新主要表现为技术发明，科技创新可以推动生产力的发展、引起产业结构的变化、为资本家创造更多的剩余价值。列宁坚持马克思和恩格斯的创新思想，认为："提高劳动生产率，首先要保证大工业的物质基础，即发展燃料、铁、机械制造业、化学工业的生产。"④ 发展大工业物质基础就是坚持以科技创新来提升生产率、发展社会主义经济。

　　第二，关于制度创新的理解。在马克思看来，企业制度创新是为不断改进分工与合作关系，以更高生产效率的制度形式来产出更多剩余价值、获得更多经济收益的手段⑤。马克思的《资本论》第三卷蕴含了深刻的制度创新思想，强调当一种制度形态不再符合生产力发展需求时，必将被新制度形态所代替。此外，社会制度创新是一种新的更有利于生产力发展和更有利于社会及人的全面自由发展的社会制度代替旧的社会制度的过程。在马克思看来，一定的社会制度是建立在相应的生产力发展水平之上的经济、政治、法律等制度的总和，随着生产力的发展，制度也应当随之创新。因此，针对资本主义经济政治发展不平衡的规律，列

---

① 《马克思恩格斯全集》第 47 卷，人民出版社，1956，第 473 页。
② 《马克思恩格斯选集》第 4 卷，人民出版社，1995，第 281 页。
③ 刘巍：《恩格斯科技创新思想研究》，《马克思主义与现实》2012 年第 3 期，第 84～88 页。
④ 《列宁选集》第 3 卷，人民出版社，1995，第 490 页。
⑤ 《马克思恩格斯全集》第 47 卷，人民出版社，1979，第 516 页。

宁进一步丰富和发展了马克思主义的基本原理，做出科学的论证："社会主义不能在所有国家内同时获得胜利。它将首先在一个或者几个国家内获得胜利。"① "十月革命"胜利后，列宁坚持马克思主义的创新思想，在经济、政治、文化、民族关系等方面建立了正确的体制机制。比如，在经济制度方面推出"新经济政策"，在政治方面明确发展党内民主和人民民主的社会主义等一系列制度②。

第三，关于理论创新的理解。从马克思主义发展史来看，理论创新一般表现为原创性的、否定性的、肯定性的。只有既坚持马克思主义基本原理，又科学回答实践所提出的重大问题，并指导实践进一步发展出的新理论和新观点，才是马克思主义的理论创新③。根据马克思的概括，理论创新对原有理论进行批判和继承，结合历史和实践发展的新情况形成新的理论总结，具有指导未来实践、经受实践检验的真理性标准特征④。列宁理论创新的突出成果，就是实现了从对马克思、恩格斯依据发达国家实际做出的某些构想或具体行动纲领的"圣像崇拜"到"建设苏俄群众日常生活中的社会主义"，从照搬"革命模式"到探索和运用"社会主义建设实践的辩证法"的转变，开创了沿着探索本国社会主义社会发展特殊性方向推动理论创新和社会进步的有效途径⑤。同时，列宁把马克思以科技进步为中心的综合创新理论运用于俄国实践，创造性地提出了科技创新思想，有力地指导了苏联经济社会发展⑥。

---

① 《列宁选集》第 2 卷，人民出版社，1995，第 722 页。

② 张昌林：《列宁晚年的体制创新及其启示》，《学术论坛》2008 年第 10 期，第 9～12 页。

③ 杨海英：《正确理解马克思主义理论创新》，《思想理论教育导刊》2003 年第 6 期，第 49～51 页。

④ 崔泽田：《马克思创新思想及其当代发展研究》，博士学位论文，东北大学，2012，第 25 页。

⑤ 陶玉泉：《列宁晚年理论创新的认识机制思想及其当代意义》，《哲学研究》2002 年第 12 期，第 9～14 页。

⑥ 罗晓梅：《我国创新驱动发展战略的理论基础和学术渊源》，《探索》2016 年第 5 期，第 5～11 页。

第四，关于文化创新的理解。马克思、恩格斯提出了文化的唯物主义观点，阐明文化创新与社会物质生产发展是辩证统一的。一方面，文化创新是社会物质生产发展到一定阶段的必然产物；另一方面，文化创新又反作用于社会物质生产，推动社会物质生产。在世界文化交往过程中，马克思主张发扬民族传统文化，认为文化创新会推动人类社会的全面发展①。继马克思、恩格斯之后，列宁进一步揭示了文化的社会实质。他指出："我们的政治和社会变革成了我们目前正面临的文化变革，文化革命的先导。现在，只要实现了这个文化革命，我们的国家就能成为完全社会主义的国家了"②。斯大林则将马克思列宁主义的文化创新理论推向实践，把文化问题同社会主义政治建设、经济建设，同实现共产主义总目标联系在一起，形成了具有时代特征的斯大林文化思想③。

（二）马克思主义经典作家的科学技术进步理论

马克思主义把科学技术进步看成社会历史发展的一个主要因素。按照马克思的观点，在资本家追求超额剩余价值的内在动机和外在竞争压力及阶级关系对立驱动下，资本家连同工人就会改良机器、发明新技术，而新科技在生产中的运用，可以带来生产力的突破和劳动生产率的提高。

1. 技术进步的主体

技术进步的主体是指推动技术进步的行为者，包括技术进步的直接执行者以及直接促进技术进步的行为者。马克思所认为的技术进步主体至少包括工人、资本家、资本主义企业经营者、职业创新者、国家等。目前，马克思的技术进步主体观在创新主体多元化、多样化的当代社会

---

① 刘红玉：《马克思的创新思想研究》，博士学位论文，湖南大学，2011，第43～44页。
② 《列宁选集》第4卷，人民出版社，1995，第774页。
③ 粟迎春：《斯大林文化思想的特质》，《思想理论教育》2009年第15期，第61～65页。

得到广泛证实①。

首先，工人是技术进步的主体之一。马克思认为，工人作为推动技术进步的主体，动机主要来源于工人欲改善其自身境况，希望以更少的付出取得更多更好的劳动成果这样一种直接需求。其次，资本家和资本主义企业经营者一直在推动技术进步中发挥着重要的作用。马克思认为，资本家竭力设法扩大分工和增加机器，尽可能大规模地使用机器，率先使用新技术的资本家通常可以获得超额利润，这推动了技术进步。再次，马克思认为，职业创新者作为推动技术进步的主体之一，其动机部分来源于对经济利益的追求，部分源于兴趣，结果主要表现为新技术的诞生②。此外，列宁强调了人才对于技术进步的重要作用。他认为，没有各种学术、技术和实际工作领域的专家的指导，苏俄国民经济向社会主义过渡是不可能的③。列宁还强调了通过发展教育事业在短时间内培训工农出身的科学技术专家，进一步指明了教育对技术进步的贡献。最后，国家出于多种需要而必须关心和干预技术进步活动。马克思认为，随着技术活动的扩展和世界市场的出现，国家作为技术进步主体的特征变得明显。在马克思看来，产业创新是一个国家生存和发展的基础，产业创新是由国家组织的"企业群"来完成的。

2. 技术进步的源泉和动力

通过对技术发展史的考察，马克思发现技术进步源自新思想的诞生。他认为，新思想来自知识的积累，因而知识是技术进步的根本源泉。如果没有知识的积累，仅有促进技术进步的机制，也无法产生有效的技术进步现象。

关于技术进步的动力，首先，从辩证唯物主义的角度来看，马克思

---

① 汪澄清：《马克思与熊彼特创新思想之比较》，《马克思主义与现实》2001年第3期，第42~47页。

② 〔德〕马克思：《机器。自然力和科学的应用》，人民出版社，1978，第199页、第208页。

③ 《列宁选集》第3卷，人民出版社，1995，前言，第10页。

认为技术系统本身是一个矛盾统一体，技术进步的内在动力来自技术系统本身的矛盾运动，譬如技术目的与技术能力不匹配、相关行业技术发展不平衡等矛盾，这些矛盾的变化发展推动着技术不断进步。其次，从历史唯物主义的角度来看，恩格斯认为社会生产和生活的需要是科学技术产生的基础。他在《自然辩证法》中指出，"科学的发生和发展一开始就是由生产决定的"[①]；他在《致瓦·博尔吉乌斯》中又指出，"社会一旦有技术上的需要，则这种需要就会比十所大学更能把科学推向前进。"[②]马克思和恩格斯还强调，技术是伴随着人类的进化而出现的，只有人类社会的发展才能说明技术进步的动力问题。一方面，满足人类的基本需要是技术产生的根本原因；另一方面，人类需要的多样化发展是技术进步的根本动力。

二　马克思主义创新思想中国化

马克思主义经典作家关于创新和技术进步的思想在指导我国改革与发展实践的历史进程中得到继承和发展。从毛泽东的"技术革命"思想、邓小平的"科学技术是第一生产力"、江泽民的"创新是一个民族的灵魂，一个国家兴旺发达的不竭动力，是一个政党永葆生机的源泉"，胡锦涛的"提升自主创新能力""建设创新型国家"等思想和战略，再到习近平的创新发展理念，马克思主义创新思想中国化把创新与中国具体革命、建设和发展实践相结合，借鉴、吸收国外先进创新理论和经验，实现了从探索到完善，再到系统化思想体系构建的跨越。

（一）毛泽东对马克思主义创新思想中国化的探索

毛泽东是马克思主义中国化的开创者和奠基人。在将马克思主义与

---

① 《马克思恩格斯全集》第20卷，人民出版社，1971，第537页。
② 《马克思恩格斯全集》第39卷，人民出版社，1974，第222页。

中国具体实践相结合的进程中，他基于中国革命伟大事业，运用马克思主义基本原理对中国革命和建设的理论前提和发展逻辑进行阐述，对中国科技发展、社会主义制度巩固和完善起到重要指导作用。

在理论创新方面，毛泽东创造性地将马克思主义理论与中国革命具体实践相结合，用马克思主义基本原理和方法研究中国革命、寻找如何建设中国的答案。他总结了马克思主义中国化的规律，形成了符合中国实际的理论创新原则，为后来的理论创新开辟了正确道路，为继续推进马克思主义中国化提供了基本遵循。关于理论创新，他强调要打破传统思维的束缚，提出"要把马、恩、列、斯的方法用到中国来，在中国创造出一些新东西"①"社会实践是检验真理的唯一标准"② 等观点。毛泽东成功开辟了符合中国特点的社会主义改造道路，创立了社会主义基本矛盾学说和人民民主专政理论，为党的十一届三中全会后中国共产党人创造性地运用、继承和发展马克思主义提供了新起点③。

在制度创新方面，毛泽东把制度创新作为巩固和完善社会主义制度的重要途径，认为仅依靠马克思主义和苏联模式并不能解决中国具体问题，需基于中国实际大胆创新，创造符合新中国稳定发展的政治制度。从中国实际出发，在政治制度上，他带领全国人民建立人民代表大会制度、中国共产党领导下的多党合作和政治协商制度、民族区域自治制度，为新中国长治久安奠定了稳固基础；在经济制度上，成功开辟一条运用和平方法对生产资料所有制进行社会主义改造的道路，建立了社会主义基本经济制度④。此外，他还提出正确处理人民内部矛盾的重要思想，等等。这些论述对于我们今天正确处理新形势下的人民内部矛盾，推进社

---

① 《毛泽东文集》第 2 卷，人民出版社，1993，第 408 页。
② 《建国以来毛泽东文稿》第 10 册，中央文献出版社，1996，第 414 页。
③ 李捷：《毛泽东思想与中共十一届三中全会以来党在指导思想上的理论创新》，《毛泽东邓小平理论研究》2008 年第 8 期，第 1~8 页。
④ 陈晋：《毛泽东对社会主义的实践探索和理论贡献》，《求是》2013 年第 24 期，第 38~41 页。

会主义民主政治建设，具有重要的启发意义。

在科技创新方面，毛泽东继承了马克思主义创新思想，将技术革命视为科技事业发展的重大战略，高度重视科技进步对建设伟大社会主义国家的重要作用。"百家争鸣"是毛泽东倡导的科学研究方针，1956 年 4 月在中共中央政治局扩大会议上，毛泽东指出，"这种学术也可以讲，那种学术也可以讲，不要拿一种学术压倒一切"[①]。他强调建设新中国需要向科技水平领先的国家学习，"必须打破常规，尽量采用先进技术"[②]。在发展科技策略上，他坚持"整体推进，重点突破"，强调全面推进各个领域的技术变革，既重视应用科学研究，也重视理论科学研究[③]。在对国家发展具有重大战略意义的科学技术上，他强调要集中进行攻关，率先取得突破，比如原子弹、氢弹、人造卫星等高科技。

在文化创新方面，毛泽东坚持把马克思主义经典作家关于文化创新的基本思想同中国具体实践相结合，提出"百花齐放，百家争鸣""古为今用，洋为中用"的文化创新观点[④]。他强调，"我们要建立的这种中华民族的新文化，它也不能离开中华民族的新政治和新经济"[⑤]，意在指出新文化只有服务于新政治和新经济需要，才是中华民族真正需要的文化。1942 年，毛泽东为延安评剧院题词"推陈出新"，而且强调"继承和借鉴决不可以变成替代自己的创造"[⑥]，意指创造新文化需要批判继承中国传统文化，延续文化的科学性，同时要吸收和借鉴国外文化，"一切民族、一切国家的长处都要学"[⑦]。毛泽东在总结文化创新实践的基础上形成了系统化的文化创新原理和方法，体现了文化创新的民族性、开放性、

① 《毛泽东文集》第 7 卷，人民出版社，1999，第 55 页。
② 《毛泽东文集》第 8 卷，人民出版社，1999，第 341 页。
③ 《毛泽东文集》第 8 卷，人民出版社，1999，第 351 页。
④ 《毛泽东文艺论集》，中央文献出版社，2002，第 158～159、227 页。
⑤ 《毛泽东选集》第 2 卷，人民出版社，1991，第 664 页。
⑥ 《毛泽东文艺论集》，中央文献出版社，2002，第 63 页。
⑦ 《毛泽东文集》第 7 卷，人民出版社，1999，第 41 页。

继承性。

（二）邓小平对马克思主义中国化创新思想的继承性发展

20 世纪 70 年代，世界范围内科技的蓬勃兴起把人类社会推向更高的文明阶段，也推动世界经济飞速发展，创新问题逐步被全世界广泛重视。然而，我国经济实力、科技实力发展缓慢，与国际先进水平的差距明显加大，面临着巨大的国际竞争压力。邓小平准确地把握了这一时代特征，在中国社会主义建设和发展等问题上提出了一系列关于创新的观点和论断，不断推动马克思主义中国化创新思想。

在理论创新方面，邓小平继承和发展了毛泽东关于"实事求是"的基本思想，提出"马克思主义必须是同中国实际相结合的马克思主义，社会主义必须是切合中国实际的有中国特色的社会主义"①，即建设中国特色社会主义要在马克思主义指导下研究新情况、解决新问题，要坚持解放思想、实事求是的思想路线。在邓小平看来，世界形势在不断发展，科技突飞猛进，"不以新的思想、观点去继承、发展马克思主义，不是真正的马克思主义者"②。一方面，解放思想是理论创新的前提，"只有思想解放了，我们才能正确地以马列主义、毛泽东思想为指导，解决过去遗留的问题，解决新出现的一系列问题"③，同时，在解放思想过程中要坚决执行"百花齐放，百家争鸣""一切从实际出发"等方针。另一方面，实事求是是理论创新的基础，邓小平指出，"马克思主义理论从来不是教条，而是行动指南。它要求人们根据它的基本原则和基本方法不断结合变化着的实际，探索解决新问题的答案，从而也发展马克思主义理论本身"④，他强调建设中国特色社会主义，要客观

---

① 《邓小平文选》第3卷，人民出版社，1993，第63页。
② 《邓小平文选》第3卷，人民出版社，1993，第292页。
③ 《邓小平文选》第2卷，人民出版社，1994，第141页。
④ 《邓小平文选》第3卷，人民出版社，1993，第146页。

分析当前中国的特殊情境，形成与客观情况相符合的新概念、新理论、新思路和新办法。邓小平的理论创新观点深刻体现出其科学性、实践性和辩证性的特点。

在制度创新方面，邓小平提出了以建设中国特色社会主义理论为指导的经济制度创新和政治制度创新等观点。在他看来，过去经济发展缓慢以及会出现各种错误，在很大程度上是制度方面的问题造成的。他指出，"多年的经验表明，要发展生产力，靠过去的经济体制不能解决问题"①，有必要改革旧制度，建成"一个又有集中又有民主，又有纪律又有自由，又有统一意志、又有个人心情舒畅、生动活泼，那样一种政治局面。这就是社会主义民主的政治局面，这就是我们今天和今后所要努力实现的政治局面"。② 在经济制度创新方面，邓小平坚持突破计划经济的思想束缚，提出进行全面政治体制改革以保障经济体制改革成果，建立充满活力的社会主义市场经济体制，全面促进生产力发展。另外，他还提出党政分开、精简机构、改革干部人事制度等一系列制度创新措施。在实现祖国统一大业上，针对台湾、香港和澳门问题，邓小平创造性地提出"和平统一、一国两制"科学构想，体现出邓小平实事求是、勇于突破传统的伟大创新精神。

在科技创新方面，邓小平继承和发展了马克思"科学是生产力"的思想，创造性地提出"科学技术是第一生产力"的重要论断③，在某种程度上充分肯定了科技创新在推动生产力发展进程中的第一推动作用。他指出，"现代科学技术的发展，使科学与生产之间的关系越来越密切了。科学技术作为生产力，越来越显示出巨大的作用"，"当代的自然科学正以空前的规模和速度，应用与生产，使社会物质生产的各个领域焕然一

---

① 《邓小平文选》第 3 卷，人民出版社，1993，第 149 页。
② 《邓小平文选》第 2 卷，人民出版社，1994，第 176 页。
③ 《邓小平文选》第 3 卷，人民出版社，1993，第 275 页。

新"①。邓小平还认为，我们同发达国家的差距很大，通过科技发展推动我国经济建设，要在引进先进技术的同时独立自主、自力更生。首先，发展我国经济要引进国外先进技术，"要引进国际上的先进技术、先进设备，作为我们发展的起点"②。其次，提升自主创新能力，自力更生。"掌握新技术，善于学习，更要善于创新"③，"必须发展我们自己的创造，必须坚持独立自主、自力更生的方针"④。最后，大力培养创新型人才，邓小平指出，"我们要实现现代化，关键是科学技术要能上去。发展科学技术，不抓教育不行。靠空讲不能实现现代化，必须有知识，有人才"⑤。为了选拔、培养好科技人才，他还主张设立学术和技术职称，实行奖励制度。

在文化创新方面，邓小平文化创新思想是把马克思主义基本原理同中国建设与改革开放实践相结合，继承和发展毛泽东文化思想所产生的伟大理论。邓小平提出建设社会主义物质文明和精神文明"两手抓，两手都要硬"的发展方略⑥，蕴含了文化创新要与政治经济发展相协调的思想。邓小平继承和发展了毛泽东文化创新的基本思想，提出既要继承中华优秀传统文化，又要坚持马克思主义文化观，尊重历史、立足现实，创造具有社会主义时代精神的新文化。要加强对外文化交流，要结合中国的具体国情，吸收外国文化的有益成果，坚决抵制盲目排外和全盘西化这两种错误倾向。邓小平的文化创新观点在继承和发展毛泽东文化思想的基础上，推动了马克思主义在中国的新发展，促进了文化的理论进步和实践发展，深刻体现出邓小平关于文化发展观点的进步性、科学性和开放性。

---

① 《邓小平文选》第 2 卷，人民出版社，1994，第 87 页。
② 《邓小平文选》第 2 卷，人民出版社，1994，第 132 页。
③ 《邓小平文选》第 3 卷，人民出版社，1993，第 51 页。
④ 《邓小平文选》第 2 卷，人民出版社，1994，第 91 页。
⑤ 《邓小平文选》第 2 卷，人民出版社，1994，第 40 页。
⑥ 《邓小平文选》第 2 卷，人民出版社，1994，第 208 页。

（三）江泽民对马克思主义中国化创新思想的深化发展

世纪之交，中国近 20 年的改革开放创造了近代以来从未有过的辉煌，取得了政治、经济、文化、科技、教育等方面的伟大成就。江泽民作为党的第三代领导集体核心，在国际、国内形势发生深刻变化的情况下，明确提出"创新是一个民族进步的灵魂，是一个国家兴旺发达的不竭动力，也是一个政党永葆生机的源泉"① 的著名论断。此外，他又进一步指出，"创新，包括理论创新、体制创新、科技创新及其他创新"②。

在理论创新方面，江泽民明确指出，要在马克思主义指导下，进一步把理论与实践、继承与发展结合起来。他还对理论创新的内涵做出具体阐释，认为理论创新是"坚持以马列主义、毛泽东思想、邓小平理论为指导，坚持党的一切从实际出发、解放思想、实事求是的思想路线，紧跟时代发展的潮流，不断研究新情况，解决新问题，形成新认识，开辟新境界""要使我们党的基本理论在继承的基础上不断吸取新的实践经验、新的思想而向前发展"③ "推进理论创新，就是为了通过理论创新来推动制度创新、科技创新以及其他各个方面的创新，最终是为了使我们的理论能够更好地指导和推动建设有中国特色社会主义的伟大实践"④。在他看来，"一个民族要兴旺发达，要屹立于世界民族之林，不能没有创新的理论思维"，理论创新是其他创新的先导，建设中国特色社会主义事业需要以科学有效的理论创新为先导、方法和动力。江泽民关于理论创新的重要论述，在坚持党的基本路线基础上，科学地总结了中国共产党领导中国人民建设社会主义的基本经验，不断为建设

---

① 江泽民：《论科学技术》，中央文献出版社，2001，第 199 页。
② 江泽民：《论"三个代表"》，中央文献出版社，2001，第 496 页。
③ 本书编写组：《江泽民〈论"三个代表"〉学习导读》，红旗出版社，2001，第 48 页。
④ 中共中央文献研究室编《江泽民论中国特色社会主义（专题摘编）》，中央文献出版社，2002，第 635 页。

有中国特色社会主义实践提出新的理论指导。

在制度创新方面，江泽民继承和发展了邓小平建设中国特色社会主义制度的基本思想，提出要全面推动体制机制创新，完善社会主义各项制度。江泽民指出："我们进行体制创新，就是要不断完善适应发展社会主义市场经济、全面建设有中国特色社会主义要求的各方面的体制。"①第一，在坚持四项基本原则的前提下，继续积极稳妥地推进政治体制改革，强调建设社会主义法治国家②；第二，1997 年，江泽民在学习邓小平理论工作会议上提出，坚持以公有制为主体，多种所有制经济共同发展的基本经济制度。在党的十五大提出，公有制也可以多样化，是进一步解放和发展生产力的要求；第三，科技发展要围绕经济发展目标，为经济发展提供强有力的支持和保障，"通过改革，建立起适应社会主义市场经济体制和科技自身发展规律的新型科技体制"③。

在科技创新方面，江泽民把科技创新看作当今经济和社会发展的主导力量，并提出实施科教兴国战略和建设国家创新体系的发展方略，进一步发展了马克思的"科学是生产力"思想和邓小平的"科技是第一生产力"观点。江泽民指出："我们进行科技创新，就是要使科学技术成为我国跨世纪发展的强大推动力量。"④ 他认为，对中国来说，大力推进科技创新、实现技术发展极为重要。为此，他在 1995 年提出实施科教兴国的战略，全面落实"科学技术是第一生产力"的思想，坚持教育为本，把科技和教育摆在社会发展的重要位置。同时，江泽民认为技术创新需要多方要素的联动，他特别强调国家创新体系建设的重要性。他指出，"中国将致力于建设国家创新体系，通过营造良好的环境，推进知识创

---

① 江泽民：《论科学技术》，中央文献出版社，2001，第 200 页。
② 江泽民：《全面建设小康社会，开创中国特色社会主义事业新局面——在中国共产党第十六次全国代表大会上的报告》，《求是》2002 年第 22 期，第 3～19 页。
③ 江泽民：《在全国科学技术大会上的讲话》，《人民日报》1995 年 6 月 5 日，第 1 版。
④ 《江泽民文选》第 3 卷，人民出版社，2006，第 65 页。

新、科技创新和体制创新，提高全社会创新意识和国家创新能力，这是中国实现跨世纪发展的必由之路"①。他还强调科技创新必须充分发挥市场机制促进科技和经济结合的重要作用，充分发挥市场和社会需要对科技进步的导向和推动作用。

在文化创新方面，江泽民提出建设面向现代化、面向世界、面向未来的，民族的科学的大众的社会主义先进文化的文化创新观点。在他看来，"坚持什么样的文化方向，推动建设什么样的文化，是一个政党在思想上精神上的一面旗帜，关系着一个政党一个国家的兴衰成败"②。因此，在中国共产党领导的社会主义建设事业中，"我们党要始终代表中国先进文化的前进方向，就是党的理论、路线、纲领、方针、政策和各项工作，必须努力体现发展面向现代化、面向世界、面向未来的，民族的科学的大众的社会主义文化的要求，促进全民族思想道德素质和科学文化素质的不断提高，为我国经济发展和社会进步提供精神动力和智力支持"。③江泽民还指出，文化创新要"立足于改革开放和现代化建设的实践，着眼于世界文化发展的前沿，发扬民族文化的优秀传统，汲取世界各民族的长处，在内容和形式上积极创新"④。在党的十六大报告中，他强调要把弘扬和培育民族精神作为文化创新的核心内容，切实推进文化体制改革，积极发展文化事业和文化产业。

（四）胡锦涛对马克思主义中国化创新思想的贡献

新世纪新阶段，人类社会步入了科技创新不断涌现的重要时期，也

---

① 江泽民：《科学在中国：意义与承诺》，《人民日报》2000年7月3日，第1版。
② 江泽民：《在庆祝中国共产党成立八十周年大会上的讲话》，《人民日报》2001年7月2日，第1版。
③ 江泽民：《在庆祝中国共产党成立八十周年大会上的讲话》，《人民日报》2001年7月2日，第1版。
④ 江泽民：《全面建设小康社会，开创中国特色社会主义事业新局面——在中国共产党第十六次全国代表大会上的报告》，《求是》2002年第22期，第3~19页。

步入了经济结构加快调整的重要时期。在科学技术推动下，世界范围内生产力、生产方式、生活方式和经济社会发展观发生了前所未有的深刻变革。全球生产要素流动和产业转移加快，经济格局、利益格局和安全格局发生剧变。胡锦涛在深入分析国内外情况的基础上，从党和国家发展全局出发，明确提出要增强自主创新能力，建设创新型国家，强调大力推进理论创新、制度创新、科技创新，走建设创新型国家之路，为大力发展我国科技事业、贯彻落实科学发展观指明了方向，也进一步丰富和发展了马克思主义中国化创新思想。

在理论创新方面，胡锦涛认为，加强党的思想理论建设，最根本的是坚持和巩固马列主义、毛泽东思想、邓小平理论在全党和我国意识形态领域的指导地位，按照"三个代表"重要思想解放思想，大胆探索，深入研究和切实解决中国实际问题，基于实践经验来加强党的思想理论建设，推动马克思主义理论创新。胡锦涛强调理论创新要在建设中国特色社会主义过程中形成理论新概括，为实践提供科学指导。他指出，要正确把握当今时代特征和当代中国实际，深入研究并回答现实生活中提出的重大理论问题和实际问题，努力拿出更多有深度、有分量、有说服力的思想理论成果，更好地为党和政府决策服务，为改革开放和现代化建设实践服务。胡锦涛认为，要不断推进制度创新、文化创新，为科技创新提供科学的理论指导、有力的制度保障和良好的文化氛围。

在制度创新方面，胡锦涛提出为促进社会和谐、实现社会公平着力推进制度改革和创新的原则，以及构建民主法治、公平正义、诚信友爱、充满活力、安定有序、人与自然和谐相处的社会主义和谐社会总目标，为制度创新指明了方向。他强调："制度更带有根本性、全局性、稳定性和长期性。完善的体制机制和制度体系，是促进社会和谐、实现社会公平正义的重要保证。我们既要立足当前、着力解决影响社会和谐的突出矛盾和问题，又要着眼长远、在制度建设和创新上多下功夫。"① 胡锦涛强调，要用科学发展观指导民主政治建设和政治体制改革，制度改革与创新要适应社会发展要求，符合构建社会主义和谐社会的需要。他还指出："推进政治体制改革，必须坚持党的领导、人民当家作主、依法治国有机统一，发展更加广泛、更加充分的人民民主……更加注重发挥法治在国家和社会治理中的重要作用。"② 该论断为政治体制改革和民主政治发展指明了前进方向。

在科技创新方面，胡锦涛强调，科学技术是推动人类文明进步的革命力量③，作为第一生产力，对一个国家、一个民族现在和未来的发展具有决定性意义。他把增强我国自主创新能力作为未来发展科技的战略基点，把提高自主创新能力摆在全部科技工作的首位④，认为自主创新能力是国家竞争力的核心，是实现建设创新型国家目标的根本途径。他在2006 年度全国科学技术大会上指出，建设创新型国家，就是要把增强自主创新能力作为发展科学技术的战略基点，走出中国特色自主创新道路，推动科学技术的跨越式发展；就是把增强自主创新能力作为调整产业结构、转变增长方式的中心环节，建设资源节约型、环境友好型社会，把增强自主创新能力作为国家战略，贯穿到现代化建设各个方面……不断巩固和发展中国特色社会主义伟大事业⑤。

在文化创新方面，胡锦涛提出了构建和发展中国特色社会主义文化的道路和原则，强调发展中国特色社会主义文化，建设和谐文化，必须

① 胡锦涛：《切实做好构建社会主义和谐社会的各项工作　把中国特色社会主义伟大事业推向前进》，《求是》2007 年第 1 期，第 3~6 页。
② 新华社：《全党全国各族人民更加紧密地团结起来　沿着中国特色社会主义伟大道路奋勇前进》，《人民日报》2012 年 7 月 24 日，第 1 版。
③ 胡锦涛：《走中国特色自主创新道路　为建设创新型国家而奋斗——在全国科学技术大会上的讲话》，http://theory. people. com. cn/GB/49169/49171/4012810. html。
④ 本书编写组：《自主创新与建设创新型国家学习参考》，中共党史出版社，2006，第 5~6 页。
⑤ 胡锦涛：《坚持走中国特色自主创新道路　为建设创新型国家而努力奋斗——在全国科学技术大会上的讲话》，《求是》2006 年第 2 期，第 3~9 页。

坚持为人民服务、为社会主义服务的方向和"百花齐放，百家争鸣"的方针。他提出坚持"四个以"来推进文化改革发展：坚持以科学发展为主题，坚持以建设社会主义核心价值体系为根本任务，坚持以满足人民精神文化需求为出发点和落脚点，坚持以改革创新为动力。他还强调，"只有深化文化体制改革，创新文化内容和形式，才能不断解放和发展文化生产力，不断为推动社会主义文化大发展大繁荣提供强大动力"①。这意味着，文化创新要体现出人们对和谐社会的总体认识、基本理念和价值追求，为经济、政治、社会、生态的全面和谐发展，创造良好的文化氛围。胡锦涛的文化创新论述对我国创造民族文化的新辉煌，推进社会主义文化大发展大繁荣，提升国家文化软实力，促进国家科学发展，具有重要指导价值。

在新时期，世界经济在大调整大变革之中出现了一些新的变化趋势，原有增长模式难以为继，发展结构亟待协调优化，经济增长动力趋缓，科技革命孕育新的生产力和生产方式突破，国际经济格局和治理体系出现重大调整。我国的发展环境、条件、任务、要求等都发生了新的变化，经济发展进入新常态，转方式、调结构、换动力的要求日益迫切。面对这种新变化新情况，如果再坚持粗放发展模式、简单地追求增长速度，会把社会主义经济建设推入不可持续发展、无法高质量发展的险境。在经济发展和科技发展的重要战略机遇期，以习近平同志为核心的党中央提出了创新发展理念。以上马克思主义经典作家的论述和马克思主义中国化创新思想为新时代创新发展理念提供了必要的理论基础。新时代创新发展理念是马克思主义中国化创新思想的最新成果，为中国把握新一轮科技革命机遇、实现经济高质量发展以及中华民族伟大复兴提供了新的理论指引。

---

① 胡锦涛：《坚定不移走中国特色社会主义文化发展道路　努力建设社会主义文化强国》，《求是》2012 年第 1 期，第 3～7 页。

第三节　创新发展理念的基本内涵

党的十八届五中全会指出，必须把创新摆在国家发展全局的核心位置，不断推进理论创新、制度创新、科技创新、文化创新等各方面创新，让创新贯穿党和国家的一切工作，让创新在全社会蔚然成风。这个重要论断意味着创新成为我国未来发展的基点与核心。具体而言，创新发展理念是以习近平同志为核心的党中央以马克思主义为指导，基于我国已有的发展经验，立足于我国经济社会发展的阶段变化，面对新条件、新问题和新实践，顺应当前世界科技、经济发展形势的新要求，提出的更具有全面性、科学性、人民性的发展观。创新发展理念不仅回答了"引领发展的第一动力是什么"的问题，还对"创新发展为了谁、依靠谁"做出历史唯物主义和辩证唯物主义的解读。创新发展理念强调把创新摆在国家发展全局的核心位置，实施创新驱动发展战略，重视科技创新的引领作用，同时也强调其他方面创新的重要性，提倡推动以科技创新为核心的全面创新。创新发展理念在全社会引发了中国特色社会主义创新热潮。随着大众创新、万众创业的蓬勃兴起，创新已然在全社会蔚然成风。

一　创新是引领发展的第一动力

创新是引领发展的第一动力。抓创新就是抓发展，谋创新就是谋未来。要突破自身发展瓶颈，解决深层次矛盾和问题，实现社会生产力的新释放，根本出路就在于创新；要抓住新工业革命带来的赶超机遇，实现新一轮关键核心技术的井喷式发展，需要依靠创新；要真正实现协调、绿色、开放和共享发展，需要理论创新、制度创新、科技创新以及文化创新的有力支撑。

（一）推进我国经济高质量发展要依靠创新

当前，我国经济已由高速增长阶段转向高质量发展阶段，正处在转变发展方式、优化经济结构、转换增长动力的攻关期。这一阶段中国的经济发展不再强调经济增速的快慢，而是追求经济体的高质量发展，着力依靠创新驱动加快转变经济发展方式、实现产业结构优化升级和经济新旧增长动力的转换。

首先，加快转变经济发展方式要依靠创新。2014 年 5 月，习近平总书记在河南考察时提出"三个转变"的重要指示，即推动中国制造向中国创造转变、中国速度向中国质量转变、中国产品向中国品牌转变。党的十八大报告将转变发展方式概括为"四个着力"和"五个更多依靠"，即着力增强激发各类市场主体发展新活力，着力增强创新驱动发展新动力，着力构建现代产业发展新体系，着力培育开放型经济发展新优势，使经济发展更多依靠内需特别是消费需求拉动，更多依靠现代服务业和战略性新兴产业带动，更多依靠科技进步、劳动者素质提高、管理创新驱动，更多依靠节约资源和循环经济推动，更多依靠城乡区域发展协调互动，不断增强长期发展后劲[1]。由此可见，党和国家始终将创新视为转变经济发展方式的决定性因素。

其次，产业结构的优化升级要依靠创新。一般而言，产业升级既包括产业间的优胜劣汰升级，也包括产业本身的进步升级，二者都离不开科技创新所赋予的动能。实践证明，正是一大批变革性、颠覆性新思想、新技术与新工具的涌现，有力推动了新经济成长和传统产业升级。随着产业形态的高端化，生产组织与创新网络管理形式越复杂，产业发展对科技进步的需求也将日益突出，因此科技创新与产业发展的深度融合已成为经济社会发展的突出特征。

---

[1] 陈宇学：《创新驱动发展战略》，新华出版社，2014，第 32 页。

最后，经济新旧增长动力的转换要依靠创新。如果中国不走创新驱动道路，新旧动能不能顺利转换，是不可能真正强大起来的，最终只会大而不强①。经济增长来自由劳动、资本、资源、技术等要素配置形成的产业产出。改革开放以来，我国利用体制优势，通过高投资、高出口和发展劳动密集型产业，使得经济实现了连续三十多年的高速增长。经济新常态阶段，我国面临着供需两侧结构性失衡、体制机制障碍制约产业转型升级、科技创新支撑不足等问题，经济增长进入新旧动力转换关键期，迫切需要通过产业新旧动能转换加快产业转型升级，助力经济中高速增长和高质量发展。新旧动能转换既包括培育新动能，又包括淘汰及升级旧动能，需要通过全面创新来进一步释放生产力，通过创新培育新产业，产生新动能，通过创新改造提升传统产业，通过制度创新释放经济增长新动力，为经济跨越式发展提供支撑。

（二）抓住新一轮科技革命和产业变革带来的赶超机遇需要依靠创新

科技革命总是能够深刻改变世界发展格局。16~17世纪的科技革命标志着人类知识增长的重大转折。18世纪出现了蒸汽机等重大发明，成就了第一次工业革命，开启了人类社会现代化历程。19世纪，科学技术突飞猛进，催生了由机械化转向电气化的第二次工业革命。20世纪前期，量子论、相对论的诞生形成了第二次科技革命，继而引发了信息科学、生命科学变革，基于新科学知识的重大技术突破层出不穷，引发了以航空、电子技术、核能、航天、计算机、互联网等为里程碑的技术革命，极大提高了人类认识自然、利用自然的能力和社会生产力水平②。

从整体来看，21世纪是全球科技创新空前密集活跃的时期。科学和

---

① 杜尚泽、姜洁、盛佳鹏：《新时代，昂首走在前列》，《人民日报》2018年3月8日，第4版。
② 习近平：《为建设世界科技强国而奋斗》，《人民日报》2016年6月1日，第2版。

技术之间、自然科学和人文社会科学之间日益呈现交叉融合趋势①。新一轮科技革命和产业变革正在重构全球创新版图、重塑全球经济结构②，信息科技、生物科技、新材料技术、新能源技术等新兴前沿技术不断向经济领域广泛渗透，在对传统的经济发展模式造成巨大冲击的同时，也进一步孕育和催生出新兴产业和新的经济增长点。

在新一轮科技革命和产业变革的时代背景下，为把握新科技革命的发展机遇，"世界主要国家都在寻找科技创新的突破口，抢占未来经济科技发展的先机"。③ 美国开始实施再工业化战略，对"硅谷模式"和"纽约模式"提出新的创新要求，明确新的创新目标；德国提出"工业4.0"发展战略，通过信息技术和物理世界的创新性结合，实现第四次工业革命，保持德国工业在全球的领先地位。

现在，我们迎来了世界新一轮科技革命和产业变革同我国转变发展方式的历史性交会期，既面临千载难逢的历史机遇，又面临差距拉大的严峻挑战④。在激烈的国际竞争中，我国唯有坚持自主创新，牢牢把握住新一轮科技革命和产业变革带来的机遇，才能彻底突破发展瓶颈，顺利走上经济社会可持续发展的道路。

因此，我们要牢牢依靠创新实现同发达国家的"非对称"赶超。2013年8月21日，习近平总书记在听取科技部汇报时提出"非对称"赶超战略。他指出，我国科技总体上与发达国家相比有差距，要在关键领域采取"非对称"赶超战略。既要总结我国科技创新成功的经验，继续

---

① 吴秋余：《瞄准世界科技前沿引领科技发展方向　抢占先机迎难而上建设世界科技强国》，《人民日报》2018年5月29日，第1版。
② 习近平：《在中国科学院第十九次院士大会、中国工程院第十四次院士大会上的讲话》，《人民日报》2018年5月29日，第2版。
③ 习近平：《在中国科学院第十七次院士大会、中国工程院第十二次院士大会上的讲话》，人民出版社，2014，第6页。
④ 习近平：《在中国科学院第十九次院士大会、中国工程院第十四次院士大会上的讲话》，《人民日报》2018年5月29日，第2版。

巩固和加强已有的非对称优势，又要强化重点科技领域的自主创新能力，探寻赶超发展的非对称路径，更要把握世界科技发展趋势，精心设计赶超发展的非对称布局①。

我们要大力提供高质量科技供给，着力支撑现代化经济体系建设②。要以提高发展质量和效益为中心，以支撑供给侧结构性改革为主线，把提高供给体系质量作为主攻方向，推动经济发展质量变革、效率变革、动力变革，显著增强我国经济质量优势。为抓住新一轮科技革命和产业变革带来的赶超机遇，要紧紧把握数字化、网络化、智能化融合发展的契机，以信息化、智能化为杠杆培育新动能，优先培育和大力发展一批战略性新兴产业集群，推进互联网、大数据、人工智能同实体经济深度融合，推动制造业产业模式和企业形态根本性转变，促进我国产业迈向全球价值链中高端。

（三）实现协调、绿色、开放、共享发展需要创新

在创新、协调、绿色、开放、共享五大发展理念中，创新不仅居于首位，还对其他四个新发展理念起到引领作用。

首先，创新引领协调发展。发展不协调是我国长期存在的问题，集中表现在区域、城乡、经济和社会、物质文明和精神文明、经济建设和国防建设等关系上③。要想实现协调发展，就要通过理论创新和制度创新促进新型工业化、信息化、城镇化、农业现代化同步发展④。第一，理论创新是协调发展的战略引领。我们党在带领人民建设社会主义的长期实

---

① 刘立：《以非对称赶超战略推进科技强国建设——习近平科技创新思想的重大时代意义》，《人民论坛·学术前沿》2016年第16期，第60~69页。

② 习近平：《在中国科学院第十九次院士大会、中国工程院第十四次院士大会上的讲话》，《人民日报》2018年5月29日，第2版。

③ 中共中央文献研究室编《习近平关于社会主义经济建设论述摘编》，中央文献出版社，2017，第22页。

④ 习近平：《为建设世界科技强国而奋斗》，《人民日报》2016年6月1日，第2版。

践中通过丰富的理论创新形成了许多关于协调发展的理念和战略，如毛泽东同志提出"整体推进，重点突破"的科技发展策略，邓小平同志提出"现代化建设的任务是多方面的，各个方面需要综合平衡，不能单打一"的论述，江泽民同志强调系统推进国家创新体系建设，胡锦涛同志提出建设社会主义和谐社会，以及习近平总书记"五位一体总体布局"等重要论述。第二，制度创新是协调发展的重要保障。制度创新在农业现代化、城乡协调发展、经济社会协调发展等方面发挥了重要的作用。比如，2016年11月出台的"三权分置"制度设计是在新的历史条件下，继家庭联产承包责任制后农村改革又一重大制度创新；又如，习近平总书记关注的"城乡一体化"问题不仅是政策措施的发展，也是思想观念的更新，更是体制和机制的创新。

其次，创新引领绿色发展。绿色循环低碳发展，是当今时代科技革命和产业变革的方向，是最有前途的发展领域，我国在这方面的潜力相当大，可以形成很多新的经济增长点①。具体而言，绿色发展要通过产业、技术两个层面的创新，走可持续的绿色发展道路。第一，产业创新是绿色发展的关键路径。我国目前所面临的物质资源供给不可持续、环境污染和生态破坏严重的情况，很大程度上可以从制造业为主的产业结构中寻求解决方法。实现绿色发展的关键是依靠创新淘汰高耗能高排放的产业以及发展低耗能低排放的绿色产业②。第二，科技创新是绿色转型过程中的持久推动力。实现绿色发展需要全方位整合现有绿色技术创新要素，建立面向人才、研发、产品、市场的绿色支撑体系，形成围绕绿色经济、绿色发展，集聚、释放创新潜能和活力的联动体系，让创新驱

---

① 中共中央文献研究室编《习近平关于全面建成小康社会论述摘编》，中央文献出版社，2016，第39~40页。

② 洪银兴、安同良、孙宁华：《创新经济学》，江苏人民出版社，2017，第72~73页。

动在绿色转型中成为持久的推动力①。

再次，创新引领开放发展。经济全球化表面上看是商品、资本、信息等在全球范围内广泛流动，但本质上主导这种流动的力量是科技创新能力，以及由制度创新提供的基本保障。第一，创新是中外贸易竞争优势的来源。要想在国际竞争中占据优势地位，就必须通过优化升级产业结构、建立促进外贸发展的创新体系以及创新运用对外贸易方式等来培养国际竞争力②。第二，攀升全球价值链的中高端也要依靠创新。纵观全球，一些发达经济体因技术创新能力较强，具备相对低成本的优势和高全要素生产率，得以占据全球价值链高端位置，这为我国从"要素驱动"转向"创新驱动"提供了可供借鉴的发展思路，即从传统的劳动密集型比较优势和低端代工，向以技术、品牌和服务等全球价值链高端环节转型升级。第三，开放发展需要我们进一步全面深化改革，把握发展大势，立足强国目标，实行更加积极主动的开放战略，构建开放型经济新体制，加快粤港澳大湾区建设、自贸试验区建设以及国际科技创新中心建设等。

最后，创新引领共享发展。让广大人民群众共享改革发展成果，是社会主义的本质要求③。要想实现高质量的共享发展，就要通过深化改革、创新驱动，提高经济发展质量和效益，生产出更多更好的物质精神产品，不断满足人民日益增长的物质文化需要。第一，要依靠科技创新建设低成本、广覆盖、高质量的公共服务体系。随着经济社会的不断发展，提高社会发展水平、改善人民生活等对科技创新提出了更高要求，比如应增加重大疾病防控、食品药品安全、人口老龄化等重大民生领域的公共科技供给④，以及新型智慧城市建设对新兴科技的需求供给。第

---

① 中央党校哲学教研部：《五大发展新理念——创新　协调　绿色　开放　共享》，中共中央党校出版社，2016，第 166 页。

② 李予阳：《培育外贸竞争新优势关键在创新》，《经济日报》2014 年 3 月 4 日，第 13 版。

③ 中共中央文献研究室编《习近平关于全面建成小康社会论述摘编》，中央文献出版社，2016，第 41 页。

④ 习近平：《为建设世界科技强国而奋斗》，《人民日报》2016 年 6 月 1 日，第 2 版。

二，创新驱动是坚持共建共治共享原则的关键。在发展动力转向创新驱动后，社会经济的创新发展需要人民群众释放创新活力，人民群众也将更多地共享创新发展的成果。具体而言，创新驱动与共建共治共享相辅相成。一方面，社会没有创新就会失去激发经济增长活力的动力，就无法让全体人民共同参与高质量的经济建设，就不可能有可供共享的成果。另一方面，坚持共建共治共享，不仅需要在保障和改善民生的思路上进行理论创新和制度创新①，更需要以全面创新极大提高物质文明和精神文明，满足人民的多样化需求。

二　创新发展要以人民为中心

在践行创新发展理念的过程中，以习近平同志为核心的党中央始终坚持人民主体地位，强调创新发展要以人民为中心，把增进人民福祉、促进人的全面发展作为发展的出发点和落脚点。

（一）以人民为中心的发展思想的形成

以人民为中心的发展思想早在习近平同志陕北插队时期就奠定了坚实的基础。那时，"为群众做实事"的信念像种子一样在他心里生根发芽，最终长成了"坚持以人民为中心"这样的参天大树。可以说，在梁家河工作时期，习近平同志立志要为老百姓办好事的信念，就是以人民为中心的发展思想的最初表达②。

习近平同志在担任福建宁德地委书记时，他提出"以百姓之心为心"，强调"为群众办实事是多方面的"等论述。在担任浙江省委书记时，他强调，"坚持以人为本，重民生、办实事，解决人民群众最关心、

---

① 中共中央宣传部：《习近平新时代中国特色社会主义思想三十讲》，学习出版社，2018，第235页。

② 何毅亭：《伟大思想理论从何而来——习近平新时代中国特色社会主义思想渊源》，《光明日报》2017年11月17日，第1版。

最直接、最现实的利益问题，满足人民群众最基本、最紧迫的需要，是构建和谐社会的一项重要基础性工作。"① 担任总书记后，在十八届中央政治局常委同中外记者见面会上，他明确宣告："人民对美好生活的向往，就是我们的奋斗目标。"② 从习近平总书记一以贯之的执政思路中，我们可以领悟到以人民为中心的发展思想的萌芽过程以及作为大党、大国领袖的人民情怀和人民至上的价值取向。

在党的十九大报告中，习近平总书记更是把坚持以人民为中心作为新时代坚持和发展中国特色社会主义的重要内容，不仅将这一思想贯穿于中国特色社会主义伟大事业的战略布局和基本方略中，还明确地将其写进党章。这充分彰显了我们党始终坚持以人民为中心的价值追求和执政为民的责任担当③。具体而言，坚持以人民为中心，是习近平新时代中国特色社会主义思想的价值指向，具有深刻的理论逻辑、历史逻辑和现实逻辑。

一看其理论逻辑。根据唯物史观的经典表述"历史活动是群众的事业，人民群众创造历史"，可知马克思提倡的观点即人是经济社会发展的主体，同时也是经济社会发展的目的。发展为了人民，这是马克思主义政治经济学的根本立场。多年来，中国坚持以人民为中心的发展思想，把增进人民福祉、促进人的全面发展、朝着共同富裕方向稳步前进作为经济发展的出发点和落脚点④。由此可见，以人民为中心的发展思想完整准确地体现了唯物主义的历史观和马克思主义政治经济学的根本立场，它不仅是对人在社会历史发展中的主体作用与地位的肯定和强调，更是强调发展要尊重人、解放人、依靠人和为了人的价值取向和思维方式，

---

①　习近平：《之江新语》，浙江人民出版社，2007，第 245 页。

②　王相坤：《习近平的成长经历与新时代中国特色社会主义思想的形成》，《党史文苑》2017 年第 12 期，第 47～52 页。

③　孙大海：《始终坚持以人民为中心的价值追求》，《人民日报》2017 年 10 月 23 日，第 14 版。

④　中共中央文献研究室编《习近平关于社会主义经济建设论述摘编》，中央文献出版社，2017，第 30～31 页。

提倡在分析和解决一切问题时，既要坚持历史的尺度，也要坚持人的尺度①。习近平新时代中国特色社会主义思想坚持"人民利益至高无上"，不仅是运用马克思主义诠释新时代中国社会关系和政治关系的科学论断，还是对新时代执政党与人民关系的科学解读和正确定位，更是对以人民为中心的发展思想的进一步弘扬和发展。

二看其历史逻辑。民本思想是中华民族源远流长的优秀文化传统，贯穿于中华民族几千年的文明发展史。从党的几代领导人始终如一地贯彻党的宗旨来看，人民是立党之本，也是执政之基、力量之源，党的一切工作的出发点和落脚点都是为了人民。当然，由于每一代领导人所处的历史时期不同，其"以人民为中心"的侧重点也会有所不同。譬如，毛泽东同志重在改善人民的政治地位；邓小平同志重在提升人民的经济地位；江泽民同志重在指导建设好执政为民的"代表"；胡锦涛同志重在建设人民全面和谐发展的社会空间②；习近平同志重在坚持鲜明的人民立场，强调人民是历史的创造者，是决定党和国家前途命运的根本力量。总而言之，从毛泽东到习近平，中国共产党人所讲的"以人民为中心的发展思想"，无非有四条核心要义：一是人民立场，二是人民主体，三是人民目的，四是人民至上。

三看其现实逻辑。我们党领导人民全面建设小康社会、进行改革开放和社会主义现代化建设的根本目的，就是要通过发展社会生产力，不断提高人民物质文化生活水平，促进人的全面发展。检验我们一切工作的成效，最终都要看人民是否真正得到了实惠，人民生活是否真正得到了改善③。因此，以人民为中心的发展思想不是一个抽象的、玄奥的概

---

① 习近平：《干在实处走在前列：推进浙江新发展的思考与实践》，中共中央党校出版社，2006，第24页。
② 高尚全、傅治平：《人民本位论》，人民出版社，2012，第103页。
③ 中共中央文献研究室编《习近平关于社会主义经济建设论述摘编》，中央文献出版社，2017，第19页。

念，不能只停留在口头上、止步于思想环节，而是要体现在经济社会发展的各个环节。尤其是在新时代背景下，我们要牢牢把握人民群众对美好生活的向往，坚持全心全意为人民服务的宗旨，把实现人民群众的利益作为一切工作的出发点和归宿，把以人民为中心的理念贯彻到治国理政的全部活动之中，做到发展为了人民、发展依靠人民、发展成果由人民共享。

（二）创新发展要把人民群众作为创新的源泉和动力

历史唯物主义认为，社会发展的历史是人民群众的实践活动的历史，人民群众是历史的创造者。历史不是黑格尔所谓的绝对精神自我展开，也不是英雄人物的创造，而是由千百万普通人民群众所创造的①。

人民群众是创新发展的源泉和活力。创新发展不仅依赖于全体人民群众的创新实践，更以全体人民群众的发展进步为发展目标。一方面，创新发展的根本动力来自人民的创新。在创新发展理念的引导下，社会上每一个成员都可以通过多种途径积极参与创新创业活动，成为宣传创新创业活动、分享创新创业实践的传播者和分享者。另一方面，创新发展的根本目的在于激发人民的活力，而人民的创新激情和活力是中国加速实现创新引领、创新驱动的重要条件。我们要充分利用中国特色社会主义的体制优势和文化优势，凝聚全体中国人民的创造力量，不断提升我国的创新发展水平。

创新发展是"十三五"时期经济结构实现战略性调整的关键驱动因素，是实现"五位一体"总体布局下全面发展的根本动能。这就要求我们充分发挥人民群众创新主体的作用，大力激发他们的创新活力和激情。

首先，要以人民为中心驱动创新发展实践。人民群众始终是推动历

---

① 中央党校中国特色社会主义理论体系研究中心：《需要理论且能够产生理论的时代》，中共中央党校出版社，2016，第125页。

史发展、开展一切创新活动的主体力量①。我们必须在思想上始终坚持人民主体地位，尊重人民首创精神，虚心向人民学习，把人民拥护不拥护、赞成不赞成、高兴不高兴、答应不答应作为衡量一切工作得失的根本标准②。不仅如此，我们还要在实践中真正做到尊重劳动、尊重知识、尊重人才、尊重创造，充分发挥人民的智慧和力量③。

其次，要以人民为中心共享创新发展成果。要围绕人民群众最直接、最现实、最关心的问题来开展创新实践。譬如，我们的人民热爱生活，期盼有更好的教育、更稳定的工作、更满意的收入、更可靠的社会保障、更高水平的医疗卫生服务、更舒适的居住条件、更优美的环境。"人民对美好生活的向往，就是我们的奋斗目标"④。要在创新发展实践中始终坚持民生情怀和人民立场，加大以民生问题为重点的社会建设，更加注重解决社会公平正义问题，通过科技进步实现医疗、教育、扶贫等领域的创新突破，让创新发展红利惠及全体人民。

三 把创新摆在国家发展全局的核心位置

科技是国家强盛之基，创新是民族进步之魂。一个国家是否强大不仅取决于经济总量、领土面积和人口规模，更取决于它的创新能力。把创新放在国家发展全局的核心位置，既有必要性，又有紧迫性。首先，我国是一个发展中大国，目前正在大力推进经济发展方式转变和经济结构调整。面对日益激烈的国际竞争，只有创新，才能抢占国际科技和产业的制高点，进而提升我国国际竞争力；才能推进产业优化升级、转变经济发展方式，进而打造新的发展引擎，创造更长的经济增长周期。其

---

① 魏立平：《以人民为中心：五大发展理念之魂》，《中国党政干部论坛》2016 年第 8 期，第 91 ~ 92 页。
② 《十三届全国人大一次会议在京闭幕》，《人民日报》2018 年 3 月 21 日，第 1 版。
③ 李维：《习近平重要论述学习笔记》，人民出版社，2014，第 62 页。
④ 中共中央文献研究室编《习近平关于社会主义经济建设论述摘编》，中央文献出版社，2017，第 19 页。

次，面对国内"两个一百年"奋斗目标，只有依靠创新，才能在已有发展的基础上，全面建成小康社会，实现第一个百年奋斗目标，进而推动国家持续健康发展，在更高层次上实现第二个百年奋斗目标①。因此，无论是党和国家的宏观战略部署，还是中华民族的伟大复兴中国梦的实现，都要把创新摆在发展全局的核心位置。

"把创新放在发展全局的核心位置"这一重要观点在习近平同志在浙江工作时期便已经有所显现。自改革开放以来，浙江大量引进国外先进技术，不断提升产业技术水平和产品生产能力，促进了特色优势产业和块状经济的快速发展。但是，对外依存度偏高，技术引进明显存在重硬件、轻软件，重引进、轻消化，重模仿、轻创新的问题，使浙江缺乏自主知识产权和核心技术，始终处于国际产业分工和产品价值链的低端。因此，习近平同志强调，浙江要加快科技进步和自主创新，要全面贯彻中央提出的自主创新、重点跨越、支撑发展、引领未来方针，"加快创新型省份建设，让自主创新成为解决资源要素环境制约的根本途径，成为促进产业升级、提高企业和产品竞争力的重要支撑，成为推进科技进步、建设科技强省的核心内容"②。在他的领导下，浙江不断开拓新局面，科技创新力量不断集聚和增强，其成功实践也为创新发展理念奠定了重要的实践基础③。

党的十八大以来，以习近平同志为核心的党中央大力谋划创新、积极推动创新，提出了诸多推进创新发展的重要论断。譬如，"坚定不移走中国特色自主创新道路"④；"把改革创新精神贯彻到治国理政各个环节"⑤；

① 洪银兴、任保平：《经济新常态下发展理论创新》，经济科学出版社，2017，第97页。
② 习近平：《干在实处走在前列：推进浙江新发展的思考与实践》，中共中央党校出版社，2006，第133页。
③ 习近平：《干在实处走在前列：推进浙江新发展的思考与实践》，中共中央党校出版社，2006，第132～137页。
④ 中共中央文献研究室编《习近平关于科技创新论述摘编》，中央文献出版社，2016，第35页。
⑤ 习近平：《紧紧围绕坚持和发展中国特色社会主义　学习宣传贯彻党的十八大精神》，《人民日报》2012年11月19日，第2版。

"实施创新驱动发展战略，最根本的是要增强自主创新能力，最紧迫的是要破除体制机制障碍，最大限度解放和激发科技作为第一生产力所蕴藏的巨大潜能"①；"以改革释放创新活力，加快建立健全国家创新体系，让一切创新源泉充分涌流"②，等等。

此外，中国梦的实现及党的十九大报告中提及的"伟大梦想"的实现必须依赖创新。中国梦，是习近平总书记提出的重要论述和重要执政理念。习近平总书记把"中国梦"定义为"实现中华民族伟大复兴"，后来在党的十九大报告又进一步深化了"中国梦"的内涵，将其提升到"伟大梦想"的高度。实现"两个一百年"奋斗目标，实现中华民族伟大复兴的中国梦，必须坚持走中国特色自主创新道路，面向世界科技前沿、面向经济主战场、面向国家重大需求，加快各领域科技创新，掌握全球科技竞争先机。

四 推动以科技创新为核心的全面创新

习近平总书记在 2014 年 8 月的中央财经领导小组第七次会议上指出，"党的十八大提出的实施创新驱动发展战略，就是要推动以科技创新为核心的全面创新，坚持需求导向和产业化方向，坚持企业在创新中的主体地位，发挥市场在资源配置中的决定性作用和社会主义制度优势，增强科技进步对经济增长的贡献度，形成新的增长动力源泉，推动经济持续健康发展"③。

（一）推动全面创新的必然性和必要性

全面创新涉及经济、政治、文化、社会、生态等各方面，只有把理

---

① 习近平：《在中国科学院第十七次院士大会、中国工程院第十二次院士大会上的讲话》，《人民日报》2014 年 6 月 10 日，第 2 版。
② 习近平：《在中国科学院第十七次院士大会、中国工程院第十二次院士大会上的讲话》，《人民日报》2014 年 6 月 10 日，第 2 版。
③ 中共中央文献研究室编《习近平关于科技创新论述摘编》，中央文献出版社，2016，第 17 页。

论创新、制度创新、文化创新以及其他方面的创新有机衔接起来，才能真正贯彻落实创新驱动发展战略。在新时代，全面创新有其必然性和必要性。

从必然性来看，全面创新观点的提出是党和国家充分认识"创新发展"的必然结果。以前，人们对于创新发展的认识存在一个误区，即认为"创新"就是"技术创新"，就等同于技术进步和科技发展。然而，单就技术层面来说，当前我国已经初步具备了成为创新型国家的技术基础，真正阻碍全面创新发展的关键还是在环境、体制和机制等方面。譬如，我国创业创新能力不强，很大程度上在于创业创新生态环境尚未合理构建；鼓励"大众创业、万众创新"的制度建设亟须完善；科技成果转化为生产力相较于发达国家而言还比较薄弱；金融资本在科技创新中的作用还未得到充分有效发挥等。创新是一个系统工程，其要素涵盖经济基础和上层建筑，包括生产力释放、生产关系优化以及制度体系变革等，任何推动系统优化的要素创新必将引发其余要素的跟进或者阻碍。因此，我们需要以全面创新来实现发展的平衡，引领国家方方面面的协同进步。

从必要性来看，全面创新是驱动我国经济社会全面发展的动力源泉。习近平总书记在党的十九大报告中清楚地指明了当前我国经济发展所面临的形势和任务，即我国经济"正处在转变发展方式、优化经济结构、转换增长动力的攻关期"[1]。近年来，我国经济增长的传统动力明显趋弱，劳动力成本优势逐渐降低，以要素投入为主的产业竞争优势不再明显，未来不可能继续走以要素投入、外需带动、投资拉动、规模扩张等为主要特征的粗放型增长老路。要想成为强国，就必须在发展动力上，由要素驱动、投资规模驱动走向更加注重全面创新的驱动，推动理论创新、制度创新、科技创新、文化创新等各方面创新，进而激发全社会的创新

---

① 本书编写组：《党的十九大报告辅导读本》，人民出版社，2017，第29页。

能力和创新活力，推进劳动力、资本和技术等各个生产要素以及各个产业、区域、经济体制等各方面的协同发展，加快形成以全面创新为主要引领和支撑的经济体系和发展模式。

全面创新观点阐明了科技创新与全面创新的辩证关系，即矛盾的主要方面和次要方面的关系，以及部分和整体之间的关系。从矛盾层面来看，人民日益增长的美好生活需要和不平衡不充分发展之间的矛盾是创新发展要解决的主要矛盾，是实施创新驱动发展战略的关键。创新发展的目标也正是为了人民美好的生活，满足人民日益增长的美好生活需要。习近平总书记强调，创新是多方面的，包括理论创新、体制创新、制度创新、人才创新等，科技创新的地位和作用十分重要，必须紧紧抓住科技创新这个"牛鼻子"，走好科技创新这步"先手棋"。从系统层面来看，习近平总书记在 2014 年 6 月两院院士大会上提出："实施创新驱动发展战略是一个系统工程。科技成果只有同国家需要、人民要求、市场需求相结合，完成从科学研究、实验开发、推广应用的三级跳，才能真正实现创新价值、实现创新驱动发展。"[①] 全社会创造力和发展活力的激发依赖于一个可持续发展的创新生态系统，需要协同好科技创新与各方面创新，形成创新的乘数效应；需要协同好科技创新与市场需求、国家发展需要，把创新驱动发展战略落实到现代化建设整个进程和各个方面。

（二）全面创新要以科技创新为核心

习近平总书记强调，全面创新要以科技创新为核心，发挥科技创新在全面创新中的牵引作用。他指出，"实施创新驱动发展战略，就是要推动以科技创新为核心的全面创新""实施创新驱动发展战略，必须紧紧抓

---

① 习近平：《在中国科学院第十七次院士大会、中国工程院第十二次院士大会上的讲话》，《人民日报》2014 年 6 月 10 日，第 2 版。

住科技创新这个'牛鼻子'"①。抓住了科技创新，就抓住了全面创新发展的"新引擎"，就能最大限度解放和激发科技作为第一生产力所蕴藏的巨大潜能。

首先，适应和引领我国经济发展新常态，关键是要依靠科技创新转换发展动力。目前，我国低成本资源和要素投入形成的驱动力明显减弱，需要依靠更多更好的科技创新为经济发展注入新动力；社会发展面临人口老龄化、消除贫困、保障人民健康等多方面挑战，需要依靠更多更好的科技创新进一步释放生产力和生产关系，满足人民对美好物质生活的需求，实现经济社会协调发展；生态文明发展面临日益严峻的环境污染，需要依靠更多更好的科技创新建设天蓝、地绿、水清的美丽中国；能源安全、粮食安全、网络安全、生态安全、生物安全、国防安全等风险压力不断增加，需要依靠更多更好的科技创新保障国家安全。所以，习近平总书记一直强调，科技创新是核心，抓住了科技创新就抓住了牵动我国发展全局的"牛鼻子"②。

其次，在推进全面创新的进程中，一定要紧抓科技创新，发挥科技创新在全面创新中的重要引领作用，最大限度解放和激发科技作为第一生产力所蕴藏的巨大潜能；一定要在我国发展新的历史起点上，把科技创新摆在更加重要的位置，吹响建设世界科技强国的号角③。面对国外的先进技术，我国目前在科技创新方面已步入以跟踪为主转向跟踪和并跑、领跑并存的新阶段，这一阶段我们必须通过掌握核心技术进而掌握竞争和发展的主动权，实现中华民族的伟大复兴。正如习近平总书记所指出的，我们不能总是指望依赖他人的科技成果来提高自己的科技水平，更

---

① 中共中央文献研究室编《习近平关于科技创新论述摘编》，中央文献出版社，2016，第17页。
② 《全国科技创新大会两院院士大会中国科协第九次全国代表大会在京召开》，《人民日报》2016年5月31日，第1版。
③ 《全国科技创新大会两院院士大会中国科协第九次全国代表大会在京召开》，《人民日报》2016年5月31日，第1版。

不能做其他国家的技术附庸，永远跟在别人的后面亦步亦趋，在掌握核心科技的道路上中国非走自主创新道路不可①。

我们要大力推动以科技创新为核心的全面创新，引领科技体制及其相关体制深刻变革。要加快建立科技咨询支撑行政决策的科技决策机制，加强科技决策咨询系统，建设高水平科技智库。要完善符合科技创新规律的资源配置方式，解决简单套用行政预算和财务管理方法管理科技资源等问题，优化基础研究、战略高技术研究、社会公益类研究的支持方式，力求科技创新活动效率最大化。要着力改革科研经费的使用和管理方式，使经费更好地服务人的创造性活动，而不是让人的创造性活动为经费服务。要改革科技评价制度，建立以科技创新质量、贡献、绩效为导向的分类评价体系，正确评价科技创新成果的科学价值、技术价值、经济价值、社会价值、文化价值②。

我们要大力推动以科技创新为核心的全面创新，充分发挥企业技术创新主体的作用。要制定和落实鼓励企业技术创新各项政策，强化企业创新倒逼机制，加强对中小企业技术创新的支持力度，推动流通环节改革和反垄断反不正当竞争，引导企业加快发展研发力量。要加快完善科技成果使用、处置、收益管理制度，发挥市场在资源配置中的决定性作用，让机构、人才、装置、资金、项目都充分活跃起来，形成推动科技创新的强大合力。要调整现有行业和地方的科研机构，充实企业研发力量，支持依托企业建设国家技术创新中心，培育有国际影响力的行业领军企业③。

我们要大力推动以科技创新为核心的全面创新，提升关键领域的科技创新水平。落实创新驱动发展战略，必须把重要领域的科技创新摆在更加突出的地位，实施一批关系到国家全局和长远的重大科技项目。这

---

① 习近平：《在中国科学院第十七次院士大会、中国工程院第十二次院士大会上的讲话》，《人民日报》2014年6月10日，第2版。
② 习近平：《为建设世界科技强国而奋斗》，《人民日报》2016年6月1日，第2版。
③ 习近平：《为建设世界科技强国而奋斗》，《人民日报》2016年6月1日，第2版。

既有利于我国在战略必争领域打破重大关键核心技术受制于人的局面，更有利于开辟新的产业发展方向和重点领域、培育新的经济增长点。从更长远的战略需求出发，我们要坚持有所为有所不为，在航空发动机、量子通信、智能制造和机器人、深空深海探测、重点新材料、脑科学、健康保障等领域再部署一批体现国家战略意图的重大科技项目①。

（三）理论创新、制度创新、科技创新、文化创新之间的辩证关系

理论创新、制度创新、科技创新和文化创新共同驱动了新时代中国经济社会的全面发展，共同构成了全面创新的完整内涵，指明了我国创新发展的方向和要求②。对四个不同方面的创新之间的关系进行深入剖析可以发现，它们之间是紧密联系的，任何一个方面缺失将导致经济社会发展缺少全面创新支撑，社会、科技、经济、文化、政治等各个方面将无法实现协调发展，甚至相互间形成巨大矛盾，制约生产力的发展。因此，要想充分理解全面创新理念的深刻内涵，就要将它们之间的辩证关系贯通起来学习、统一起来领会。

首先，理论创新是社会发展和变革的先导，是推动制度创新、科技创新、文化创新和其他方面创新的巨大力量。改革开放以来，我们党坚持理论创新，正确回答了什么是社会主义、怎样建设社会主义、建设什么样的党、怎么建设党、实现什么样的发展、怎样发展等重大课题，不断根据新的实践推出新的理论，为制定各项方针政策、推进各项工作提供了科学指导③。此外，制度创新、科技创新、文化创新和其他方面创新也需要理论创新的支撑，需要运用新思想、新理念、新方法、新理论来指导各领域创新实践的有效开展。

---

① 《中共中央关于制定国民经济和社会发展第十三个五年规划的建议》，《人民日报》2015 年 11 月 4 日，第 1 版。
② 洪银兴、安同良、孙宁华：《创新经济学》，江苏人民出版社，2017，第 1 页。
③ 习近平：《在哲学社会科学工作座谈会上的讲话》，《人民日报》2016 年 5 月 19 日，第 2 版。

其次，制度创新是持续创新的重要保障，能够激发各类创新主体的活力，有利于打通从科技强到产业强、经济强、国家强的通道。多年来，我国一直存在着科技成果向现实生产力转化不力、不顺、不畅的痼疾，其中一个重要症结就在于科技创新链条上存在着诸多体制机制关卡，造成创新和转化各个环节衔接不够紧密。要解决这个问题，就必须深化科技体制改革，破除一切制约科技创新的思想障碍和制度藩篱，处理好政府和市场的关系，推动科技和经济社会发展深度融合，打通从科技强到产业强、经济强、国家强的通道，以改革释放创新活力，加快建立健全国家创新体系，让一切创新源泉充分涌流①。

再次，科技创新是全面创新的核心，处于创新驱动发展的核心位置。科技是国家强盛之基，创新是民族进步之魂。从某种意义上说，科技实力决定着世界政治经济力量对比的变化，也决定着各国各民族的前途命运②。从国际来看，当前世界范围内一些重大颠覆性科技创新正在创造新产业、新业态，科技创新的重大突破和加快应用将会重塑全球经济结构，使产业和经济竞争的赛场发生转变。从国内来看，科技作为第一生产力的地位和作用更加突出，创新已成为新时代中国最显著的特征③，科技创新已然成为我国提升核心竞争力的迫切需要。在这种形势下，党中央把科技创新发展摆在创新驱动发展的核心位置，紧紧扣住了世界创新发展的脉搏，对推进全面创新发展意义深远而重大。

最后，文化创新是软实力创新，不仅是培植民族永葆生命力和凝聚力的基础，更是实现全面创新的基本前提，能够为各类创新活动提供源源不竭的精神动力。中国社会从来不缺文化创新的基因。"日新之谓盛

---

① 习近平：《在中国科学院第十七次院士大会、中国工程院第十二次院士大会上的讲话》，《人民日报》2014 年 6 月 10 日，第 2 版。
② 习近平：《在中国科学院第十七次院士大会、中国工程院第十二次院士大会上的讲话》，《人民日报》2014 年 6 月 10 日，第 2 版。
③ 《全国科技创新大会两院院士大会中国科协第九次全国代表大会在京召开》，《人民日报》2016 年 5 月 31 日，第 1 版。

德""苟日新，日日新，又日新"，这是中国最古老的经典《周易》中的核心要义，也是中国社会数千年来不息脉动的文化精魂。如何把中国传统文化中这种求新求变的禀赋与新时代的大变革、大转型有机结合起来，让历史悠久的中华文明焕发出新时代的光辉，正是今日中国文化创新的实践目标。

（四）不断推进理论创新、制度创新、科技创新、文化创新

创新，就要敢为人先，走前人没有走过的路，创造新思想、新理论、新技术、新制度、新文化等，也就是包括理论、制度、科技和文化的全面创新。而要实现全方位、多方面的创新，就要着眼于当今时代的发展变化，运用理论创新的最新成果，不断推进制度创新、科技创新、文化创新以及其他各方面的创新，不断完善已有的东西，不断开创新局面。

第一，不断推进理论创新，用正确的理论指导科学的实践。中国共产党之所以能够历经考验磨难无往而不胜，关键就在于不断进行实践创新和理论创新。在革命、建设和改革的长期实践过程中，中国共产党人始终把马克思主义这一科学理论作为自己的行动指南，在坚持马克思主义基本原理的前提下不断推进马克思主义理论创新，并且始终坚持理论创新与实践创新的良性互动以及理论创新与理论武装的有机结合，锲而不舍地推进马克思主义中国化、时代化、大众化，使马克思主义不断放射出灿烂的真理光芒[1]。具体而言，新时代中国特色社会主义理论创新的基本路径如下：

一是在坚持马克思主义基本原理的基础上创新。马克思主义进入中国，既引发了中华文明深刻变革，也走过了一个逐步中国化的过程[2]。因

---

[1] 袁银传、刘丽萍：《中国共产党创新发展马克思主义的基本经验》，《思想教育研究》2018年第2期。

[2] 习近平：《在哲学社会科学工作座谈会上的讲话》，人民出版社，2016，第9页。

此，我们要在坚持马克思主义基本原理的基础上，以更宽广的视野、更长远的眼光来思考和把握国家未来发展面临的一系列重大战略问题，在理论上不断拓展新视野、做出新概括。二是在理论与实践的结合中创新。我们党是高度重视理论建设和理论指导的党，始终坚持理论必须同实践相统一。我们坚持和发展中国特色社会主义，必须高度重视理论的作用，增强理论自信和战略定力。在新的时代条件下，我们要进行伟大斗争、建设伟大工程、推进伟大事业、实现伟大梦想，仍然需要保持和发扬马克思主义政党与时俱进的理论品格，勇于推进实践基础上的理论创新①。

第二，不断推进制度创新，保障新时代的创新发展。提高自主创新能力需要从体制机制等多方面来保证。习近平总书记强调："要加快体制机制创新，形成新的利益轨道。一个是科技创新的轮子，一个是体制机制创新的轮子，两个轮子共同转动，才有利于推动经济发展方式根本转变。"② 今天的中国，高速增长阶段已经过去，经济发展进入中高速增长阶段。在这样一个阶段，制度创新的作用更加凸显，无论是规范市场竞争，还是维护公平正义，都需要一套更加完善的制度。在新时代，推进制度创新必须坚持和完善中国特色社会主义制度，坚决破除一切不合时宜的体制机制障碍，不断推进国家治理体系和治理能力现代化，构建系统完备、科学规范、运行有效的制度体系，充分发挥我国社会主义制度优越性。其中特别需要强化以下几个方面的制度创新。

一是不断推进社会主义政治制度自我完善和发展。坚定不移走中国特色社会主义政治发展道路，"坚持党的领导、人民当家作主、依法治国有机统一，以保证人民当家作主为根本，以增强党和国家活力、调动人

---

① 《高举中国特色社会主义伟大旗帜　为决胜全面小康社会实现中国梦而奋斗》，《人民日报》2017 年 7 月 28 日，第 1 版。

② 中共中央文献研究室编《习近平关于科技创新论述摘编》，中央文献出版社，2016，第65 页。

民积极性为目标，扩大社会主义民主，发展社会主义政治文明"①；二是加强和创新社会治理。创新社会治理，是完善和发展中国特色社会主义制度、推进国家治理体系和治理能力现代化的重要内容②。创新社会治理机制，既要注重顶层设计，站在全局高度，科学谋划各个治理领域的体制机制改革，又要坚持底线思维，注重发挥地方积极性，鼓励探索实践，尊重群众首创精神，并及时将其上升为国家治理机制③；三是创新行政管理方式，创新行政管理方式是全面深化改革和完善社会主义市场经济体制的重要内容，也是提高政府现代治理能力的关键举措。党的十九大报告提出要深化行政管理体制改革和推动政府服务功能转变，并将改革与职能转变作为党和政府转变服务方式、提高服务水平和办事效率、解决实体经济发展和基层基本公共服务的重点工作。

第三，不断推进科技创新，为产业发展提供源源不断的动力。习近平总书记指出："谁走好了科技创新这步先手棋，谁就能占领先机、赢得优势。"④ 因此，我国科技发展的方向就是创新、创新、再创新。党的十八大明确提出，"科技创新是提高社会生产力和综合国力的战略支撑，必须摆在国家发展全局的核心位置"⑤。具体而言，新时代中国特色社会主义科技创新的重点内容如下。

一是牢牢把握科技进步大方向。既要密切跟踪、科学研判世界科技创新发展的趋势，也要看到中国科技与世界顶尖水平的差距，找准问题根源，对看准的方面超前规划布局，将成熟的思路及时转化为政策举措，

---

① 中共中央文献研究室编《习近平关于全面深化改革论述摘编》，中央文献出版社，2014，第 69 页。
② 中共中央宣传部：《习近平新时代中国特色社会主义思想三十讲》，学习出版社，2018，第 234 页。
③ 李维：《习近平重要论述学习笔记》，人民出版社，2014，第 261 页。
④ 中共中央文献研究室编《习近平关于科技创新论述摘编》，中央文献出版社，2016，第 26 页。
⑤ 中共中央文献研究室编《习近平关于科技创新论述摘编》，中央文献出版社，2016，第 23 页。

切实加大投入、抢占先机。二是高度重视原始性专业基础理论突破。加强科学基础设施建设，保证基础性、系统性、前沿性技术研究和技术研发持续推进，强化自主创新成果的源头供给。要积极主动整合和利用好全球创新资源，从我国现实需求、发展需求出发，有选择、有重点地参与国际大科学装置和科研基地及其中心的建设和利用。三是加快科技体制改革步伐。要准确把握重点领域科技发展的战略机遇，选准关系全局和长远发展的战略必争领域和优先方向，通过高效合理配置，深入推进协同创新和开放创新，构建高效强大的共性关键技术供给体系，努力实现关键技术重大突破，把关键技术掌握在自己手里。① 要坚决扫除阻碍科技创新能力提高的体制障碍，有力打通科技和经济转移转化的通道，优化科技政策供给，完善科技评价体系，营造良好创新环境。四是加强科技人才队伍建设。深入实施科教兴国战略、人才强国战略。在发挥好现有人才作用的同时，揽四方之才，择天下英才而用之。必须在创新实践中发现人才、在创新活动中培育人才、在创新事业中凝聚人才，大力培养造就规模宏大、结构合理、素质优良的创新型科技人才。

第四，不断推进文化创新，以先进文化巩固党的执政基础，培育共同理想，振奋全民精神，凝聚全民力量。习近平总书记指出："文化是一个国家、一个民族的灵魂。文化兴国运兴，文化强民族强。"② 这是因为，文化创新是创新发展的重要方面，是一个民族永葆生命力和凝聚力的重要基础，是经济、社会和文化发展不竭的内在动力。具体而言，新时代中国特色社会主义文化创新的路径包括以下几条。

一是培育和践行社会主义核心价值观。推进国家治理体系和治理能力现代化，要大力培育和弘扬社会主义核心价值体系和核心价值观，加

---

① 习近平：《在中国科学院第十七次院士大会、中国工程院第十二次院士大会上的讲话》，《人民日报》2014年6月10日，第2版。
② 本书编写组：《党的十九大报告辅导读本》，人民出版社，2017，第40页。

快构建充分反映中国特色、民族特性、时代特征的价值体系。要加强爱国主义、集体主义、社会主义教育，引导我国人民树立和坚持正确的历史观、民族观、国家观、文化观，增强做中国人的骨气和底气①。二是加强对中华优秀传统文化的挖掘和阐发。努力实现中华传统美德的创造性转化、创新性发展，把跨越时空、超越国度、富有永恒魅力、具有当代价值的文化精神弘扬起来，把继承优秀传统文化又弘扬时代精神、立足本国又面向世界的当代中国文化创新成果传播出去②。三是坚持文化自信。文化自信是更基础、更广泛、更深厚的自信，是一个民族最本质和最根本的自信。我们要用优秀文化产品振奋人心、鼓舞士气，用中华优秀传统文化为人民提供丰润的道德滋养，提高精神文明建设水平③。尤其是科技界要树立强烈的创新自信，不仅引进和学习世界先进科技成果，还要敢于质疑现有理论，勇于开拓新的方向，不断在攻坚克难中追求卓越④。

五　让创新在全社会蔚然成风

"创新是多方面的"，不论是理论、制度还是文化、人才，党和国家的一切工作都需要将创新贯穿其中。因此，我们必须加快破除制约创新的思想障碍和制度藩篱，强化制度保障和激励，营造良好的创新创业环境，培育创新创业文化，大力集聚和培养更多创新型优秀人才，鼓励全社会开展创新创造活动，让人才、知识、技术、资本的活力竞相迸发，

---

① 《习近平谈中华优秀传统文化：善于继承才能善于创新》，《中国法治文化》2017 年第 1 期，第 8~12 页。

② 编辑部：《习近平论社会主义核心价值观——十八大以来重要论述选编》，《党建》2014 年第 4 期，第 6~8 页。

③ 习近平：《在省部级主要领导干部学习贯彻党的十八届五中全会精神专题研讨班上的讲话》，《人民日报》2016 年 5 月 10 日，第 2 版。

④ 孙秀艳：《深化科技体制改革增强科技创新活力　真正把创新驱动发展战略落到实处》，《人民日报》2013 年 7 月 18 日，第 1 版。

创造巨大的经济社会价值。

第一，营造良好环境，鼓励大胆创新。科技创新要取得突破，不仅需要基础设施等"硬件"支撑，还需要制度等"软件"保障。近年来，我国科技"硬件"条件得到很大改善，而"软件"环境改善则相对滞后。因此，我国要加大政府科技投入力度，引导企业和社会增加研发投入。要加强知识产权保护工作，依法惩治侵犯知识产权和科技成果的违法犯罪行为。要完善推动企业技术创新的税收政策，激励企业开展各类创新活动。要加快金融体系结构调整优化，为科技与产业发展提供更高质量、更有效率的金融服务，加强和改善对技术创新的金融服务，加大资本市场对科技型企业的支持力度。

第二，引导创新创业，激发全社会创新潜能和创业活力。要进一步简政放权，激发社会创业创新活力。要加快转变政府职能，在更大范围、更深层次，以更有力的举措推进简政放权、优化服务改革，"使市场在资源配置中起决定性作用和更好发挥政府作用"①，破除制约企业和人民群众办事创业的体制机制障碍，着力降低制度性交易成本，优化营商环境，激发市场活力和社会创造力。必须充分尊重人才、保障人才权益、最大限度地激发人的创造活力，吸引和激励更多人投身创业创新，推进人才发展体制和政策创新，突出"高精尖缺"导向，实施更加开放的创新人才引进政策，聚天下英才用之②。

第三，搭建创新平台，形成协同创新新格局。要加快构建以企业为主体、市场为导向、产学研相结合的技术创新体系，加强创新人才队伍建设，搭建创新服务平台，推动科技和经济紧密结合，努力实现优势领域、共性技术、关键技术的重大突破。推动建立一批能适应科技变革需

---

① 中共中央文献研究室编《习近平关于社会主义经济建设论述摘编》，中央文献出版社，2017，第58页。

② 习近平：《在省部级主要领导干部学习贯彻党的十八届五中全会精神专题研讨班上的讲话》，《人民日报》2016年5月10日，第2版。

求、汇聚创新要素、激发创新活力的自主创新示范区、科技园区、创新型产业集群、科技企业孵化器、新型研发组织、技术转移及交易机构、科技服务组织、创新组织联盟，以及各种新出现的科技创新平台或网络①。

第四，加快科技成果转化，强化创新激励与保护。科技成果运用于产业发展是科技创新活动全过程的"最后一公里"，成果转化是否顺利决定了科技创新活动的绩效。因此，要加快建立科技成果的市场化转化机制，要坚持科技面向经济社会发展的导向，围绕产业链部署创新链，围绕创新链完善资金链，加快推进制度创新，消除科技创新中的"孤岛现象"，破除制约科技成果服务经济社会发展的障碍。同时充分发挥知识产权联结创新与市场的桥梁纽带作用，充分利用知识产权制度的激励保护功能。总而言之，要加快改革步伐、健全激励机制、完善政策环境，从物质和精神两个方面激发科技创新的积极性和主动性。

六　实施创新驱动发展战略

党的十八大做出了实施创新驱动发展战略的重大部署，强调科技创新是提高社会生产力和综合国力的战略支撑。党的十九大报告提出要坚定不移地实施创新驱动发展战略，加快建设创新型国家，强调创新是建设现代化经济体系的战略支撑。实施创新驱动发展战略是以习近平同志为核心的党中央综合分析国内外大势、立足我国发展全局做出的重大战略抉择，充分体现了党中央坚定不移贯彻落实新发展理念、建设现代化经济体系的决心与历史担当。

中国实施创新驱动发展战略，契合我国发展的历史逻辑和现实逻辑，具有深刻的现实背景和时代意义。其必然性体现在：第一，"经过多年努力，我国科技整体水平大幅提升，一些重要领域跻身世界先进行列，某

---

① 邹一南：《打通科技成果转化〈最后一公里〉》，《学习时报》2016 年 6 月 23 日，第 1 版。

些领域正由'跟跑者'向'并行者'、'领跑者'转变。我国进入了新型工业化、信息化、城镇化、农业现代化同步发展、并联发展、叠加发展的关键时期，给自主创新带来了广阔发展空间、提供了前所未有的强劲动力"① "实施创新驱动发展战略已经具备良好基础和条件。因此，我们要抓住和用好我国发展的重要战略机遇期，深入实施创新驱动发展战略，不断开创国家创新发展新局面，加快从经济大国走向经济强国"②。第二，"全党全国各族人民正在为全面建成小康社会、实现中华民族伟大复兴的中国梦而团结奋斗。我们比以往任何时候都更加需要强大的科技创新力量"③。

其必要性体现在：第一，"科技是国家强盛之基，创新是民族进步之魂。自古以来，科学技术就以一种不可逆转、不可抗拒的力量推动着人类社会向前发展。16 世纪以来，世界发生了多次科技革命，每一次都深刻影响了世界力量格局。从某种意义上说，科技实力决定着世界政治经济力量对比的变化，也决定着各国各民族的前途命运"。第二，"当前，科技创新的重大突破和加快应用极有可能重塑全球经济结构，使产业和经济竞争的赛场发生转换""抓住新一轮科技革命和产业变革的重大机遇，就是要在新赛场建设之初就加入其中，甚至主导一些赛场建设，从而使我们成为新的竞赛规则的重要制定者、新的竞赛场地的重要主导者"④。

其紧迫性体现在：第一，"我国科技创新基础还不牢，自主创新特

---

① 习近平：《在中国科学院第十七次院士大会、中国工程院第十二次院士大会上的讲话》，《人民日报》2014 年 6 月 10 日，第 2 版。
② 中共中央文献研究室编《习近平关于科技创新论述摘编》，中央文献出版社，2016，第 14 页。
③ 习近平：《在中国科学院第十七次院士大会、中国工程院第十二次院士大会上的讲话》，《人民日报》2014 年 6 月 10 日，第 2 版。
④ 习近平：《在中国科学院第十七次院士大会、中国工程院第十二次院士大会上的讲话》，《人民日报》2014 年 6 月 10 日，第 2 版。

别是原创力还不强，关键领域核心技术受制于人的格局没有从根本上改变。只有把核心技术掌握在自己手中，才能真正掌握竞争和发展的主动权，才能从根本上保障国家经济安全、国防安全和其他安全"①。第二，"我国经济已由高速增长阶段转向高质量发展阶段，正处在转变发展方式、优化经济结构、转换增长动力的攻关期，建设现代化经济体系是跨越关口的迫切要求和我国发展的战略目标。必须坚持质量第一、效益优先，以供给侧结构性改革为主线，推动经济发展质量变革、效率变革、动力变革"②。

实施创新驱动发展战略是一个系统工程，要以重要领域和关键环节的突破带动全局。习近平总书记指出，创新是一个系统工程，创新链、产业链、资金链和政策链相互交织、相互支撑，改革只在一个环节或几个环节搞是不够的，必须全面部署，坚定不移地推进。科技创新、制度创新要协同发挥作用，两个轮子一起转③。习近平总书记强调："坚持创新发展，既要坚持全面系统的观点，又要抓住关键，以重要领域和关键环节的突破带动全局。要超前谋划、超前部署，紧紧围绕经济竞争力的核心关键、社会发展的瓶颈制约、国家安全的重大挑战，强化事关发展全局的基础研究和共性关键技术研究，全面提高自主创新能力，在科技创新上取得重大突破，力争实现我国科技水平由跟跑并跑向并跑领跑转变。"④

实施创新驱动发展战略，最根本的是要增强自主创新能力。习近平总书记指出："实施创新驱动发展战略，最根本的是要增强自主创新能

---

① 习近平：《在中国科学院第十七次院士大会、中国工程院第十二次院士大会上的讲话》，《人民日报》2014 年 6 月 10 日，第 2 版。
② 习近平：《决胜全面建成小康社会　夺取新时代中国特色社会主义伟大胜利——在中国共产党第十九次全国代表大会上的报告》，人民出版社，2017，第 30 页。
③ 习近平：《为建设世界科技强国而奋斗》，《人民日报》2016 年 6 月 1 日，第 2 版。
④ 习近平：《在省部级主要领导干部学习贯彻党的十八届五中全会精神专题研讨班上的讲话》，《人民日报》2016 年 5 月 10 日，第 2 版。

力，最紧迫的是要破除体制机制障碍，最大限度解放和激发科技作为第一生产力所蕴藏的巨大潜能。"① 面向未来，增强自主创新能力，最重要的就是要坚定不移走中国特色自主创新道路，坚持自主创新、重点跨越、支撑发展、引领未来的方针，加快创新型国家建设步伐。要"落实创新驱动发展战略，必须把重要领域的科技创新摆在更加突出的地位，实施一批关系国家全局和长远的重大科技项目。这既有利于我国在战略必争领域打破重大关键核心技术受制于人的局面，更有利于开辟新的产业发展方向和重点领域、培育新的经济增长点"② "要高度重视原始性专业基础理论突破，加强科学基础设施建设，保证基础性、系统性、前沿性技术研究和技术研发持续推进，强化自主创新成果的源头供给"。同时，"我们强调自主创新，绝不是要关起门来搞创新"③，要着力扩大科技开放合作，充分利用全球创新资源。

实施创新驱动发展战略，要推动以科技创新为核心的全面创新。社会生产力发展和综合国力提高，最终取决于科技创新。科技创新是提高社会生产力和综合国力的战略支撑，必须摆在国家发展全局的核心位置。当然，抓创新的核心并不意味着忽略其他方面的创新，而是要协同好科技创新与各方面创新，要以推动科技创新为核心，引领科技体制及相关体制深刻变革，全面推进理论创新、制度创新、科技创新和文化创新，全方位推进科技创新、企业创新、产品创新、品牌创新，积极培育产学研结合、上中下游衔接、大中小企业协同的良好创新格局，大力推动创新链、产业链、资金链、政策链交织形成的系统链创新，促进科技创新与经济社会发展相融合，将创新驱动发展战略落实到现代化建设整个进

---

① 习近平：《在中国科学院第十七次院士大会、中国工程院第十二次院士大会上的讲话》，《人民日报》2014 年 6 月 10 日，第 2 版。
② 中共中央文献研究室编《习近平关于社会主义经济建设论述摘编》，中央文献出版社，2017，第 145 页。
③ 中共中央文献研究室编《习近平关于社会主义经济建设论述摘编》，中央文献出版社，2017，第 130 页。

程之中，以全面创新打造高质量的经济体系和发展模式。

实施创新驱动发展战略，必须深化改革。习近平总书记强调，实施创新驱动发展战略，最为紧迫的是要进一步解放思想，加快科技体制改革步伐。习近平总书记指出："要加快体制机制创新，形成新的利益轨道。一个是科技创新的轮子，一个是体制机制创新的轮子，两个轮子共同转动，才有利于推动经济发展方式根本转变。"① 深化科技体制改革，要推进政府职能转变，发挥市场在科技资源配置中的决定性作用以及企业在技术创新中的主体作用；要着力营造良好的政策环境，为全要素、全链条、全方位创新提供健全的制度管理、激励机制和服务体系；要用好用活人才，建立更为灵活的人才管理机制，打通人才流动、使用、发挥作用中的体制机制障碍；要破除制约区域科技资源充分流动的利益藩篱，加强区域协调创新，全面提高科技资源配置效率；要推动科技和经济社会发展深度融合，打通从科技强到产业强、经济强、国家强的通道，加快建设高效协同的国家创新体系。

在五大发展理念中，创新发展居于首要位置，是引领发展的第一动力，是提高社会生产力和综合国力的战略支撑。实施创新驱动发展战略，是立足全局、面向未来的重大战略，是加快转变经济发展方式、破解经济发展深层次矛盾和问题、增强经济发展内生动力和活力的根本措施。我国经济总量已跃居世界第二位，社会生产力、综合国力、科技实力迈上了一个新的台阶。然而，随着人口、资源、环境压力的逐步增大，我国发展中不平衡、不协调、不可持续问题依然突出。因此，我国必须坚定不移走中国特色自主创新道路，增强创新自信，全面推进理论创新、制度创新、科技创新和文化创新，强化协同创新与开放创新，发挥科技创新的引领作用，加快从要素驱动发展为主向创新驱动发展转变，不断

---

① 中共中央文献研究室编《习近平关于科技创新论述摘编》，中央文献出版社，2016，第65页。

开创国家创新发展新局面，加快从经济大国走向经济强国的进程。我们相信，用创新发展理念引领时代发展，必将带来我国发展全局的一次深刻变革，为建成小康社会、实现中华民族伟大复兴中国梦提供根本遵循并注入强劲动力①。

---

① 人民日报社理论部：《"五大发展理念"解读》，人民出版社，2015，第43页。

第二章　科技创新是提高社会生产力和综合国力的战略支撑

　　科技是国家强盛之基，科技创新能力是衡量一个国家综合国力的重要指标之一。党的十八大以来，习近平总书记立足我国科技实际，在洞察世界科技发展趋势的基础上围绕科技创新问题提出了一系列新观点、新论断、新要求，形成了内涵丰富的科技创新理论体系。

　　习近平总书记对科技创新的高度重视与其一直以来对科技工作的领导、调研工作密不可分。纵观习近平总书记在浙江、上海等地的工作经历及其进入中央工作后的调研与讲话，科技创新都是他一以贯之的关注重点。在浙江工作期间，他到任不久就参加了浙江网上技术市场开启活动，表现出对这一在全国首开先河、用网络促进经济与科技结合的新生模式的由衷赞赏和大力支持。正是在他的重视和推动下，浙江在全国率先建成了网上技术市场①；在上海工作期间，他专程前往浦东新区调研，要求突出企业在自主创新中的主体地位，改革创新人才的培养方式，强调通过增强自主创新能力转变上海的经济增长方式；2008 年进入中央工

---

① 周咏南、毛传来、方力：《挺立潮头开新天——习近平总书记在浙江的探索与实践·创新篇》，《浙江日报》2017 年 10 月 6 日，第 1 版。

作后，虽然习近平同志关注的领域更宽广，观察问题的视域更宏大，但是从未停止对世界科技发展新趋势和我国科技创新的不懈思考；2012 年成为中共中央总书记之后，习近平多次开展关于科技创新问题的集体学习和全国实地调研，周密谋划和有序统筹我国的科技创新工作。

首先，从新时代党和国家事业发展全局的高度来看待科技创新。习近平总书记明确指出："中国梦的本质是国家富强、民族振兴、人民幸福。"① 他多次强调，要实现中华民族伟大复兴的中国梦，就"必须坚定不移贯彻科教兴国战略和创新驱动发展战略，坚定不移走科技强国之路"②。

其次，从顶层设计层面来谋划和部署科技创新工作。2013 年 8 月 21 日，习近平总书记在听取科技部汇报时指出："实施创新驱动发展战略，不能'脚踩西瓜皮，滑到哪儿算哪儿'，要抓好顶层设计和任务落实。"③《中共中央关于全面深化改革若干重大问题的决定》也特别强调加快建设创新型国家。

再次，以习近平同志为核心的党中央把科技创新工作作为重要的议事日程来抓，专门就科技创新主持召开了多次专题会议和集体学习，无数次深入基层考察、调研，领导统筹全国科技创新工作。习近平总书记高度重视我国科技事业的发展，形成了一系列具有战略意蕴的科技创新重要论述，为我国科技创新发展指明了前进方向。

习近平总书记关于科技创新的重要论述是以马克思主义科技创新思想为指导，融合世界各国经济发展历史经验和一般规律而形成的对中国特色社会主义理论的补充发展。他创造性地将创新作为五大发展理念之

---

① 《习近平谈治国理政》，外文出版社，2014，第 56 页。
② 习近平：《在中国科学院第十七次院士大会、中国工程院第十二次院士大会上的讲话》，《人民日报》2014 年 6 月 10 日，第 2 版。
③ 中共中央文献研究室编《习近平关于科技创新论述摘编》，中央文献出版社，2016，第 15 页。

首，高度重视科技创新，强调"科技创新是提高社会生产力和综合国力的战略支撑，必须摆在国家发展全局的核心位置"，这是他关于科技创新的重要观点①。只有将创新摆在五大发展理念的首要位置，才能最大程度增强推进科技创新发展的自觉性与能动性。习近平新时代科技创新重要观点是在中国特色社会主义科技创新实践过程中形成的，是指导我国科技创新发展的行动指南，我们必须以此为基本遵循，深入贯彻习近平总书记关于新时代科技创新重要讲话精神，以之武装头脑、指导我国科技创新实践。

第一节　牢牢把握科技进步大方向

如今，世界范围内新一轮科技革命和产业变革正在孕育兴起。面对科技竞争发展新趋势，习近平总书记强调："世界主要国家都在寻找科技创新的突破口，抢占未来经济科技发展的先机。我们不能在这场科技创新的大赛场上落伍，必须迎头赶上、奋起直追、力争超越。"②"不谋万世者，不足谋一时；不谋全局者，不足谋一域"。他指出，推动科技发展，必须准确判断科技突破方向③，要重视技术预见和产业技术路线图的制定，在开展创新前要对核心产业技术发展现状进行调查摸底，深入明确我国战略性新兴产业的核心技术发展方向，为科技创新指明突破方向，为我国产业和企业创新能力体系构建和重点领域创新能力培养提供方向指引。

习近平总书记在党的十八届五中全会上提出，在抓紧实施已有的16个国家科技重大专项基础上，要进一步聚焦目标、突出重点，围绕高端通用芯片、集成电路装备、宽带移动通信、高档数控机床、核电站、新

---

① 周国辉：《科技创新思想的八个维度》，《学习时报》2016年10月17日，第7版。
② 习近平：《在中国科学院第十七次院士大会、中国工程院第十二次院士大会上的讲话》，《人民日报》2014年6月10日，第2版。
③ 习近平：《为建设世界科技强国而奋斗》，《人民日报》2016年6月1日，第2版。

药创制等关键核心技术，组织科技攻关；要面向 2030 年，从更长远的战略需求出发，坚持有所为有所不为，在航空发动机、量子通信、智能制造和机器人、深空深海探测、重点新材料、脑科学、健康保障等领域，再部署一批体现国家战略意图的重大科技项目。同时，要以国家目标和战略需求为导向，瞄准国际科技前沿，在一些重大创新领域，布局组建一批体量更大、学科交叉融合、综合集成的国家实验室，成为抢占国际科技制高点的重要战略创新力量①。

习近平总书记的这些重要观点和重大战略部署，为我国当前和未来一段时期的重点科技布局和科技创新发展指明了方向。我们要以习近平总书记所强调的科技领域为主攻方向，组织优势力量抓重大、抓尖端、抓基本，加强基础研究和前沿技术创新，不断取得基础性、战略性、原创性重大突破，增强原始创新、集成创新和引进消化吸收再创新能力，加快实现我国在重要科技领域由跟跑者向并行者、领跑者的根本转变。具体而言，牢牢把握科技进步大方向至少体现在以下四方面：一是以科技创新是"牛鼻子"为指导，高度重视科技创新的重要性，发挥科技创新在全面创新中的引领作用。二是坚定敢为天下先的创新志向，以充足的自信和勇气推动科技进步与创新。三是以在新一轮科技革命和产业变革中占领制高点为目标，努力掌握新一轮全球科技竞争的战略主动。四是以服务经济社会发展主战场为科技进步着力点，利用科学技术助推经济社会发展，实现科技强、产业强、经济强、国家强。

一 科技创新是"牛鼻子"

之所以说科技创新是"牛鼻子"，是因为"科技创新"一词体现了科技进步与产业经济的结合。科技创新在很大程度上是一种商业行为，

---

① 白春礼：《按"三个牢牢把握"塑造引领型发展（人民要论）》，《人民日报》2016 年 3 月 3 日，第 7 版。

创新的成败取决于市场表现、产业进步与经济发展。通过科技创新驱动产生的新业态、新产业和新模式不仅会使经济领域产生巨大变革，也会引发体制机制的深刻变革，代表了国家经济社会发展的进步方向，是国家能否立足于世界民族之林的关键。科技创新并非单指技术进步，而是推动科技进步与经济发展相结合、科技进步与体制机制相协调的引擎，在推动经济发展的同时也会驱动上层建筑不断进行改革创新。因此，科技创新是国家发展的关键。

特别是在当前的知识经济时代，随着劳动和资本驱动经济增长动能趋缓，技术进步已成为经济增长的关键因素。而科技创新是全面创新的核心，是提高社会生产力和综合国力的战略支撑，是国家发达、经济增长、企业强大的原动力。科技创新不仅会给科技领域和经济领域带来颠覆性的变革，也会深刻影响人类社会生活和思维观念的变化。当前，我国经济发展进入新常态，已无法延续仅依靠资源、资本、劳动力等要素投入支撑经济增长和规模扩张的发展模式，迫切需要发挥科技创新"牛鼻子"的作用，引领全面创新。

首先，科学技术是第一生产力。科学技术一旦与生产过程相结合，将会助推社会生产力实现质的飞跃。习近平总书记强调："从发展上看，主导国家命运的决定性因素是社会生产力发展和劳动生产率提高，只有不断推进科技创新，不断解放和发展社会生产力，不断提高劳动生产率，才能实现经济社会持续健康发展，避免陷入'中等收入陷阱'。"①

其次，科技创新提升国际竞争力。"科技兴则民族兴，科技强则国家强"②。科技创新能力已经成为国际竞争力的核心因素。强大的科技能让国家占据全球产业链顶端位置，引领全球经济的发展。而科技发展落后

---

① 中共中央文献研究室编《习近平关于科技创新论述摘编》，中央文献出版社，2016，第30页。

② 习近平：《为建设世界科技强国而奋斗》，《人民日报》2016年6月1日，第2版。

的国家将错失发展机遇，甚至错过整整一个时代。2018 年，在美国发起的"中美贸易摩擦"事件中，虽然我国不惧威胁，也有足够的底气迎接挑战，但应该清楚地看到我国在航空航天、信息通信、医药器械、机器人等高技术领域的不足，而且应清醒地认识到大国博弈的实质是科技实力的较量。历史与实践证明，科技是国之利器，只有拥有强大的科技创新能力，才能提高我国的国际竞争力。

再次，科技创新增强综合国力。科技创新是引领全面创新的核心动力，是增强综合国力的战略支撑。回顾历史，罗马帝国、波斯帝国、阿拉伯帝国、奥斯曼帝国等古代大帝国最终走向衰败和解体，除了政治、军事和地缘上的原因外，创新不足和技术停滞也是重要原因。2014 年 5 月，习近平总书记出席亚信上海峰会后在考察时强调，当今世界，科技创新已经成为提高综合国力的关键支撑，成为社会生产方式和生活方式变革进步的强大引领[①]。

最后，科技创新保障国家安全。邓小平同志曾指出，"过去也好，今天也好，将来也好，中国必须发展自己的高科技，在世界高科技领域占有一席之地。如果 60 年代以来中国没有原子弹、氢弹，没有发射卫星，中国就不能叫有重要影响的大国，就没有现在这样的国际地位"[②]。如今，国家安全除了政治军事安全，还拓展到领空、海洋、信息网络、生态、文化等众多新领域，若在这些领域缺少高科技的保障，则会深刻影响我国国家安全。2016 年 5 月发布的《国家创新驱动发展战略纲要》指出，"坚持国家战略需求和科学探索目标相结合，加强对关系全局的科学问题研究部署，增强原始创新能力，提升我国科学发现、技术发明和产品产

---

① 《当好全国改革开放排头兵　不断提高城市核心竞争力》，《人民日报》2014 年 5 月 25 日，第 1 版。
② 《邓小平文选》第 3 卷，人民出版社，1993，第 279 页。

业创新的整体水平，支撑产业变革和保障国家安全"①。

深入理解习近平总书记关于科技创新是"牛鼻子"这一重要论述，有利于提升全社会对科技创新的重视程度，更好地发挥科技创新在全面创新中的引领作用，指导我国以科技创新抓住驱动全局发展的新引擎，从而在当前世界范围内的科技竞赛中占领先机、赢得优势、获得胜利。

二　科技创新，敢为天下先

经过多年发展，我国自主创新能力取得了巨大的提升，科技实力已由以往的跟跑阶段迈入跟跑、并跑、领跑并存的新阶段，基础研究实力大幅增强，战略新兴技术引领国家实力提升，创新型国家建设迈上新台阶。再加上中华民族自古以来就富有创新精神以及当今的社会主义制度优越性，我们应当具备足够的勇气和信心开展下一步的科技创新工作。

在新一轮科技革命蓬勃兴起、科学探索加速的背景下，在我国经济发展动力转换、大步向"一个中国梦、两个一百年"目标迈进的关键节点上，习近平总书记提出："抓科技创新，不能等待观望，不可亦步亦趋，当有只争朝夕的劲头。时不我待，我们必须增强紧迫感，及时确立发展战略，全面增强自主创新能力。我国科技界要坚定创新自信，坚定敢为天下先的志向，在独创独有上下功夫，勇于挑战最前沿的科学问题，提出更多原创理论，作出更多原创发现，力争在重要科技领域实现跨越发展，跟上甚至引领世界科技发展新方向，掌握新一轮全球科技竞争的战略主动。"②

习近平总书记关于"科技创新，敢为天下先"的呼吁充分体现了其对科技创新的高度重视，以及对科技工作者追求创新的殷切期待。在习

---

① 《中共中央国务院印发〈国家创新驱动发展战略纲要〉》，《人民日报》2016 年 5 月 20 日，第 1 版。

② 习近平：《为建设世界科技强国而奋斗》，《人民日报》2016 年 6 月 1 日，第 2 版。

近平总书记的引领和鼓励下，广大科技工作者的主观能动性和创新积极性将进一步调动起来。作为科技创新的主力军，我国科技工作者应当牢记嘱托、身先示范，始终将科技创新，敢于天下先作为重要使命。科技创新要领先于天下，必先敢于天下先。因此，我们要坚定创新自信，以饱满的热情和高昂的斗志谋划和开展科技创新。

第一，强化战略导向，突破核心技术，抢占科技制高点。2016 年 5 月，习近平总书记在全国科技创新大会上深刻指出，"当前，国家对战略科技支撑的需求比以往任何时期都更加迫切。"① 他进一步强调，党中央已经确定了我国科技面向 2030 年的长远战略，决定实施一批重大科技项目和工程，要围绕国家重大战略需求，着力加快攻破关键核心技术，抢占事关长远和全局的科技战略制高点。

第二，夯实科技基础，在重要科技领域跻身世界领先行列。基础科学研究水平的高低决定国家整体科技创新能力的强弱，拥有强大的基础科学研究是建设世界科技强国的基石②。2014 年 5 月，习近平总书记在上海考察时强调，我们要瞄准世界科技前沿领域和顶尖水平，树立雄心，奋起直追，潮头搏浪，树立敢于同世界强手比拼的志气，着力增强自主创新能力，在科技资源上快速布局，力争在基础科技领域做出大的创新，在关键核心技术领域取得大的突破③。

第三，让创新在全社会蔚然成风。习近平总书记指出："要在全社会积极营造鼓励大胆创新、勇于创新、包容创新的良好氛围，既要重视成功，更要宽容失败"④，真正让创新在全社会蔚然成风。通过鼓励大胆创新、宽容创新失误、保护创新成果，真正激发创新主体的活力，给予其

---

① 习近平：《为建设世界科技强国而奋斗》，《人民日报》2016 年 6 月 1 日，第 2 版。
② 杨舒：《夯实建设世界科技强国的基石》，《光明日报》2018 年 2 月 12 日，第 8 版。
③ 中共中央文献研究室编《习近平关于科技创新论述摘编》，中央文献出版社，2016，第 80 页。
④ 习近平：《在中国科学院第十七次院士大会、中国工程院第十二次院士大会上的讲话》，《人民日报》2014 年 6 月 10 日，第 2 版。

勇气，以敢为天下先的决心开展科技创新活动。

三 在新一轮科技革命和产业变革中占领制高点

在我国经济发展转型、转动能的关键时期，新一轮科技革命和产业变革带来了机遇，也引发了新挑战。从国际看，国际产业分工体系和竞争格局加快重塑，发达国家积极推进"再工业化"，利用新技术不断强化其全球竞争优势和价值链高端位置，对我国产业转型升级、向全球价值链高端攀升形成压力。从国内看，供给侧与需求侧的结构性矛盾加剧，基于低成本的数量扩张型工业化路径越来越难以适应消费转型升级的需要，亟待通过创新培育新的供给能力。然而，当前我国自主创新能力还不够强，科技发展水平总体不高，科技对经济社会发展的支撑能力不足，科技对经济增长的贡献率远低于发达国家水平。

对此，习近平总书记深刻提出："我们要全面研判世界科技创新和产业变革大势，既要重视不掉队问题，也要从国情出发确定跟进和突破策略，按照主动跟进、精心选择、有所为有所不为的方针，明确我国科技创新主攻方向和突破口。对看准的方向，要超前规划布局，加大投入力度，着力攻克一批关键核心技术，加速赶超甚至引领步伐。"[1]

新一轮科技革命和产业变革的兴起主要表现在一些重要科学问题和关键核心技术已呈现革命性突破的先兆。物质构造、意识本质、宇宙演化等基础科学领域取得重大进展，信息、生物、能源、材料和海洋、空间等应用科学领域不断发展，带动了关键技术交叉融合、群体跃进，变革突破的能量正在不断积累[2]。要在新一轮科技革命和产业变革中占领制高点，就必须高度关注世界主要国家竞相寻求科技创新突破口的动向，

---

[1] 中共中央文献研究室编《习近平关于科技创新论述摘编》，中央文献出版社，2016，第48~49页。

[2] 中共中央文献研究室编《习近平关于科技创新论述摘编》，中央文献出版社，2016，第78页。

增强自身忧患意识，敏锐把握世界科技创新发展趋势，紧紧抓住和用好新一轮科技革命和产业变革的机遇，树立敢于同世界强手比拼的志气，抓紧制定新的科技发展战略，着力增强自主创新能力，抢占科技和产业制高点。

一要牢牢把握正确方向，提高技术创新能力。2014年8月18日，习近平总书记在中央财经领导小组第七次会议上阐述了实施创新驱动发展战略的基本要求。他提出，要跟踪全球科技发展方向，努力赶超，力争缩小关键领域差距，形成比较优势。要坚持问题导向，从国情出发确定跟进和突破策略，按照"主动跟进、精心选择、有所为有所不为"的方针，明确我国科技创新主攻方向和突破口。对看准的方向，要超前规划布局，加大投入力度，着力攻克一批关键核心技术，加速赶超甚至引领步伐①。

二要构建科学的政策机制，大力落实"中国制造2025"等战略布局。为积极应对新一轮科技革命和产业变革，我国提出了"中国制造2025"和"互联网＋"战略，规划了中国制造的"五大工程""十大领域"和"互联网＋"的"11项行动计划"。当前，应构建科学的政策机制，积极贯彻落实这些战略。应正确处理产业政策和竞争政策的关系，既要充分发挥产业政策的扶持、引导和推动作用，又要保证竞争政策有效地发挥激励作用。在推进方向上，既应重视智能制造、绿色制造、高端制造等新技术、新业态的创新发展，又应重视其对传统产业转型升级的推动作用。

三要提升自身"软硬"实力，顺应新科技革命和产业变革。为适应新一轮科技革命和产业变革带来的变化，我们必须在思想观念、管理制度、人才结构、基础设施等方方面面做出改变。为此，一方面，要深化

---

① 《加快实施创新驱动发展战略　加快推动经济发展方式转变》，《人民日报》2014年8月19日，第1版。

教育、科技和行政管理体制改革，完善人才培育和激励制度，优化人才结构，大力实施知识产权和标准战略，强化无形资产保护，提升我国适应新科技革命和产业变革的"软实力"；另一方面，要加快推进大数据、云计算、超级宽带、能源互联网、智能电网、工业互联网等信息基础设施的投资建设，补齐智能基础设施短板，提升我国适应新科技革命和产业变革的"硬实力"①。

四 加强科技供给，服务经济社会发展主战场

"穷理以致其知，反躬以践其实。"科技要发展，必须要使用。科技水平已经成为影响世界经济发展最主要的变量之一，也是决定经济发展质量的主要因素。科技与经济相结合是科技发展的必然归宿，也是把握科技进步大方向的必然要求。利用科学技术助推经济社会发展是科学技术的价值所在。因此，发展科技必须面向经济主战场，推动科技和经济社会发展的深度融合，打通从科技强到产业强、经济强、国家强的通道。正如习近平总书记所强调："科学研究既要追求知识和真理，也要服务于经济社会发展和广大人民群众。广大科技工作者要把论文写在祖国的大地上，把科技成果应用在实现现代化的伟大事业中。"② 也就是说，创新必须为了推动经济发展而创新，必须有益于社会进步，而不仅仅是追求真知，更不是作为研究成果被束之高阁。

不论是科学发现还是技术发明，都来自社会需求。社会需求是科技创新的动力，没有社会需求，也就没有科技创新的源泉。恩格斯说过，社会一旦有技术上的需要，这种需要就会比 10 所大学更能把科学推向前进③。因此，可以说，面向经济社会主战场加快科技创新，有利于推进我

---

① 黄群慧：《从新一轮科技革命看培育供给侧新动能》，《人民日报》2016 年 5 月 23 日，第 15 版。

② 习近平：《为建设世界科技强国而奋斗》，《人民日报》2016 年 6 月 1 日，第 2 版。

③ 《马克思恩格斯全集》第 4 卷，人民出版社，1995，第 732 页。

国科技领域的发展与进步。不仅如此，面向经济社会主战场加快科技创新，更是保持我国经济持续健康发展的必然选择。习近平总书记强调："促进科技和经济结合是改革创新的着力点，也是我们与发达国家差距较大的地方。"① 经过改革开放四十年的努力，我国经济总量已经居世界第二。但是，我国经济发展不少领域大而不强、大而不优。在新形势下，迫切需要科技创新为经济发展注入新动力，改变我国传统的粗放型发展方式；迫切需要科技创新解决社会发展面临的方方面面的问题以实现经济社会协调有序发展；迫切需要科技创新为生态环境领域提供技术支撑以建设天蓝、地绿、水清的美丽中国；迫切需要科技创新应对能源安全、粮食安全、网络安全、国防安全等风险压力以发挥保障国家安全的作用。

加强科技供给，服务经济社会发展主战场，对我国科研成果转化的实践提出了更高要求。当前，全球科技探索步伐加速，科研成果转化周期整体缩短，一项科研成果如果没有及时与社会生产实践相结合，那么其对经济发展的推动作用就会很快衰减。习近平总书记指出："科技创新绝不仅仅是实验室里的研究，而是必须将科技创新成果转化为推动经济社会发展的现实动力。"② 他还强调："科技成果只有同国家需要、人民要求、市场需求相结合，完成从科学研究、实验开发、推广应用的三级跳，才能真正实现创新价值、实现创新驱动发展。"③

第二节　牢牢把握产业革命大趋势

当前，正在兴起的产业变革与我国加快转变经济发展方式形成了历

---

① 中共中央文献研究室编《习近平关于科技创新论述摘编》，中央文献出版社，2016，第55页。
② 中共中央文献研究室编《习近平关于科技创新论述摘编》，中央文献出版社，2016，第57页。
③ 习近平：《在中国科学院第十七次院士大会、中国工程院第十二次院士大会上的讲话》，《人民日报》2014年6月10日，第2版。

史性交会，科技创新链条更加精巧，技术更新和成果转化更加快捷，产业更新换代不断加快①，任何一个领域的重大科技突破都可能为经济发展注入新的活力、引发新的产业变革和社会变革。习近平总书记结合产业革命大趋势深刻指出："未来几十年，新一轮科技革命和产业变革将同人类社会发展形成历史性交汇，工程科技进步和创新将成为推动人类社会发展的重要引擎。信息技术成为率先渗透到经济社会生活各领域的先导技术……绿色科技成为科技为社会服务的基本方向，是人类建设美丽地球的重要手段。能源技术发展将为解决能源问题提供主要途径。"②

　　如何牢牢把握产业革命大趋势，如何应对科技与产业发展过程中的"阿喀琉斯之踵"？2014 年 5 月，习近平总书记在上海考察时强调："要坚持产业化导向，加强行业共性基础技术研究，努力突破制约产业优化升级的关键核心技术，为转变经济发展方式和调整产业结构提供有力支撑。要以培育具有核心竞争力的主导产业为主攻方向，围绕产业链部署创新链，发展科技含量高、市场竞争力强、带动作用大、经济效益好的战略性新兴产业，把科技创新真正落到产业发展上。"③

　　习近平总书记关于产业革命与产业发展的论述至少体现出以下三层意思：一是以培育具有核心竞争力的主导产业为主攻方向，大力培育和发展战略性新兴产业，把科技创新真正落实到产业发展上。二是推动科技创新，为传统产业注入新动能，突破制约产业优化升级的关键核心技术，加快转变经济发展方式和调整产业结构。三是科学认识发展大势、深刻把握发展规律，着力加强供给侧结构性改革，主动引领经济发展新常态。

---

① 习近平：《在中国科学院第十七次院士大会、中国工程院第十二次院士大会上的讲话》，《人民日报》2014 年 6 月 10 日，第 2 版。
② 习近平：《让工程科技造福人类、创造未来》，《人民日报》2014 年 6 月 4 日，第 2 版。
③ 中共中央文献研究室编《习近平关于科技创新论述摘编》，中央文献出版社，2016，第 97 页。

一 发展战略性新兴产业

未来 5～10 年是全球新一轮科技革命和产业变革从蓄势待发到群体迸发的关键时期。从国际看，世界主要发达国家和地区纷纷加快布局发展新兴产业，加快抢占未来科技和产业发展制高点。从国内看，"十三五"时期是我国全面建成小康社会的决胜阶段，是新兴消费需求加快升级、新兴产业领域国际合作不断拓展、战略性新兴产业发展面临大有可为的战略机遇期。然而，我国战略性新兴产业仍面临着自主创新能力不强，发展水平相对滞后，新兴信息产业、生物产业等关键核心技术竞争力不足，战略性新兴制造业所需的关键原材料、核心技术以及技术专利和标准等领域受制于国外等挑战。

为此，习近平总书记强调："大力推进产业结构优化升级，要从实际出发，着眼于全球产业发展和变革大趋势，瞄准世界产业发展制高点，以提高技术含量、延长产业价值链、增加附加值、增强竞争力为重点，发展战略性新兴产业。"[1] "要突出先导性和支柱性，优先培育和大力发展一批战略性新兴产业集群，构建产业体系新支柱。"[2]

发展战略性新兴产业对推动我国经济高质量发展具有重要意义。一方面，发展战略性新兴产业是我国走新型工业化道路的必经之路。随着近年来我国劳动力成本上升、资源匮乏等现象的产生，我国失去了原有的产业发展优势，产业转型升级需求迫切。我国工业经济只有从低端制造迈向中高端发展，从传统制造业转向新兴产业发展，大力发展战略性新兴产业才能实现新型工业化；另一方面，发展战略性新兴产业是实现产业转型升级的必要条件。目前，由于我国资源短缺压力加大，传统产

---

[1] 中共中央文献研究室编《习近平关于科技创新论述摘编》，中央文献出版社，2016，第91页。

[2] 习近平：《在中国科学院第十九次院士大会、中国工程院第十四次院士大会上的讲话》，《人民日报》2018年5月29日，第2版。

业产能过剩，加之科技含量不高，资源利用度较低，造成资源浪费严重，大大影响了我国经济社会发展安全。因此，产业转型升级迫在眉睫，发展战略性新兴产业和先进制造业势在必行。

首先，要重点推动信息技术产业、高端装备与新材料产业、生物产业、新能源汽车、新能源和节能环保产业以及数字创意产业蓬勃发展。其次，要超前布局战略性产业，谋划打造未来发展的新优势。以全球视野布局前沿技术研发，不断催生新产业，高度关注颠覆性技术和商业模式创新，在若干战略必争领域形成独特优势，掌握未来产业发展的主动权。再次，要促进战略性新兴产业集聚发展，构建协调发展新格局。立足区域发展总体战略，围绕推进"一带一路"建设、京津冀协同发展、长江经济带发展、粤港澳大湾区建设等，根据各地产业基础和特色优势，坚持因地制宜、因业布局、因时施策，加快形成点面结合、优势互补、错位发展、协调共享的战略性新兴产业发展格局。最后，要推进战略性新兴产业开放发展，构建战略性新兴产业国际合作新机制，建设全球创新发展网络，推动产业链全球布局，拓展发展新路径①。

二　以创新引领传统产业转型升级

产业转型升级是产业从价值链中低端向中高端上升、从要素驱动向技术进步驱动跨越，实现产业结构高级化、节能化、绿色化，持续符合经济长远发展需求的过程，是产业竞争力全面提升和经济迈上新台阶的关键。改革开放以来，在我国大力开展经济建设过程中，速度优先的增长方式对资源和生态环境造成了巨大损害，积累了众多矛盾和问题，使得我国产业发展长期居于价值链低端。当前，我国经济进入新常态，加之东南亚、印度等新兴经济体的低成本优势和欧美发达国家"再工业化"

---

① 《国务院关于印发"十三五"国家战略性新兴产业发展规划的通知》，http://www.gov.cn/zhengce/content/2016 - 12/19/content_5150090. htm。

战略的实施，对我国制造业的转型升级造成了"两头挤压"的局面。因此，传统的高投入、高消耗、高排放、低成本竞争和低效益的产业发展方式已经难以为继，我国必须积极谋求新出路。

穷则变，变则通。习近平总书记强调："老是在产业链条的低端打拼，老是在'微笑曲线'的底端摸爬，总是停留在附加值最低的制造环节而占领不了附加值高的研发和销售这两端，不会有根本出路。"① 要想有根本出路，就要依靠创新，包括技术创新、产品创新、组织创新、商业模式创新、市场创新等。习近平在福建工作时曾强调，传统产业是经济的基础，现在仍有很大的发展潜力和空间，需要继续促进其发展②。在全球产业发展竞争日趋激烈和我国发展动能转变的关键阶段，我国必须牢牢把握创新驱动发展这条根本出路，坚持产业化导向，努力突破制约产业优化升级的关键核心技术，为调整产业结构提供有力支撑，实现由粗放型增长方式向科学型集约型增长方式的转变，推动产业由价值链的低端向中高端攀升。

一是通过创新要素的结构优化实现产业发展整体质量和效益的提升。产业转型升级的根本在于从价值链低端转向中高端，在于提高产业发展的质量和效益，而提高产业发展质量和效益的根本在于提高劳动生产率和全要素生产率，在于创新要素质量的全面提升和结构优化③。因此，要坚定不移地实施科教兴国与人才强国战略，培养更多适应国家创新发展需要的人才，要大力实施创新驱动发展战略，推动科技创新与制度创新，不断提升人才要素、科技含量和制度支撑，加快优化生产关系和提高全要素生产率。

二是加速推进"双链"融合，构建产业发展新体系。习近平总书记

---

① 中共中央文献研究室编《习近平关于科技创新论述摘编》，中央文献出版社，2016，第26页。
② 习近平：《福建省产业结构调整优化研究》，《管理世界》2001年第5期，第5~12页。
③ 张来明：《以创新引领产业转型升级》，《光明日报》2016年1月27日，第15版。

明确提出要构建现代产业发展新体系。构建产业发展新体系，必须要实现产业链和创新链相互融合发展，以产业链引导创新链，以创新链支撑产业链，统筹谋划二者的定位、关系、互动与协调，建立有效联动的体制机制。

三是重视开放合作，在全球范围内寻求提升产业创新力的路径。产业转型升级需要坚定不移地坚持开放合作。我国众多产业领域的核心技术受制于国外，为进一步缩小差距，必须加强对外开放合作，积极寻求国际技术交流与合作，紧紧跟踪国际最新技术与产业发展动态，在全球范围内集聚创新资源，在开放合作中提升产业创新能力和全球竞争力。同时，在与国际产业组织的开放合作过程中，将我国的产业链嵌入全球网络，向更高的全球价值链位置前进。

依靠创新驱动传统产业转型升级对于推动我国经济高质量发展具有重要意义。传统产业是我国经济社会发展的重要支撑，但当前大部分传统产业面临着动力不足、资源短缺、产能过剩和节能减排等压力，发展速度和发展动能明显趋缓。在传统产业转型升级过程中，创新是关键要素，能够为传统产业释放新的发展活力和动力。只有以创新为引领产业转型升级的第一动力，为经济可持续发展注入持久动力，才能加速我国各个产业链的高质量发展，使我国有条不紊地应对新一轮产业变革，从而推动我国向全球产业进程发展前列迈进，实现以先进产业带动经济社会快速可持续发展。

三　加强供给侧结构性改革

推进供给侧结构性改革，是解决当前我国转型升级、提质增效问题的关键，是实现由低水平供需均衡到高水平供需均衡的主要途径，也是新常态下经济实现持续稳定增长的必然要求①。习近平总书记指出："供给侧结构性改革，说到底最终目的是满足需求，主攻方向是提高供给质

---

① 闫冰竹：《在服务供给侧改革中实现创新发展》，《人民日报》2016年3月24日，第13版。

量，根本途径是深化改革。"① 当前新一轮科技革命和产业革命正不断催生新的生产工具、新的产业业态和新的理论，不断优化生产力和生产关系，不断提升经济发展科技含量，使人类的生产生活方式发生巨大变化，也为我们深入推进供给侧结构性改革提供了新机遇。

习近平总书记在 2016 年 5 月的全国科技创新大会、两院院士大会、中国科协第九次全国代表大会上强调："必须在推动发展的内生动力和活力上来一个根本性转变，塑造更多依靠创新驱动、更多发挥先发优势的引领性发展。要深入研究和解决经济和产业发展亟需的科技问题，围绕促进转方式调结构、建设现代产业体系、培育战略性新兴产业、发展现代服务业等方面需求，推动科技成果转移转化，推动产业和产品向价值链中高端跃升。"② 目前，我国正处在转型升级的关键当口，有效提高供给质量和水平、有力推进供给侧结构性改革，必须深入学习贯彻习近平总书记系列重要讲话精神，牢牢把握新一轮科技革命和产业革命带来的新机遇，充分认识和精准把握供给侧结构性改革的新兴科技创新和新兴产业发展实践举措。

一要以科技创新寻找突破口，全面提升供给水平。党的十九大报告指出，要把提高供给体系质量作为主攻方向，显著增强我国经济质量优势。2017 年 6 月，习近平总书记在山西考察工作时强调，科技创新是提高供给质量和水平最重要的发力点③。因此，我们要在基础科技领域做出更大的创新、在关键核心技术领域取得大的突破，提升我们的核心技术竞争力，提升我们的产品供给水平和产业发展质量，全面提升经济发展的科技含量。同时，要在全面研判世界科技创新和产业变革大势基础上

---

① 中共中央文献研究室编《习近平关于社会主义经济建设论述摘编》，中央文献出版社，2017，第 115 页。
② 习近平：《为建设世界科技强国而奋斗》，《人民日报》2016 年 6 月 1 日，第 2 版。
③ 新华社：《扎扎实实做好改革发展稳定各项工作　为党的十九大胜利召开营造良好环境》，《人民日报》2017 年 6 月 24 日，第 1 版。

确定创新的突破口，将新兴科技创新转化为新产业发展和新增长点。

二要把握和引领全球产业发展和变革大趋势，加快推进产业结构优化升级。2012 年习近平总书记在广东考察时强调："大力推进产业结构优化升级，要从实际出发，着眼于全球产业发展和变革大趋势，瞄准世界产业发展制高点，以提高技术含量、延长产业价值链、增加附加值、增强竞争力为重点，发展战略性新兴产业，发展先进制造业，发展以生产性服务业为重点的现代服务业，推动工业化和信息化深度融合，尽快形成结构优化、功能完善、附加值高、竞争力强的现代产业体系。"[1] 习近平总书记指出，"加快建设制造强国，加快发展先进制造业，推动互联网、大数据、人工智能和实体经济深度融合，在中高端消费、创新引领、绿色低碳、共享经济、现代供应链、人力资本服务等领域培育新增长点、形成新动能。"[2]

三要深化各项配套改革，增强供给协调性。供给侧结构性改革的最终目的是要增进供给体系的质量和效益，提高产业、制度、产品等多方面的竞争力。为配合供给侧改革，其余各项改革都要有序推进。首先，要以五大发展理念为引领，把新发展理念体现到深化改革和任务落实的各个方面。习近平总书记强调："推进供给侧改革，必须牢固树立创新发展理念，推动新技术、新产业、新业态蓬勃发展，为经济持续健康发展提供源源不断的内生动力。"[3] 其次，要继续深化经济体制改革，坚持和完善基本经济制度，完善市场环境、激发企业活力和消费潜能，在制度上、政策上营造宽松的市场经营和投资环境[4]。最后，要不断优化产业结

---

[1] 中共中央文献研究室编《习近平关于科技创新论述摘编》，中央文献出版社，2016，第91 页。

[2] 习近平：《决胜全面建成小康社会 夺取新时代中国特色社会主义伟大胜利》，《人民日报》2017 年 10 月 28 日，第 1 版。

[3] 习近平：《在省部级主要领导干部学习贯彻党的十八届五中全会精神专题研讨班上的讲话》，人民出版社，2016，第 35 页。

[4] 中共中央文献研究室编《习近平关于社会主义经济建设论述摘编》，中央文献出版社，2017，第 88 页。

构，注重加减乘除并举。正如习近平总书记所说："在产能过剩的条件下，产业结构必须优化升级，企业兼并重组、生产相对集中不可避免。互联网技术加快发展，创新方式层出不穷，新兴产业、服务业、小微企业作用更加凸显，生产小型化、智能化、专业化将成为产业组织新特征。"①

第三节　壮大创新主体，引领创新发展

科技创新是实践主体为了满足社会需要在一定的创新平台中进行的实践活动，其依靠力量主要由科技人才、科研院所和企业构成。习近平总书记强调，要"健全同高校、科研院所、企业、政府的协同创新机制，最大限度发挥各方面优势，形成推进科技创新整体合力"②。党中央也在《国家创新驱动发展战略纲要》中明确提到要壮大创新主体，引领创新发展。

一　让企业成为技术创新的主体力量

按照马克思的技术进步主体论，他认为工人和企业家是技术创新的关键主体，因此企业理当是技术创新的主体力量。根据熊彼特对技术创新的理解，技术创新是指技术发明的第一次商业化，是实现技术生产要素和生产条件的一种从未有过的新组合，人们将这种组合引入生产系统。很显然，熊彼特所说的技术创新着重于技术发明成果的商业化过程。在熊彼特之后，很多经济学家也对技术创新做出类似的界定，认为技术创新是技术成果商业化和产业化的过程③。根据这样的定义，与市场接轨并

---

① 中共中央文献研究室编《十八大以来重要文献选编（中）》，中央文献出版社，2016，第243页。
② 中共中央文献研究室编《习近平关于科技创新论述摘编》，中央文献出版社，2016，第60页。
③ 张义芳：《我国企业成为技术创新主体了吗》，《中国科技论坛》2006年第4期，第11～15页。

面向消费者的企业无疑是技术创新活动的主要承担者，是技术创新活动的核心主体。

　　然而，目前我国企业的技术创新主体地位还不够强，企业尚未真正成为创新决策、研发投入、科研组织和成果应用的主体，企业主体性地位的确立迟迟未有实质性突破。改革开放初期，我国国有企业、研究机构和大学的技术供给能力难以满足经济社会发展的需要，需要政府主导模式来增强研发投入和资源配置，包括引进发达国家的技术、设备和资金。在此背景下，国内产业严重依赖政府主导的创新活动和技术引进，本国企业技术创新能力薄弱、动力不足。虽然改革开放已经过去多年，但是政府的行政指令仍然是资源配置的重要机制，政府主导是中国国家创新体系建设的主要特点，我国企业创新主体地位始终无法真正确立①。当下，我国经济转型的核心是实施创新驱动发展，关键在于提升企业的自主创新能力，因此，让企业成为技术创新的主体就成为实施创新驱动发展战略的首要议程之一。习近平总书记对此强调："企业是科技和经济紧密结合的重要力量，应该成为技术创新决策、研发投入、科研组织、成果转化的主体。"② 他进一步要求对企业加大政策支持力度，积极培育具有强大科技创新能力、国际影响力的创新型领军企业。

　　让企业成为技术创新主体，对于我国加快经济转型、实现跨越式发展具有十分重要的意义。

　　一方面，企业成为创新主体有利于实现以市场为导向的创新活动。不同于高校、科研机构等创新主体以技术追求为导向，企业是以满足市场需求为创新的根本出发点和落脚点。企业成为技术创新的主体之后，其对利润的追求以及强大的资金实力和灵活的创新思维将带动越来越多

---

① 孙玉涛、刘凤朝：《中国企业技术创新主体地位确立——情境、内涵和政策》，《科学学研究》2016 年第 11 期，第 1716～1724 页。

② 习近平：《为建设世界科技强国而奋斗》，《人民日报》2016 年 6 月 1 日，第 2 版。

的技术创新活动直接面向市场需求，加快技术产业化步伐。国内外创新实践证明，市场导向的创新活动比技术导向的创新活动更有效率。让市场在创新资源配置中发挥决定性作用，有利于促进科技成果向现实生产力转化，解决科研和经济始终是"两张皮"的问题。

另一方面，企业成为创新主体有利于增强企业的创新动力并提升区域创新能力。区域创新能力的一个重要指标是企业对创新的追求，在很大程度上取决于区域是否拥有一群能带动产业创新发展的创新型企业。目前，由于缺乏资金、人才、技术等创新资源，许多企业难以形成推动自身跨越式发展、赶超世界一流的创新动力与创新活力，特别是在动荡的世界经济环境下，创新乏力将阻碍企业的发展，也将制约区域产业高质量发展局面的形成。让企业成为技术创新主体有利于创新资源更多地向企业集聚，降低企业开展创新活动的风险，提高企业从创新活动中获取更多利润的可能性，也将加快技术产业化进程，促进区域产业升级跃迁。一旦企业创新主体地位得以确立和强化，必将极大增强区域创新能力。

因此，需要采取必要举措来强化企业的技术创新主体地位。一要激发企业创新动力。激发企业创新活力需要不断改革政府科技管理机制，转变政府职能，发挥市场在创新资源配置中的决定性作用，建立健全各种创新激励制度，如技术股权制度、专利产权制度，同时还要加强知识产权保护，营造公平、透明、公开的创新环境，增强企业创新动力。

二要着力培育龙头、骨干企业以及世界一流企业，使其发展成为创新的领军者和风向标，成为国家及区域创新的"心脏"和"引擎"①。党的十九大报告指出，要培育一批世界一流企业。世界级跨国公司的全球角力则代表了国家之间的经济竞争。在新时代，中国的经济增长模式正

---

① 黄琼：《建设禅南顺创新集聚区　要以机制创新抢占先机》，《南方日报》2018年3月6日，第FC02版。

从投资拉动向效率和创新驱动转型，呈现"增速换挡、结构优化、动力转换"为特征的新常态，在此背景下培育在国际产业竞争中具有主导权、对国内产业发展具有重要引导力和带动力的世界一流企业，将极大推动产业发展转型升级，提升经济体的发展活力和发展质量。因此我们要引导和扶持国有及民营大型骨干企业的改革创新和国际化经营，为提升其创新能力提供各类服务保障，带动企业和国内产业嵌入全球产业链并配置全球资源、重构全球价值链，推动国内产业的升级与跃迁。

三要助力科技型中小微企业的高质量成长。2018 年 10 月 24 日下午，习近平总书记在广东考察调研时强调："中小企业能办大事"。中小微企业对我国构筑具有活力的市场经济体系、促进经济适度发展与结构优化、促进经济社会稳定、实现科教兴国具有重要意义。只有繁荣中小微企业才能够真正使我国经济全面发展、科学发展、高质量发展。大力提倡创新、创造、创业，既离不开中小微企业，也为中小微企业发展提供了更多机会和更大空间。习近平总书记希望广大中小微企业聚焦主业，加强自主创新，通过自身努力不断取得新的业绩，让企业兴旺发达。同时，党中央和国务院高度重视促进中小微企业发展，近年来也不断加大政策创新力度，破解中小微企业创新发展的困境。

四要着力培育企业创新支撑网络。高度重视科技成果转移转化工作，建设若干科技成果转移转化基地，促进科技创新成果转化。大力发展为企业创新提供技术服务与支持的新型研发组织。加快各类科技园、孵化器、创客空间等创新支持机构的建设与发展。

二　办好中国的世界一流大学

党的十八大以来，习近平总书记关于建设一流大学发表过多次重要论述，确立了建设世界一流大学的重大方针和重大原则。2014 年 5 月 5 日，习近平总书记在北京大学师生座谈会上发表重要讲话，提出："党中央作出了建设世界一流大学的战略决策，我们要朝着这个目标坚定不移前进，办好中国的世界一流大学，必须有中国特色。没有特色，跟在他人后面亦步亦趋，依样画葫芦，是不可能办成功的。这里可以套用一句话，越是民族的越是世界的。世界上不会有第二个哈佛、牛津、斯坦福、麻省理工、剑桥，但会有第一个北大、清华、浙大、复旦、南大等中国著名学府。我们要认真吸收世界上先进的办学治学经验，更要遵循教育规律，扎根中国大地办大学。"①

该论述明确了建设世界一流大学的若干重大问题：一是战略决策，建设世界一流大学，是党中央做出的重大战略决策。二是战略决心，我们要朝着这个目标坚定不移前进。三是战略定位，办好中国的世界一流大学，必须有中国特色。四是战略途径，我们要认真吸收世界上先进的办学治学经验，遵循教育规律。五是战略指向，扎根中国大地办大学。在"双一流"建设过程中，要紧紧围绕中国特色这个灵魂，凸显中国大学鲜明的办学特性、人才培养特点、学科特色、制度优势、大学文化等，为世界高等教育树立中国模式②。

2015 年 10 月 24 日，国务院下发《关于印发统筹推进世界一流大学和一流学科建设总体方案的通知》，标志着"双一流"建设的正式启动，也标志着高等教育领域自"211 工程"和"985 工程"两大历史性的重点建设工程之后，第三个重点建设工程的全面启动。习近平总书记在党的十九大工作报告中强调，优先发展教育事业。加快一流大学和一流学科建设，实现高等教育内涵式发展③，这为我国高等教育改革发展指明了方向。一流大学和一流学科建设在新时代、新形势下具有重要意义。世界

---

① 习近平：《青年要自觉践行社会主义核心价值观》，《人民日报》2014 年 5 月 5 日，第 2 版。
② 黄宝印：《科学谋划 创新推进 加快建设中国特色世界一流大学和一流学科》，《中国高等教育》2017 年第 19 期，第 30～36 页。
③ 习近平：《决胜全面建成小康社会 夺取新时代中国特色社会主义伟大胜利》，《人民日报》2017 年 10 月 28 日，第 1 版。

一流大学和一流学科建设是我国科技强国和科技兴国的重要举措，也是我国建设教育强国的一项长期任务。世界一流大学作为高等教育发展、科技水平和综合国力情况的重要标志，对于我国提升国际社会共识度具有举足轻重的作用。同时，国家兴起必须拥有一批高素质人才，而高素质人才必须依靠一流大学和一流学科的培养。因此，一流大学和一流学科的建设对我国提高综合国力和国际地位有着极其重要的意义。

建设教育强国是中华民族伟大复兴的基础工程，必须把教育事业放在优先位置。加快一流大学和一流学科建设，实现高等教育内涵式发展，首先，按照党中央、国务院决策部署，"双一流"建设必须以中国特色、世界一流为核心，以立德树人为根本，以支撑创新驱动发展战略、服务经济社会发展为导向，这是"双一流"建设的根本任务和战略导向。

其次，在总体要求的统领下，推动一批高水平大学和学科进入世界一流行列或前列。加快高等教育治理体系和治理能力现代化，提高高等学校人才培养、科学研究、社会服务、文化传承创新和国际交流合作水平，使之在支撑国家创新驱动发展战略、服务经济社会发展、弘扬中华优秀传统文化、培育和践行社会主义核心价值观、促进高等教育内涵式发展等方面发挥重大作用。

再次，要以培养社会主义建设者和接班人为宗旨。习近平总书记深刻提出："'国势之强由于人，人材之成出于学。'培养社会主义建设者和接班人，是我们党的教育方针，是我国各级各类学校的共同使命。大学对青年成长成才发挥着重要作用。高校只有抓住培养社会主义建设者和接班人这个根本才能办好，才能办出中国特色世界一流大学。"①

最后，要着力推进中国特色现代大学制度建设。无论美国、英国，还是欧洲、亚洲，经过几百年的实践，已经形成了各具特色的大学制度。"双一流"建设必须立足中国大地、立足中国特色、立足现代大学制度建

---

① 习近平：《在北京大学师生座谈会上的讲话》，《人民日报》2018 年 5 月 3 日，第 2 版。

设，这是中国特色世界一流大学建设的根本遵循。正如习近平总书记在全国高校思想政治工作会议上所指出的，我国独特的历史、独特的文化、独特的国情，决定了我国必须走自己的高等教育发展道路，扎实办好中国特色社会主义高校。

三 建设世界一流科研院所

科研院所作为科学技术研究的主要机构和科技人才培育的主要基地，是我国科技创新领域的主力军，也是我国国家创新体系建设的重要组成部分。习近平总书记强调："成为世界科技强国，成为世界主要科学中心和创新高地，必须拥有一批世界一流科研机构。"[1] 然而，目前我国一些科研院所水平较低，仍然存在"大而全""小而全"的现象，科研工作低水平重复、同质化竞争、碎片化扩张等问题难以得到有效纠正，科技管理工作缺乏针对性和有效性，不利于培育和增强核心竞争力，不利于组织协调和承担重大科技任务，不利于做出重大创新贡献[2]。因此，我国要想建成世界一流科研院所，当前必须开展科研院所改革，突破制约发展的体制机制桎梏。科研机构改革作为科技体制改革的一个重要组成部分，对于解放和发展科技第一生产力，实现我国现代化建设目标具有重要意义。

关于加强我国科研院所的建设工作，习近平总书记很早便形成了深化科研院所改革的重要论述和指示，即深化改革是打造世界一流科研院所的必由之路。2014 年 8 月，习近平总书记在中央财经领导小组第七次会议上强调，要按照遵循规律、强化激励、合理分工、分类改革的要求，继续深化科研院所改革。2016 年 5 月，习近平总书记指出："科研院所和研究型大学是我国科技发展的主要基础所在，也是科技创新人才的摇篮。

---

① 习近平：《为建设世界科技强国而奋斗》，《人民日报》2016 年 6 月 1 日，第 2 版。
② 《分类改革不是搞"大拼盘"（权威访谈）》，《人民日报》2004 年 8 月 20 日，第 2 版。

要优化科研院所和研究型大学科研布局。"①

深化科研院所改革、突破体制机制障碍是深化科技体制改革的关键一步，也是贯彻落实创新驱动发展战略、建设世界一流科研院所的重要抓手。我们必须将其作为基础性、前瞻性举措加以实施。深化改革、建设世界一流科研院所，必须从我国国家创新体系和科研院所的实际出发，充分利用已有科技基础和特色优势，遵循科技创新活动规律，做好顶层设计和系统谋划②。习近平总书记强调："对承担国家基础研究、前沿技术研究、社会公益技术研究的科研院所，要以增强原始创新能力为目标，尊重科学、技术、工程各自运行规律，扩大院所自主权，扩大个人科研选题选择权。对已经转制的科研院所，要以增强共性技术研发能力为目标，进一步实行精细化的分类改革，实行一院一策、一所一策，有些要公益为主、市场为辅，形成产业技术研发集团；有些要进一步市场化，实现混合所有制，建立产业技术联盟；有些要考虑回归公益，改组成国家重点实验室，承担国家任务。"③

此外，习近平总书记还强调，"科研院所要根据世界科技发展态势，优化自身科技布局，厚实学科基础，培育新兴交叉学科生长点，重点加强共性、公益、可持续发展相关研究，增加公共科技供给。"④ 例如，在《中国科学院"率先行动"计划暨全面深化改革纲要》批示中，习近平总书记要求中国科学院精心设计和大力推进改革，让机构、人才、装置、资金、项目充分活跃起来，形成推进科技创新发展的强大合力。此外，在进行科技体制改革、打造世界一流科研院所的过程中，还需加强科研院所同企业、高校的合作，使目标导向研究和知识自由探索相互衔接、

---

① 习近平：《为建设世界科技强国而奋斗》，《人民日报》2016年6月1日，第2版。
② 白春礼：《科研院所改革，路在何方》，《求是》2014年第22期。
③ 中共中央文献研究室编《习近平关于科技创新论述摘编》，中央文献出版社，2016，第66页。
④ 习近平：《为建设世界科技强国而奋斗》，《人民日报》2016年6月1日，第2版。

优势互补，形成学研相长、协同育人的模式，打牢我国科技创新的科学基础和人才基础。

四　发展面向市场的新型研发机构

2018 年《政府工作报告》首度提到新型研发机构，提出"以企业为主体加强技术创新体系建设，涌现一批具有国际竞争力的创新型企业和新型研发机构"①。新型研发机构是指以企业为主体，以产业需求为导向，进行市场化运作，以产学研融合为主要合作方式，集聚各类创新资源，开展技术研发和科技成果转化的新型科技创新组织。新型研发机构因其特殊的创新体制机制，在推动区域创新能力提升和科技产业优化升级方面具有独特优势，被写入新一年《政府工作报告》，表明这类创新组织的发展潜力逐渐受到认可。

事实表明，新型研发机构的建立一般涉及院校、政府与企业等主体，拥有多样化的组织形态，有利于带动各类创新要素更好地进行组合，形成体现融合性、一体性的研发模式，即集技术研发、成果转化、产业孵化为一体，实现创新链、产业链、资本链的紧密融合，有效弥补了传统模式下大学和科研院所负责开展技术研究而企业只从事产品开发所形成的巨大缺陷，大幅提高了科研成果转化效率。

新型研发机构的形成和发展正是响应深化改革创新驱动的重要做法，这些机构以其突出的创新能力、巨大的增长潜力和市场化运作机制，成为引领源头创新和新兴产业发展的重要力量，将有助于我们坚定不移地推进供给侧结构性改革，培育新的经济结构，强化新的发展动力。

近年来，以习近平同志为核心的党中央已多次强调，将发展面向市场的新型研发机构作为加快科技成果向现实生产力转化的重要战略举措。2016 年 5 月，中共中央、国务院印发《国家创新驱动发展战略纲要》指

---

① 《李克强作的政府工作报告（摘登）》，《人民日报》2018 年 3 月 6 日，第 2 版。

出，发展面向市场的新型研发机构。围绕区域性、行业性重大技术需求，实行多元化投资、多样化模式、市场化运作，发展多种形式的先进技术研发、成果转化和产业孵化机构。2016 年 8 月，国务院印发《"十三五"国家科技创新规划》指出，培育面向市场的新型研发机构，构建更加高效的科研组织体系；实施促进科技成果转移转化行动，完善科技成果转移转化机制，大力推进军民融合科技创新。

五　构建专业化技术转移服务体系

作为国家和地区对发达国家进行技术追赶和科技创新能力提升的重要途径之一，技术转移是指知识以某种形式由技术所有者向使用者转移的过程①。国家技术转移体系是指促进科技成果持续产生，推动科技成果扩散、流动、共享、应用并实现经济与社会价值的生态系统②。技术转移体系是技术创新体系的重要组成部分，是促进企业与高校院所之间、企业与企业之间知识流动和技术转移的有效途径，是企业实现技术创新、增强核心竞争力的重要保障，也是关系到经济社会发展的重大问题。建设和完善我国专业化技术转移体系，对于促进科技成果资本化产业化、提升国家创新体系整体效能、激发全社会创新创业活力、促进科技与经济紧密结合具有重要意义。

改革开放以来，我国科技成果持续产出，技术市场有序发展，技术交易日趋活跃，但也面临技术转移链条不畅、人才队伍不强、体制机制不健全等问题，迫切需要加强系统设计，构建科学的国家技术转移体系。

2017 年 7 月 19 日，习近平总书记在中央全面深化改革领导小组第三十七次会议上强调，建立和完善国家技术转移体系，要聚焦影响长远发

---

① 张玉臣：《技术转移机理研究：困惑中的寻解之路》，中国经济出版社，2009，第 82 页。
② 《关于印发国家技术转移体系建设方案的通知》，http://www.gov.cn/zhengce/content/2017 - 09/26/content_5227667.htm。

展的战略必争领域，遵循技术转移规律，发挥市场机制作用，加强技术供需对接，打通科技转化通道，强化联动协同，加快推动重大科技成果转化应用，更好发挥技术转移对提升科技创新能力、促进经济社会发展的重要作用①。2017 年 9 月，国务院印发《国家技术转移体系建设方案》，明确提出了加快建设和完善国家技术转移体系的总体思路、发展目标、重点任务和保障措施，部署构建符合科技创新规律、技术转移规律和产业发展规律的国家技术转移体系，全面提升科技供给与转移扩散能力。

六　打造一批具有全球影响力的科技创新中心

在全球创新网络中，网络节点城市往往具有优越的地理位置、扎实的产业基础和良好的创新环境，能够吸引全球创新要素集聚，当其辐射力和影响力超越国界时，便能成为具有全球影响力的科技创新中心。近年来，积极打造具有全球影响力的科技创新中心，成为许多国家和地区提升国家综合实力和应对新一轮科技革命的重要举措。例如，英国于 2010 年启动实施了"英国科技城"的国家战略，试图将东伦敦地区打造为世界一流的国际技术中心；纽约在 2002 年就宣布要将这座金融城市打造成"创新之都"和美国"东部硅谷"，力图成为"全球科技创新领袖"；日本的新版科技创新综合战略《为了创造未来的创新之桥》，提出将日本打造成为"全球领先的创新中心"的宏伟战略②。

在世界打造科技创新中心的浪潮中，习近平总书记提出："要围绕'一带一路'建设、长江经济带发展、京津冀协同发展等重大规划，尊重科技创新的区域集聚规律，因地制宜探索差异化的创新发展路径，加快

---

① 《敢于担当善谋实干锐意进取　深入扎实推动地方改革工作》，《人民日报》2017 年 7 月 20 日，第 1 版。

② 杜德斌：《对加快建成具有全球影响力科技创新中心的思考》，《红旗文稿》2015 年第 12 期，第 25~27 页。

打造具有全球影响力的科技创新中心，建设若干具有强大带动力的创新型城市和区域创新中心。"① 习近平总书记为我国科技创新发展做出了重要的战略布局，具有很强的前瞻性、战略性、指导性。

党的十八大以来，我国坚持融入全球科技创新网络，深入参与全球科技创新治理，主动发起全球性创新议题，全面提高我国科技创新的全球化水平和国际影响力，我国对世界科技创新贡献率大幅提高，成为全球创新版图中日益重要的一极②。科技人力资源丰富、经济体系极富活力、市场规模不断壮大、资源丰富度和市场深度等条件均为我国孕育全球科技创新中心带来了良好机遇，我国有能力、有信心打造一批全球性科技创新中心，实现全球性科学研究、技术创新、产业驱动和文化引领功能。打造具有全球影响力的科技创新中心，要重点在顶层设计和制度创新、城市群建设、新型智慧城市创建等方面做好工作。

一是加强顶层设计和制度创新。制度创新是具有全球影响力的科技创新中心形成的重要前提。英、美、德、日等科技创新领先国家都相继形成了有利于创新的专业化制度优势，如英国的工厂系统、学徒制，美国的大规模生产体系、移民制度、风险投资体系，德国的教学、科研相统一的教育体系，日本的精益生产体系等。我国必须加快顶层设计和制度创新，从制度层面助推科技创新中心的形成。

二是发挥城市群在科技创新中心建设中的作用。世界主要科技创新中心城市发展的经验表明，世界级科技创新中心已突破单个城市的地理界限，更多体现为城市群的发展态势，如纽约城市群科技创新中心、巴黎城市群科技创新中心、东京城市群科技创新中心。因此，我国要突破区域限制，整合创新资源，打造一批国家级城市群、国际一流湾区和世

---

① 习近平：《为建设世界科技强国而奋斗》，《人民日报》2016 年 6 月 1 日，第 2 版。
② 习近平：《在中国科学院第十九次院士大会、中国工程院第十四次院士大会上的讲话》，《人民日报》2018 年 5 月 29 日，第 2 版。

界级城市群，发挥城市群在科技创新中心建设中的引领带动作用。

三是推进创建新型智慧城市，提升城市创新发展质量。2016 年 4 月 19 日，习近平总书记在全国网信工作会议上首次提出新型智慧城市的概念。国家"十三五"规划也明确提出"建设一批新型示范性智慧城市"。新型智慧城市是智慧城市发展的新形态，是新一代信息技术和城市发展深度融合的产物，不仅关系到数字中国、科技强国、网络强国、智慧社会等国家战略的稳步推进，而且是我国经济从高速增长阶段转向高质量发展阶段升级、推动新型城镇化发展、实现国家与城市协调发展、提升人民群众幸福感和满意度的关键环节。深入推进新型智慧城市建设，要破除制约智慧城市发展的体制羁绊、机制束缚，要将创新作为新型智慧城市建设的第一动力，通过科技创新和机制创新培育城市发展新动力，推动新一代信息技术与城市科技产业发展、精准治理、惠民服务、生态管理等融合发展，推动城市经济社会发展动能转化、结构优化、水平提升，提升城市发展质量。

党的十八大以来，在习近平总书记关于科技创新重要讲话精神的引领下，我国在实现中国梦的大道上阔步向前，科技创新喜获累累硕果。战略高端技术领域的自主创新能力不断提高，载人航天、探月工程、超级计算机、国产大飞机、北斗导航系统、高分系列卫星、蛟龙号载人深潜器等取得重大突破；从"中国制造"迈向"中国创造"，许多高科技领域正由"跟跑者"向世界"并行者""领跑者"转变。实践正在证明并将不断证明习近平的科技创新重要观点对我国科技创新事业的重大指导作用，该观点无疑是我国落实创新驱动发展战略，全面深化改革，引领社会发展，实现中华民族伟大复兴的强大思想武器。

然而，我们也必须清醒地认识到，当前我国科技创新中存在科技创新基础不牢、自主创新能力较弱、拔尖型创新人才缺乏、体制机制存在弊端等诸多亟待解决的问题。随着改革进入深水区，我国经济发展处于速度换挡、结构调整、动力转换关键期，唯有坚定不移地以习近平科技创新观点为指导，牢牢把握"科技创新是提高社会生产力和综合国力的战略支撑"的核心观点，牢牢把握科技进步大方向、产业革命大趋势、壮大创新主体等举措，才能实现以科技创新驱动我国经济社会的全面发展，才能加快建设世界科技强国，为中华民族伟大复兴提供坚实的科技支撑。

第三章 坚定不移走中国特色自主
创新道路

近年来，我国科技整体能力持续提升，一些重要领域已跻身世界先进行列，某些前沿方向开始进入并行、领跑阶段，正处于从量的积累向质的飞跃、点的突破向系统能力提升转变的重要时期。但总体上看，我国与科技发达国家相比，与建设世界科技强国的目标相比，科技创新基础仍然薄弱，科技创新能力特别是原创能力还有很大差距，关键领域核心技术受制于人的格局没有从根本上改变。

党的十八大以来，面对世界经济和科技发展变革大势，特别是当前新一轮科技革命和产业变革正在孕育兴起，为推动我国由大国向强国转变，提升我国的综合国力，习近平总书记从历史经验和现实需要的高度提出，"一个国家只是经济体量大，还不能代表强。我们是一个大国，在科技创新上要有自己的东西。一定要坚定不移走中国特色自主创新道路，培养和吸引人才，推动科技和经济紧密结合，真正把创新驱动发展战略落到实处。"①

---

① 中共中央文献研究室编《习近平关于科技创新论述摘编》，中央文献出版社，2016，第40页。

中国特色自主创新道路的本质是在中国共产党领导下，立足国情，以科技创新为核心，坚持自主创新、重点跨越、支撑发展、引领未来的方针，增强自主创新能力，建设创新型国家，建设世界科技强国。这条道路是中国共产党领导人民在探索科技事业发展的历史进程中逐步形成的，是为贯彻落实创新驱动发展战略、在新的起点上实现创新跨越的道路选择，旨在为实现国家富强和民族复兴奠定基础、积蓄力量。

坚定不移地走中国特色自主创新道路，充分体现了以习近平同志为核心的党中央探索发展新路径、实现新跨越的坚定决心与历史担当，深刻阐释了自主创新对全面推进中国特色社会主义事业的重要意义。认真学习习近平总书记关于坚定不移走中国特色自主创新道路的重要论述，贯彻党和国家这一重大战略部署，对于贯彻落实创新驱动发展战略具有重要意义。

我国要走好中国特色自主创新道路，首先，要明确其必要性和基础条件，不仅要充分认识到自力更生是中华民族自立于世界民族之林的奋斗基点，自主创新是攀登世界科技高峰的必由之路，还要发挥好社会主义制度的优越性，集中力量开展自主创新，力争在新的历史起点上实现更大跨越。其次，要坚持自主创新、重点跨越、支撑发展、引领未来的指导方针，坚定创新信心，在自主创新的道路上敢为人先、勇于冒尖、大胆质疑，既要立足中国国情，也要以世界眼光做好自主创新的顶层设计，更要注重科技和经济的紧密结合，促进科技与经济深度融通。最后，要坚持以提升自主创新能力为主线，采取"非对称"赶超战略，充分发挥我国独特优势，在道路实践中夯实自主创新的物质技术基础，建立健全优先使用自主创新成果的机制，努力用好国际国内两种科技资源，提升我国的自主创新能力与水平，加快跻身创新型国家前列，实现建成世界科技强国的伟大目标。

第一节　走中国特色自主创新道路的
必要性和基础条件

改革开放 40 年来，我们通过自力更生积累了坚实的物质基础，通过持续创新取得了一系列技术创新成果，为推进创新发展奠定了良好基础。特别是党的十八大以来，我国把创新摆在国家发展全局的核心位置，围绕实施创新驱动发展战略，加快推进以科技创新为核心的全面创新，使得创新对国家、社会发展的支撑引领作用进一步凸显。在国家富强、民族振兴伟大事业的继承与发展中，依赖于发达国家先进技术的模仿创新模式已不能满足我国新时代创新发展的需要，自主创新的重要性日益凸显。

习近平总书记围绕实施创新驱动发展战略提出："只有把核心技术掌握在自己手中，才能真正掌握竞争和发展的主动权，才能从根本上保障国家经济安全、国防安全和其他安全。不能总是用别人的昨天来装扮自己的明天。不能总是指望依赖他人的科技成果来提高自己的科技水平，更不能做其他国家的技术附庸，永远跟在别人的后面亦步亦趋。我们没有别的选择，非走自主创新道路不可。"① 他在参加全国政协十二届一次会议科协、科技界委员联组讨论时，进一步强调："坚定不移走中国特色自主创新道路。这条道路是有优势的，最大的优势就是我国社会主义制度能够集中力量办大事。"② 今天的中国，已经站在了新的历史起点上，只有坚定不移走中国特色自主创新道路，才能在新时代、新起点上推进创新发展、实现创新跨越。

---

① 习近平：《在中国科学院第十七次院士大会、中国工程院第十二次院士大会上的讲话》，人民出版社，2014，第 10 页。
② 中共中央文献研究室编《习近平关于科技创新论述摘编》，中共中央文献出版社，2016，第 35 页。

根据习近平总书记的讲话精神，我们明确了走中国特色自主创新道路的必要性和基础条件。首先，要将自力更生作为中华民族立足于世界民族之林的奋斗基点，继承和发扬自力更生、艰苦奋斗的优良传统，勇于、善于抓住机会，迎头赶上、奋起直追、力争超越。其次，要理解和把握自主创新是我们攀登世界科技高峰的必由之路，坚定不移地走中国特色自主创新道路，把核心技术牢牢掌握在自己手中，真正掌握竞争和发展的主动权。再次，要充分发挥我国社会主义制度优越性，形成社会主义市场经济条件下集中力量办大事的新机制，提高整体创新水平。最后，要清醒认识到，想要在新的起点上实现更大跨越，根本出路在于自主创新，不仅要识变、应变，还应主动求变，紧抓发展机遇，掌握战略主动权，占领先机、赢得优势。

一　自力更生是中华民族自立于世界民族之林的奋斗基点

长期以来，我们党高度重视自力更生，在革命、建设和改革的各个历史时期，都强调自力更生对于国家富强、人民富裕、民族复兴的重要性。新中国成立不久，我国遭到了美苏两国对我国的核垄断与核威胁，为打破这一局面，推动我国科技事业发展，以毛泽东同志为核心的党的第一代中央领导集体确立了"自力更生为主，力争外援为辅"的科技方针。在这一方针指引下，原子弹、氢弹、人造卫星等相继试验成功，我国自主制造的091型攻击核潜艇正式交与海军使用，这一系列成就是我国最初走独立自主、自力更生科技发展道路的最好印证。20世纪七八十年代，邓小平同志就现代科学技术的发展问题再次强调要注重自力更生，他强调："我们同发达国家的差距很大，通过科技发展推动我国经济建设，要在先进技术引进的同时独立自主，自力更生。"[1] 并进一步指出：

---

① 《邓小平文选》第2卷，人民出版社，1994，第132页。

"独立自主、自力更生，无论过去、现在和将来，都是我们的立足点。"①
当前，正负电子对撞机、银河系列巨型计算机等重大科学工程相继研制
成功，人民生活水平也因科技进步带来的经济增长而得到提升，这些均
是我国坚持自力更生开展科技创新的新成就。纵观我国的科技发展史，
自力更生始终是推动我国科技进步与经济发展的重要力量。总结历史经
验，我们会发现，我国的科技发展道路是在"自力更生"科技思想的引
领与传承中走出来的。

习近平总书记不仅从国家的科技发展史中深刻地了解到自力更生是
科技发展、国家建设的战略基点，还从自己的亲身经历中领悟了自力更
生的重要性与必要性。他担任陕西省延川县文安驿公社梁家河大队知青、
党支部书记期间，带领梁家河村民靠着自力更生、艰苦奋斗的精神建成
了"陕西省第一口沼气池"，沼气池边"自力更生、艰苦奋斗"的宣传
画既是我国优良传统的体现，也是习近平总书记青年时期坚持自力更生
精神的反映。现在国力增强了，我们仍要坚持自力更生。独立自主、自
力更生，无论在过去、现在和未来，都是推动我国各项事业发展的基本
立足点。

在新的历史时期，习近平总书记再次突出强调："实践告诉我们，自
力更生是中华民族自立于世界民族之林的奋斗基点。"② 这一重要论述深
刻阐释了自力更生是推动国家发展、民族振兴的动力源泉。在新形势下，
自力更生的重要地位和作用仍然凸显，我们不仅要充分认识"自力更生"
的时代内涵和意义，更要全面落实"自力更生"，这既是对过去的充分肯
定，也是对未来的明确要求。在新的历史时期，自力更生既是中华民族
的精神内核，更是中华民族自立于世界民族之林的奋斗基点，是坚定不

---

① 《邓小平文选》第 3 卷，人民出版社，1993，第 3 页。
② 习近平：《在中国科学院第十七次院士大会、中国工程院第十二次院士大会上的讲话》，
《人民日报》2014 年 6 月 10 日，第 2 版。

移走中国特色自主创新道路的基本立足点，为我们提供了强大精神动力。与此同时，中华民族自力更生的优良传统也通过走中国特色自主创新道路得到全面贯彻、科学继承与发扬。因此，坚定不移走中国特色自主创新道路，就要充分认识并牢牢把握自力更生这一基本立足点，靠自己的力量为中华民族之崛起而奋斗。

二 自主创新是我们攀登世界科技高峰的必由之路

长期以来，我国依赖引进和吸收国外先进技术来推动科技进步，自主创新的关键核心技术水平与发达国家相较甚远。要实现建设世界科技强国的远大目标，根本在于从思想认识、道路选择上找差距、提对策。早在新中国成立初期，党和政府科学判断国情，提出了"自力更生为主、争取外援为辅"的科技方针，为我国科技发展确立了独立、自主、自强的方针和路径。《1986－2000 年科学技术发展规划》的出台，以及以"863 计划"和"火炬计划"为代表的高新技术发展规划的实施，标志着我国科技发展走上以自力更生为基点、学习世界先进科技水平的跟跑阶段。

对于自主创新，我们党始终坚持在实践拓展和认识深化过程中寻找新的科学定位。江泽民同志指出："关键是要在学习、消化、吸收国外先进技术的同时，加强自主创新，加强人才培育，加强创新基地建设，提高企业创新能力，掌握科技发展的主动权，在更高水平上实现科技发展的跨越。"[1] 胡锦涛同志指出："建设创新型国家，就要把增强自主创新能力作为发展科学技术的战略基点，走出中国特色自主创新道路，推动科学技术的跨越式发展；就要把增强自主创新能力作为调整经济结构、转变经济增长方式的中心环节，建设资源节约型、环境友好型社会，推动国民经济又快又好发展；就要把增强自主创新能力作为国家战略，贯穿

---

① 《江泽民文选》第 2 卷，人民出版社，2006，第 396 页。

到现代化建设各个方面，激发全民族创新精神，培养高水平创新人才，形成有利于自主创新的体制机制，大力推进理论创新、制度创新、科技创新，不断巩固和发展中国特色社会主义伟大事业。"① 可以看出，我们对于自主创新对国家发展影响作用的认识在不断深化。2006 年，我国出台《国家中长期科学和技术发展规划纲要（2006—2020 年）》，自主创新战略的实施渐入正轨。

从"独立自主、自力更生"的科技思想，到"自主创新"科技认知的演进，是历代国家领导人带领人民在科技实践中开辟的正确道路，具有重要意义。第一，自主创新是源于真理的科学决策。毛泽东同志在其著作《反对本本主义》中提出，"马克思主义的'本本'是要学习的，但是必须同我国的实际情况相结合"②。邓小平同志也曾提出，我们的事业"不是靠本本，而是靠实践，靠实事求是"③。习近平总书记曾指出，"我们是历史唯物主义者，要认识到没有继承，就没有发展；没有创新，就没有未来。必须始终坚持在继承中创新，在创新中发展"④。第二，自主创新是提升科技实力的战略选择。胡锦涛同志曾说："提高自主创新能力，要紧紧扭住为经济社会发展服务这一中心任务，把握科技发展的战略重点，着力解决制约经济社会发展的重大科技问题。"⑤ 第三，自主创新是增强国家竞争力的根本举措。习近平总书记强调，"自主创新是我们攀登世界科技高峰的必由之路"⑥，充分体现了以习近平同志为核心的党

① 胡锦涛：《在中国科学院第十三次院士大会和中国工程院第八次院士大会上的讲话》，《人民日报》2006 年 6 月 6 日，第 2 版。
② 毛泽东：《反对本本主义》，人民出版社，1975，第 4 页。
③ 《邓小平文选》第 3 卷，人民出版社，1993，第 382 页。
④ 习近平：《干在实处走在前列——推进浙江新发展的思考与实践》，中共中央党校出版社，2016，第 78 页。
⑤ 胡锦涛：《坚持走中国特色自主创新道路　为建设创新型国家而努力奋斗——在全国科学技术大会上的讲话》，《求是》2006 年第 2 期。
⑥ 习近平：《在中国科学院第十七次院士大会、中国工程院第十二次院士大会上的讲话》，《人民日报》2014 年 6 月 10 日，第 2 版。

中央站在历史的高度，着眼我国科技发展和世界科技强国建设全局，继承历史、立足现实、前瞻未来，指明了我国要攀登世界科技高峰、成为世界科技强国必须走以我为主、自主创新的发展之路，自主创新才是我国科技发展的战略基点。

三 发挥社会主义制度优越性

新中国成立后，毛泽东同志领导中国共产党对中国特色社会主义建设进行了长期探索，奠定了中国社会主义建设的物质基础和制度基础。邓小平同志在党的十二大报告中提出，"走自己的路，建设有中国特色的社会主义"①。江泽民在党的第十五大提出了社会主义初级阶段的基本纲领，强调建设中国特色社会主义经济、政治、文化。胡锦涛同志在庆祝中国共产党成立90周年大会上强调，中国共产党经过90年的奋斗、创造、积累，开辟了中国特色社会主义道路，确立了中国特色社会主义制度。回顾改革开放四十年历程，我国先后建成了三峡工程、青藏铁路、京沪高铁、京广高铁等举世瞩目的建设项目；完成了"神舟飞船""天宫一号""天宫二号""天河二号""蛟龙"号等高科技项目；成功举办了北京亚运会、北京奥运会、上海世博会和广州亚运会等重大国际赛事，取得这一系列成功的秘诀之一就是我国社会主义制度具有集中力量办大事的优势。

对此，习近平总书记强调，"中国特色社会主义制度是当代中国发展进步的根本制度保障，是具有鲜明中国特色、明显制度优势、强大自我完善能力的先进制度。"② 当前，我国作为世界上最大的发展中国家，既要走好中国特色自主创新道路，也要充分发挥我们的制度优势，集合全社会的力量谋发展。

---

① 《邓小平文选》第3卷，人民出版社，1993，第197页。
② 习近平：《在庆祝中国共产党成立95周年大会上的讲话》，《人民日报》2016年7月2日，第2版。

发挥社会主义制度优越性，要把握中国特色社会主义制度所具有的中国特色、制度优势、自我完善能力三个重点。

首先，明晰中国特色。习近平总书记指出："中国近代以来的全部历史告诉我们，中国的事情必须按照中国的特点、中国的实际来办，这是解决中国所有问题的正确之道。"① 马克思与恩格斯曾在对资产阶级进行解释时道出，"按照自己的面貌为自己创造出一个世界"②，对"特色"进行了形象化解读，而我国的面貌正是中国特色。习近平总书记指出："中国共产党的领导是中国特色社会主义最本质的特征。"③ 只有坚持党的领导，才能有力彰显中国特色社会主义制度优越性。

其次，发挥中国特色社会主义制度优势。习近平总书记指出，我们最大的优势是我国社会主义制度能够集中力量办大事④。因此，要实现建设世界科技强国的目标，就要结合社会主义市场经济新条件，坚定不移发挥好社会主义制度集中力量办大事的优势，加强统筹协调，促进协同创新，优化创新环境，形成推进创新的强大合力。

最后，增强中国特色社会主义制度的自我完善能力。我国如何加强制度建设？在新的历史时期，继续坚持全面深化改革、不断对外开放，才能进一步推进中国制度的自我完善与发展，从而更有助于发挥社会主义制度的优越性，走好中国特色自主创新道路。

四 在新的起点上实现更大跨越

习近平总书记曾形象地阐释对发展的理解，"我们要充分认识到，发展犹如逆水行舟，不进则退。过去发展得好不等于以后也发展得好，过

---

① 习近平：《在纪念邓小平同志诞辰 110 周年座谈会上的讲话》，《人民日报》2014 年 8 月 21 日，第 2 版。
② 《马克思恩格斯选集》第 1 卷，人民出版社，1995，第 276 页。
③ 《习近平谈治国理政》第 2 卷，外文出版社，2017，第 18 页。
④ 习近平：《为建设世界科技强国而奋斗》，《人民日报》2016 年 6 月 1 日，第 2 版。

去领先不等于今后就能够走在前列。只有在原有基础上，发扬成绩，再接再厉，紧紧抓住发展机遇，充分利用发展优势，积极挖掘发展潜力，才能在新的起点上昂首阔步地走在前列"①。

发展至今，我国经济总量已达到世界第二，我国的全球创新指数排名从 2012 年的第 34 位跃升至 2017 年的第 22 位②，国家创新能力排名从 2012 年的世界第 20 位升至第 17 位，科技进步贡献率从 2012 年的 52.2% 升至 57.5%③，我国发明专利申请量连续七年居世界第 1 位④。可以看出，我国科技创新格局已经发生了历史性转变，科技实力大幅提升，部分领域在全球处于并跑和领跑的位置。

习近平总书记在党的十九大报告中指出："经过长期努力，中国特色社会主义进入了新时代，这是我国发展新的历史方位。"⑤ 我国已经站在新的历史起点上。这个新起点，是中国全面深化改革、增加经济社会发展新动力的新起点，是中国适应经济发展新常态、转变经济发展方式的新起点，是中国同世界深度互动、向世界深度开放的新起点⑥。

在新的历史起点上，我国有着新的发展蓝图、新的发展愿景和新的发展目标。一方面，要以史为鉴、知古鉴今，善于运用历史眼光认识发展规律。习近平同志任河北省正定县委书记时提出："'以史为镜，可以知兴替'。辑录和写记正定建国以来的历史，可使我们从中吸取正反两方面的经验，探索建设有中国特色的社会主义的客观规律，自觉地为国家

---

① 习近平：《干在实处走在前列——推进浙江新发展的思考与实践》，中共中央党校出版社，2016，第 44 页。

② 《2017 年全球创新指数发布中国排名上升至第 22 位》，中国政府网，http://www.gov.cn/xinwen/2017-06/19/content_5203712.htm。

③ 詹媛：《四十位代表委员热议改革开放 40 年·科技篇》，《光明日报》2018 年 3 月 3 日，第 7 版。

④ 魏婧：《中国发明专利申请量连续 7 年居世界首位　去年达 138.2 万件》，中国网，http://news.china.com.cn/2018-04/24/content_50957682.htm，2018 年 4 月 24 日。

⑤ 习近平：《决胜全面建成小康社会　夺取新时代中国特色社会主义伟大胜利》，《人民日报》2017 年 10 月 28 日，第 1 版。

⑥ 习近平：《中国发展新起点　全球增长新蓝图》，《人民日报》2016 年 9 月 4 日，第 3 版。

繁荣昌盛、人民富裕幸福而奋斗。我们应该严肃认真地完成这一项历史责任。"① 这也是习近平总书记强调的"时代是思想之母，实践是理论之源"② 的本质内涵。新中国成立以来，中国走出了一条成功的科技发展之路，在新时期必将展现出强大生机和旺盛活力，为中国在新的起点上实现更大跨越，实现"两个一百年"奋斗目标，实现中华民族伟大复兴提供强大的动力。

另一方面，要适时运用新的理论指导新的实践。习近平总书记曾强调："用发展着的马克思主义指导新的实践。"③ 习近平新时代中国特色社会主义思想和中国特色自主创新道路是我们党以马克思主义为指导，在发展实践中探索出来的，体现了发展着的马克思主义思想。习近平总书记曾在十八届中央政治局第九次集体学习时指出，科技兴则民族兴，科技强则国家强。在我国发展新的历史起点上，要掌握全球科技竞争先机、建设世界科技强国，必须以习近平新时代中国特色社会主义思想为指引，按照创新驱动发展战略的宏伟蓝图，把创新摆在更加重要的位置，坚定不移地走中国特色自主创新道路，以更高的站位、更宽的视野、更大的力度谋划和推进创新发展，实现科技强、产业强、经济强、国家强的伟大目标。

第二节　坚持自主创新、重点跨越、支撑发展、引领未来的方针

在世界科技革命和产业变革的关键时期，我国的经济发展承担着保持增长、提高质量和效率的双重任务，肩负着开拓国际市场和立足国内

---

① 习近平：《知之深　爱之切》，河北人民出版社，2015，第 184 页。
② 习近平：《在庆祝中国共产党成立 95 周年大会上的讲话》，《人民日报》2016 年 7 月 2 日，第 2 版。
③ 习近平：《干在实处走在前列——推进浙江新发展的思考与实践》，中共中央党校出版社，2016，第 10 页。

消费需求的双重使命，面临着提升传统产业和培育发展新兴产业的双重要求。在这个关键时期，创新是推动和引领发展的动力。因此，需着力强化创新在经济社会发展中的重要作用。习近平总书记强调，面向未来，增强自主创新能力，最重要的就是要坚定不移走中国特色自主创新道路，坚持自主创新、重点跨越、支撑发展、引领未来的方针，加快创新型国家建设步伐①。这"十六字"方针，是对中国科技事业发展经验的科学总结，是从实践中得出的"真知"，是走中国特色自主创新道路的核心和关键。

习近平总书记针对抓落实问题提出，"要认真处理好三个关系：一是局部与全局的关系，牢固树立全局观念，增强在大局下行动的自觉性；二是眼前与长远的关系，既抓紧解决当前经济社会发展中的突出矛盾和问题，又着眼未来发展，建立长效机制，追求长期效果，坚决防止急功近利的短期行为；三是继承和创新的关系，坚持和发扬行之有效的好传统、好做法、好经验，同时根据形势和任务的发展变化，推动各项工作与时俱进，开拓创新。"②

坚持自主创新、重点跨越、支撑发展、引领未来的方针，首先要坚定创新信心，以强大的创新自信和探索精神，统筹谋划中国特色自主创新道路；其次，要以世界眼光做好顶层设计，准确把握重点领域科技发展的战略机遇，选准关系全局和长远发展的战略必争领域和优先方向，做出重大的战略部署和顶层设计；再次，要努力实现优势领域、关键技术的重大突破，尽快形成一批拥有自主知识产权的核心技术，掌握竞争和发展的主动权；最后，要推动科技和经济紧密结合，坚持科技面向经济社会发展、面向市场需求，促使创新成果变成实实在在的产业活动，

---

① 习近平：《在中国科学院第十七次院士大会、中国工程院第十二次院士大会上的讲话》，《人民日报》2014 年 6 月 10 日，第 2 版。

② 习近平：《干在实处走在前列——推进浙江新发展的思考与实践》，中共中央党校出版社，2016，第 79 页。

不断提高科技进步对经济增长的贡献度。

一　坚定创新信心

2018 年 10 月 22 日下午，习近平总书记在广东考察调研时强调，我们要有自主创新的骨气和志气，加快增强自主创新能力和实力。在经济发展步入新常态阶段，要突破发展瓶颈、解决深层次矛盾和问题，根本出路在于创新，关键要靠科技力量。与科技发达国家相比，我国科技人员整体对创新的信心不足，特别是对关键核心技术的研发没有充足的自信心，抱着跟随科技发达国家技术发展路径的心态，无疑阻碍了我国的创新发展之路。对此，习近平总书记表示，我国广大科技工作者要敢于担当、勇于超越、找准方向、扭住不放，牢固树立敢为天下先的志向和信心，敢于走别人没有走过的路，在攻坚克难中追求卓越，勇于创造引领世界潮流的科技成果[①]。

习近平总书记关于坚定创新信心的重要论述源于他青年时在梁家河七年的艰苦历练，是基于亲身实践的表达。为响应时任国务院总理周恩来同志发展经济的号召，习近平同志谋划在梁家河沟口修建水坠坝，这在当时是一项新技术，然而梁家河沟口在雨季时是一个巨大的泄洪口，存在较大的安全隐患。习近平却坚定创新信心，通过详细规划建坝、引水、加固、防洪等，制定科学的施工标准，成功建成了水坠坝。至今，梁家河沟口仍是梁家河最好、最平整的土地[②]。这段经历让他深刻认识到，"一个人要有一股气，遇到任何事情都有挑战的勇气，什么事都不信邪，就能处变不惊、知难而进"[③]。

习近平同志曾形象地阐释如何在困境中保持良好的精神状态，"困难

---

① 习近平：《在中国科学院第十七次院士大会、中国工程院第十二次院士大会上的讲话》，《人民日报》2014 年 6 月 10 日，第 2 版。
② 本书编写组：《梁家河》，陕西人民出版社，2018，第 96 页。
③ 本书编写组：《梁家河》，陕西人民出版社，2018，第 120 页。

之'困'，围住的是失去生命的'木'而不是充满活力的'树'；困难之'难'，动动'点'子、用用脑子就可能迎来'又'一'佳'境①。因此，他强调："我们必须始终保持良好的精神状态，认清使命，增强信心，在迎接挑战中把握机遇，在克难攻坚中脱胎换骨，在解决矛盾和问题中实现凤凰涅槃。"②

这个道理同样适用于国家发展，要想在创新上先行一步，拥有引领发展的主动权，首先要坚定创新信心。习近平总书记指出，要有强烈的创新自信，我们要引进和学习世界先进科技成果，更要走前人没有走过的路，努力在自主创新上大有作为③。习近平总书记做出"坚定创新自信""增强创新自信""坚定创新信心"等系列论断，强调在新的历史起点上，以强大的创新自信和探索精神，不断用马克思主义指导中国创新发展新实践，统筹谋划中国特色自主创新道路，意在告诉我们，只有将创新信心作为我国成为世界主要科学中心及创新高地所必需的精神力量，才能秉持积极有为的态度，保持沉着应对的定力，坚定一往无前的决心，走好中国特色自主创新道路。

坚定创新信心，首先要充分肯定我国的整体创新实力。多复变函数论、陆相成油理论、人工合成牛胰岛素等成就，高温超导、中微子物理、量子反常霍尔效应纳米科技、干细胞研究、肿瘤早期诊断标志物、人类基因组测序等基础科学突破，……为我国成为一个有世界影响的大国奠定了重要基础④。我们要充分肯定我国已具备的创新实力，相信凭借着我国的创新实力和自强不息的创新精神，必将攀登世界科技高峰，引领世

① 习近平：《干在实处走在前列：推进浙江新发展的思考与实践》，中共中央党校出版社，2016，第46页。
② 习近平：《干在实处走在前列：推进浙江新发展的思考与实践》，中共中央党校出版社，2016，第45页。
③ 中共中央文献研究室编《习近平关于科技创新论述摘编》，中央文献出版社，2016，第39页。
④ 《习近平：为建设世界科技强国而奋斗》，《人民日报》2016年6月1日，第2版。

界科技潮流，不断为人类文明进步做出贡献。

其次，要正确认识与发达国家的创新差距。我们要清醒地认识到，我国的科技创新能力，特别是原创能力与发达国家还有很大差距。基于对自身实力的正确认知，我们需要化差距为动力，积极贯彻落实习近平总书记所强调的"亦余心之所善兮，虽九死其犹未悔"的豪情①。

最后，要弘扬中国精神，变"要我创新"为"我要创新"。习近平总书记在提出"中国梦"时指出，实现中国梦必须走中国道路，必须弘扬中国精神，必须凝聚中国力量②。在我国发展新的历史起点上，习近平总书记强调，实现"两个一百年"奋斗目标，实现中华民族伟大复兴的中国梦，必须坚持走中国特色自主创新道路③。因此，走好中国特色自主创新道路，同样需要弘扬中国精神，特别是以改革创新为核心的时代精神，秉持突破陈规、大胆探索的思想观念，肩负起民族伟大复兴的重任，保持坚忍不拔、自强不息的精神状态，增强创新自信，催生创新能力。

二 以世界眼光做好顶层设计

习近平同志任浙江省委书记时就强调具有宽广的发展视野的重要性，他强调："我们要具有世界的眼光和开放的思维，把浙江的发展置于更加广阔的背景中来观察、认识和思考，在更大范围、更高层次上找座次、定坐标，不断激发推进发展的动力、活力和勇气，在新一轮的发展中走在前列，尽领风骚。"④

2013 年，习近平总书记在十八届中央政治局第九次集体学习时强调，

---

① 习近平：《在中国科学院第十九次院士大会、中国工程院第十四次院士大会上的讲话》，《人民日报》2018 年 5 月 29 日，第 2 版。
② 中共中央党校组织编写《以习近平同志为核心的党中央治国理政新理念新思想新战略》，人民出版社，2017，第 4 页。
③ 习近平：《为建设世界科技强国而奋斗》，《人民日报》2016 年 6 月 1 日，第 2 版。
④ 习近平：《干在实处走在前列——推进浙江新发展的思考与实践》，中共中央党校出版社，2016，第 46 页。

顶层设计要有世界眼光，找准世界科技发展趋势，找准我国科技发展现状和应走的路径。2016 年，习近平总书记在全国科技创新大会、两院院士大会、中国科协第九次全国代表大会上进一步阐释了全球视野对于创新发展的重要性与必要性："科学技术是世界性、时代性的，发展科学技术必须具有全球视野、把握时代脉搏。"①

当前，世界科技大国纷纷加强创新部署，美国提出再工业化战略，德国制定实施工业 4.0 战略、高技术战略，日本实施新成长战略等，这不仅标志着创新成为大国竞争的新赛场，更意味着要跟上世界发展大势，就要以世界眼光对创新发展做出重大的战略部署和顶层设计。因此，我们要以世界眼光搞顶层设计，研究和找准世界科技发展的背景、发展的趋势，以及中国的现状、中国应走的路径，把需要与现实能力统筹考虑，长远目标与近期工作结合，提出切合实际的发展方向、目标、工作重点。

坚定不移走中国特色自主创新道路，就是要始终站在全球视野与时代发展的高度，谋划和推动我国科技创新事业发展与创新驱动发展战略的实施。首先，准确把握前沿科技发展趋势，跟踪全球科技发展方向，找准世界科技发展趋势。其次，立足中国国情，坚持问题导向，把需求、难点与国家的现实能力统筹考虑，坚持有所为有所不为的原则。再次，明确目标方向，把握重点任务，准确把握重点领域科技发展的战略机遇，选准关系全局和长远发展的战略必争领域和优先方向，努力实现关键技术重大突破，把关键技术掌握在自己手里。

三　掌握竞争和发展的主动权

习近平总书记指出，"当前，从全球范围看，科学技术越来越成为推动经济社会发展的主要力量，创新驱动是大势所趋。新一轮科技革命和

---

① 习近平：《为建设世界科技强国而奋斗》，《人民日报》2016 年 6 月 1 日，第 2 版。

产业变革正在孕育兴起，一些重要科学问题和关键核心技术已经呈现出革命性突破的先兆。"① 从世界创新型国家的发展来看，各国的创新道路各具特色。美国、英国坚持技术领先战略，大力开展基础研究，旨在提升国家原始创新能力；日本、韩国借力科技领先国家的先进技术、先进知识，走技术跨越之路。事实上，重要的不是哪条创新道路更好，关键在于能否适应国家的实际发展需要，促使国家掌握竞争和发展主动权。

据《2017 年国民经济和社会发展统计公报》数据显示，2017 年中国 GDP 占世界 GDP 总量的比重达 15% 左右，比 5 年前提高 3 个百分点以上，国家经济实力实现新的跃升，被世界称为"中国奇迹"。然而，我国仍然面临着重大原创性科技成果较少、根基尚不厚实等难题，离建设世界科技强国的目标仍存在一定差距。

针对这一现实差距，习近平总书记多次强调，核心技术是我们最大的命门，核心技术受制于人是我们最大的隐患。因此，他提出，要抓住新一轮科技革命和产业变革的重大机遇，就是要在科技竞争新赛场建设之初就加入其中，甚至主导一些赛场建设，从而使我们成为新的竞赛规则的重要制定者、新的竞赛场地的重要主导者②。

为实现掌握竞争和发展的主动权的目标，首先，要大力推进原始创新、集成创新和引进消化吸收再创新。基础研究是科学体系的源头，只有以基础研究带动应用型技术突破，获得更具原创性的科学发明，才能永远保持自主创新能力。正如党的十九大报告指出的，要瞄准世界科技前沿，强化基础研究，实现前瞻性基础研究、引领性原创成果重大突破③。在开展前瞻性基础研究的同时，还要以应用需求为导向，加强集成

---

① 中共中央文献研究室编《习近平关于科技创新论述摘编》，中央文献出版社，2016，第 77~78 页。

② 习近平：《在中国科学院第十七次院士大会、中国工程院第十二次院士大会上的讲话》，《人民日报》2014 年 6 月 10 日，第 2 版。

③ 习近平：《决胜全面建成小康社会　夺取新时代中国特色社会主义伟大胜利》，《人民日报》2017 年 10 月 28 日，第 1 版。

创新，使各种相关技术有机融合，形成具有市场竞争力的产品和产业，努力实现优势领域、关键技术的重大突破，尽快形成一批带动产业发展的核心技术。此外，还需坚持内外因相结合、量变与质变的辩证统一的观念，在依靠自身力量加强原始创新和集成创新的同时，消化吸收再创新引进的国外先进技术，真正将国家发展与安全的命运牢牢掌握在自己手中。

其次，要以关键共性技术、前沿引领技术、现代工程技术、颠覆性技术创新为突破口。关键共性技术是在产业多个领域内已经或未来可能被普遍应用、具有准公共物品性质，且对整个产业或多个产业及其企业可能产生重大影响的共性技术。前沿引领技术代表着产业发展的前沿科学和方向。习近平总书记指出，一项工程科技创新，可以催生一个产业，可以影响乃至改变世界①。加强现代工程技术研发不仅承担起产业共性技术的升级攻关，还为产品技术含量、企业核心竞争力和产业高端化水平的提升提供有力支撑。颠覆性技术则是一种另辟蹊径、对已有传统或主流技术途径产生整体或根本性替代效果的技术，是建设科技强国的利器。综合来看，唯有立足中国国情，以四类技术为突破口坚持自主创新，掌握竞争和发展的主动权，才有助于自主创新的真正实现。

四 推动科技和经济紧密结合

习近平同志在任浙江省委书记时就强调过创造一流工作业绩的重要性，他提到，"'走在前列'最终要体现在真正干出有益于党和人民事业发展的实事，真正建立经得起历史检验的实绩"②。而"实绩"就是推动经济发展，实现经济增长。他进一步解释，在新的发展阶段，我们不仅要在经济增长的数量和速度方面继续走在前列，更要在经济发展的质量

---

① 习近平：《让工程科技造福人类、创造未来》，《人民日报》2014年6月4日，第2版。
② 习近平：《干在实处走在前列——推进浙江新发展的思考与实践》，中共中央党校出版社，2016，第46页。

和效益方面走在前列，在经济社会全面、协调、可持续发展方面走在前列。在新的历史时期，经济增长主要依靠科技进步，而科技创新能否转化为社会生产力，为经济社会发展带来良好的促进作用，才是其有效性的重要体现。

多年来，我国一直存在着科技成果向现实生产力转化不力、不顺、不畅的痼疾，一个重要症结便是科研成果自我封闭、自我循环和"孤岛现象"比较严重。当前，我们必须面向经济社会发展主战场，围绕产业链部署创新链，消除科技创新中的"孤岛现象"。习近平总书记深刻认识到，深入推进科技和经济结合是改革创新的着力点，因此，他指出，一定要坚定不移地走中国特色自主创新道路，推动科技和经济紧密结合，真正把创新驱动发展战略落到实处。

推动科技与经济紧密结合，就是要坚持科技面向经济社会发展、面向市场需求，切实解决科技、经济"两张皮"的顽疾，从而最大限度地发挥科技的战略引领作用与关键支撑作用。首先，以科技创新带动产业创新。习近平总书记指出，科技创新绝不仅仅是实验室里的研究，而是必须将科技创新成果转化为推动经济社会发展的现实动力①。他进一步强调，科技成果只有同国家需要、人民要求、市场需求相结合，完成从科学研究、实验开发、推广应用的三级跳，才能真正实现创新价值、实现创新驱动发展②。要做到这一点，既要推动传统产业转型升级，也要带动战略性新兴产业的加速崛起，完成从科学研究、实验开发、推广应用的三级跳。其次，围绕产业链部署创新链。经济发展的现实需求是科技创新的落脚点。科技和经济结合是我国与发达国家差距较大的地方，围绕产业链部署创新链，聚集产业发展需求，集成各类创新资源，着力突破

---

① 中共中央文献研究室编《习近平关于科技创新论述摘编》，中央文献出版社，2016，第57页。

② 习近平：《在中国科学院第十七次院士大会、中国工程院第十二次院士大会上的讲话》，《人民日报》2014年6月10日，第2版。

共性关键技术，从而真正提高科技进步对经济增长的贡献度。

第三节　坚持以提升自主创新能力为主线

习近平总书记强调："我们只有坚定不移地走自主创新之路，不断增强自主创新能力，才能突破资源环境的瓶颈制约，保持经济稳定较快增长；才能从根本上改变产业层次低和产品附加值低的状况，实现'腾笼换鸟'和'浴火重生'；才能不断提高人民生活质量和水平，促进人与自然和谐共处，走出一条科学发展的新路子。"[①] 立足我国现实国情，习近平总书记表示，虽然我国经济总量跃居世界第二，但大而不强、臃肿虚胖体弱问题相当突出，主要体现在创新能力不强，这是我国这个经济大块头的"阿喀琉斯之踵"[②]。为改善经济社会发展现状，习近平总书记多次强调自主创新能力在世界科技强国建设中的重要性和紧迫性，他曾在参加十二届全国人大三次会议上海代表团审议时指出，实施创新驱动发展战略，最根本的是要增强自主创新能力。这一重要论断不仅揭示了创新能力在国家经济社会发展以及国际竞争中的重要地位，而且强调了提升自主创新能力对我国走好中国特色自主创新道路发挥的根本性作用。因此，我国要坚持以提升自主创新能力为主线，采取"非对称"赶超战略，夯实自主创新的物质技术基础，建立健全优先使用自主创新成果的机制，并努力用好国际国内两种科技资源，促使中国特色自主创新道路得到进一步拓展和提升。

一　采取"非对称"赶超战略

针对我国的创新发展，习近平总书记强调，"坚持创新发展，既要坚

---

① 习近平：《干在实处走在前列——推进浙江新发展的思考与实践》，中共中央党校出版社，2016，第131页。

② 习近平：《习近平谈治国理政》第2卷，外文出版社，2017，第203页。

持全面系统的观点，又要抓住关键，以重要领域和关键环节的突破带动全局"①。当今世界，国家竞争和科技竞争态势更加激烈和复杂多变，新一代科技革命和全球产业变革正在孕育兴起。我国科技发展水平与发达国家还有差距，特别是一些核心技术和关键领域受制于人的问题还没有从根本上得到解决，创造新产业、引领未来发展的科技储备远远不够，产业还处于全球价值链中低端。②

面对当前的国际形势，习近平作为新一代党和国家的领导人，深知前进道路上的坎坷和艰难，需用改革的思维来推进创新跨越。他指出："要研究和找准世界科技发展的背景、发展的趋势，以及中国的现状、中国应走的路径，把需要与现实能力统筹考虑，有所为有所不为，长远目标与近期工作结合，这样提出切合实际的发展方向、目标、工作重点。"③这告诉我们，面对当前形势，我们既要看到机遇，也要看到风险，分清轻重缓急、突出工作重点、抓住关键环节、明确主攻方向，客观、全面、系统地观察、分析、解决问题。

基于此，习近平总书记在十八届中央政治局第九次集体学习时深刻指出，要采取"非对称"战略，更好发挥自己的优势，在关键领域、卡脖子的地方下大功夫。"非对称"赶超战略作为习近平总书记关于科技创新重要观点的组成部分，是基于对当前形势的科学判断所做出的正确决策，是我国创新发展顶层设计的突破口。该战略充分结合国内外时代背景、立足我国科技创新发展实际，突出重点奋力攻关，为我国今后赢得竞争和发展主动权提出了战略路径。

首先，要确定正确的跟进和突破策略。早在习近平同志任浙江省委书记时就提出，"实现又快又好发展，必须全面正确地把握形势的发展变

---

① 习近平：《习近平谈治国理政》第 2 卷，外文出版社，2017，第 204 页。
② 习近平：《习近平谈治国理政》第 2 卷，外文出版社，2017，第 203 页。
③ 中共中央文献研究室编《习近平关于科技创新论述摘编》，中央文献出版社，2016，第 40～41 页。

化。所谓形，就是事物存在的状态；所谓势，就是事物发展的趋势。形势是动态的，蕴含事物的发展规律，指示事物的前进方向。正确把握形势，必须学会从全局看'形'，从长远看'势'。科学判断形势，历来是作出正确决策的前提，是推动决策实施的基础"①。习近平总书记强调，保持战略清醒，避免盲目性，不能人云亦云，也不能亦步亦趋。确定正确的跟进和突破策略是关键。要确定正确的跟进和突破策略，就要选准科研主攻方向和突破口，超前谋划、布局一批颠覆性技术攻关，加快在一些战略必争领域形成独特竞争优势。就当前我国面临的形势来看，主攻方向和突破口的选择需要从卡脖子的关键领域入手②。准确把握卡脖子的关键领域方向，这要求我们既要结合我国科技总体上与发达国家的差距，在我国卡脖子的关键领域下大功夫，发挥自己的优势，实现创新赶超，也要时刻关注竞争国家的优势与劣势，瞄准自身相对弱势的领域，改变不利局面，形成新的战略均衡。唯有如此，我们才能以重要领域和关键环节的突破带动全局，实现赶超。

其次，要注重积累非对称性"撒手锏"。习近平总书记指出，我们要按照主动跟进、精心选择、有所为有所不为的方针，提高技术认知力，加强独创性设计，发展独有的"撒手锏"，确保不被对方实施技术突袭。对看准的，要超前规划布局，加大投入力度，加速赶超步伐③。这就需要在正确的跟进和突破策略指导下，不断积累非对称性"撒手锏"，逐步形成科技创新赶超的比较优势，实现"非对称"的弯道超车。现今，我国居世界前列的十亿亿次超算系统"神威·太湖之光"、C919 大型客机、世界上口径最大的单天线射电望远镜等科技成就，均是我国积累的非对

---

① 习近平：《干在实处走在前列——推进浙江新发展的思考与实践》，中共中央党校出版社，2016，第 27 页。

② 习近平：《习近平谈治国理政》第 2 卷，外文出版社，2017，第 204 页。

③ 中共中央文献研究室编《习近平关于科技创新论述摘编》，中央文献出版社，2016，第 49～50 页。

称性"撒手锏"。我国在这个过程中所积淀的不仅是一种战略性创新能力，更是一种代表国家水平、国际同行认可、在国际上拥有话语权的科技创新实力。

再次，在重要科技领域跻身世界领先行列。历史经验表明，科学基础雄厚才能牢牢抓住科技革命机遇；在重要科技领域处于领先行列，才能依靠科技革命实现国家振兴①。当前，对比世界科技先进大国、对照我国建设科技强国的目标，我国的科技基础仍需夯实，科技创新能力亟待提高，重大科技瓶颈有待突破，关键领域核心技术仍然受制于人，自主创新能力差距依然较大。面对种种问题，再审视我国对战略科技支撑和颠覆性科学技术的迫切需求，无论是空间技术、深海探测、生物技术，还是先进高端材料与技术等，我国都亟须攻破关键领域核心技术，牢牢把握关系国家未来发展全局的科技战略制高点。2016 年 5 月 30 日，习近平总书记在全国科技创新大会、两院院士大会、中国科协第九次全国代表大会上的讲话中，对我国科技事业提出的第一点要求就是夯实科技基础，在重要科技领域跻身世界领先行列②。习近平总书记的重要讲话深刻洞察了建设世界科技强国的关键，为我国固本强基、优化布局、提升能力、科技创新发展前景指明了行动方向和实践要求。创新发展，要打好根基，我国要成为世界科技强国，必须强化基础研究和原始创新，提升自主创新能力；创新发展，需掌握重器，我国要成为世界科技强国，必须要突破一批重大领域关键技术、涌现一批重大原创性成果。

二 夯实自主创新的物质技术基础

习近平总书记高度重视中国特色自主创新道路的物质技术基础建设，

① 《习近平：为建设世界科技强国而奋斗》，《人民日报》2016 年 6 月 1 日，第 2 版。
② 《习近平：为建设世界科技强国而奋斗》，《人民日报》2016 年 6 月 1 日，第 2 版。

明确指出，提高创新能力，必须夯实自主创新的物质技术基础，加快建设以国家实验室为引领的创新基础平台①。

2016 年，国务院印发《"十三五"国家科技创新规划》，为夯实自主创新的物质技术基础，明确指出要大力推进以国家实验室为引领的科技创新基地建设，并详细解读了国家科研基地平台的丰富内涵和初步分类，囊括了国家实验室等战略综合类科研基地，国家技术创新中心、国家临床医学研究中心以及对国家工程技术研究中心、国家工程研究中心等优化整合后形成的技术创新类科研基地，国家重点实验室等科学研究类科研基地，以及国家野外科学观测研究站、科技资源服务平台等基础支撑类科研基地，是我国走中国特色自主创新道路的重要支撑。

夯实自主创新的物质技术基础，首先，要完善国家实验室体系建设。根据习近平总书记的解释，国家实验室已成为主要发达国家抢占科技创新制高点的重要载体②。截至 2016 年底，我国国家重点实验室共 459 家，其中，学科国家重点实验室 261 家（包含 7 家试点国家实验室），共主持和承担各类在研课题 42747 项、获得国家级奖励 110 项、授权发明专利 11086 项③；省部共建国家重点实验室 21 家，共主持和承担各类在研课题 1615 项、获得国家级奖励 5 项、授权发明专利 427 项④；企业国家重点实验室 177 家，共主持和承担各类在研课题 3741 项、获得国家级奖励 22 项、国内授权发明专利 3423 项、国外授权发明专利 192 项⑤。2017 年，6

---

① 习近平：《关于〈中共中央关于制定国民经济和社会发展第十三个五年规划的建议〉的说明》，《人民日报》2015 年 11 月 4 日，第 2 版。

② 习近平：《关于〈中共中央关于制定国民经济和社会发展第十三个五年规划的建议〉的说明》，《人民日报》2015 年 11 月 4 日，第 2 版。

③ 科学技术部基础研究司、科学技术部基础研究管理中心：《2016 年国家重点实验室年度报告》，中国科学技术部，2017，第 9 页。

④ 科学技术部基础研究司、科学技术部基础研究管理中心：《2016 年省部共建国家重点实验室年度报告》，中国科学技术部，2017，第 9 页。

⑤ 科学技术部基础研究司、科学技术部基础研究管理中心：《2016 年企业国家重点实验室年度报告》，中国科学技术部，2017，第 9 页。

个试点国家实验室获批建设国家研究中心①。然而，我国国家实验室与国内外新技术对接和融通的能力还有待提升，面向行业共性问题的应用基础研究仍有待加强，国家实验室体系整体建设依然存在较大的完善空间。基于对创新成就和存在差距的现实思考，习近平总书记提出，当前，我国科技创新已步入以跟踪为主转向跟踪和并跑、领跑并存的新阶段，亟需以国家目标和战略需求为导向，瞄准国际科技前沿，布局一批体量更大、学科交叉融合、综合集成的国家实验室，优化配置人财物资源，形成协同创新新格局②。

其次，建立国家科技创新基地建设发展体系。按照习近平总书记的指示，科技部、财政部、国家发展改革委员会联合印发了《国家科技创新基地优化整合方案》，以提升国家自主创新能力为目标，以国家实验室为引领，按照科学与工程研究、技术创新与成果转化、基础支撑与条件保障三类进行体系化布局。其中，科学与工程研究类主要包括国家实验室、国家重点实验室，定位于瞄准国际前沿，聚焦国家战略目标，开展战略性、前沿性、前瞻性、基础性、综合性科技创新活动；技术创新与成果转化类主要包括国家工程研究中心、国家技术创新中心和国家临床医学研究中心，定位于面向经济社会发展和创新社会治理、建设平安中国等国家需求，开展共性关键技术和工程化技术研究；基础支撑与条件保障类主要包括国家科技资源共享服务平台、国家野外科学观测研究站，定位于探索自然规律、获取长期野外定位观测研究数据等科学研究工作，提供公益性、共享性、开放性基础支撑和科技资源共享服务。总的来看，国家科技创新基地发展体系的建设围绕国家战略和创新链布局需求，根据国家科技创新基地功能定位，以大力推动基础研究、技术开发、成果

---

① 《科技部关于批准组建北京分子科学等 6 个国家研究中心的通知》，http://www.most. gov.cn/mostinfo/xinxifenlei/fgzc/gfxwj/gfxwj2017/201711/t20171123_136431.htm。

② 习近平：《关于〈中共中央关于制定国民经济和社会发展第十三个五年规划的建议〉的说明》，《人民日报》2015 年 11 月 4 日，第 2 版。

转化协同创新，夯实自主创新的物质技术基础。

三 健全优先使用自主创新成果的机制

习近平总书记指出，"创新技术要发展，必须要使用。如果有了技术突破，谁都不用，束之高阁，那就难以继续前进。"① 因此，他在参加全国政协十二届一次会议科协、科技界委员联组讨论时提出，要建立健全优先使用自主创新成果的机制，实行有针对性的优惠政策，促进自主技术、自主品牌、自主标准的成果优先为我所用。

建立健全优先使用自主创新成果机制，首先，要实行有针对性的优惠政策，为自主创新成果应用培育市场需求。我国能否实现自主创新成果优先为我所用，很大程度上取决于国家的态度和政府有关部门在政策、产业、项目、资金等方面的实际支持力度。因此，在政府采购环节上，要优先采购自主创新成果。这不仅代表着国家对自主创新成果的认可，为自主创新成果带来被识别、被使用的机会，还能够带动其他应用部门积极推进自主创新成果转化，引导市场形成对自主创新成果的需求。此外，要实施科技成果转移转化专项行动，依托科技成果转移转化载体，通过与地方政府、行业协会、企业等合作，为优先使用自主创新成果提供支撑。如《中国科学院"十三五"发展规划纲要》所述，围绕国家重大战略部署及区域经济社会发展科技需求，以科技成果转移转化专项行动为抓手，形成以支撑和引领新兴产业发展壮大为目标的科技成果转化网络，重点推动一批基础好、见效快、带动性强的重大科技成果转化应用。

其次，要以自主技术、自主品牌、自主标准的优先使用为切入点。第一，积极采纳自主创新技术，开展自主创新技术及其产品示范应用，鼓励企业积极开展市场推广，推动市场应用部门为自主创新技术提供进

---

① 中共中央文献研究室编《习近平关于科技创新论述摘编》，中央文献出版社，2016，第37页。

入市场的机会。第二，大力推广自主品牌。习近平总书记高度重视国家品牌建设，提出应当优先打造、采购、使用自主品牌，突破外资品牌的围困。通过自主品牌的使用，引导国内外市场优先选择自主品牌产品或服务，提升自主品牌在国内市场和国际市场的地位。第三，优先采用自主标准。鼓励产业界积极采用自主标准，带动自主创新能力的提升，通过国家标准的推广，引导国内外企业围绕国家标准加大投入，带动自主创新能力的发展，同时提高国家标准的国际话语权，形成具有自主知识产权和国际竞争力的优势产业。

四　用好国际国内两种科技资源

习近平总书记强调："'一花独放不是春，百花齐放春满园。'各国经济，相通则共进，相闭则各退。我们必须顺应时代潮流，反对各种形式的保护主义，统筹利用国际国内两个市场、两种资源。"[1] 党的十九大报告指出，世界正处于大发展、大变革、大调整时期，全球治理体系和国际秩序变革加速推进，各国相互联系和依存日益加深。从我国的发展来看，改革开放四十年来，中国已经同 158 个国家和地区建立了科技合作关系，参加国际组织和多边机制超过 200 个[2]，开展了广泛的科技合作与人才交流，对中国经济社会发展和工程科技进步发挥了重要的促进作用。实践证明，创新发展，既要自主，也要开放。

习近平总书记提出："我们要更加注重内源发展与对外开放、外向拓展相结合，坚持以我为主，充分利用国际国内两个市场、两种资源，不断提高本土经济的竞争力。"[3] 习近平总书记深谙这一辩证之道，结合当

---

① 习近平：《共同维护和发展开放型世界经济》，《人民日报》2013 年 9 月 6 日，第 2 版。
② 詹媛：《四十位代表委员热议改革开放 40 年·科技篇》，《光明日报》2018 年 3 月 3 日，第 7 版。
③ 习近平：《干在实处走在前列——推进浙江新发展的思考与实践》，中共中央党校出版社，2016，第 102 页。

前我国创新发展的现状指出，"我们强调自主创新，绝不是要关起门来搞创新。在经济全球化深入发展的大背景下，创新资源在世界范围内加快流动，各国经济科技联系更加紧密，任何一个国家都不可能孤立依靠自己力量解决所有创新难题"①。因此，习近平总书记在十八届中央政治局第九次集体学习时强调，要深化国际交流合作，充分利用全球创新资源，在更高起点上推进自主创新，并同国际科技界携手努力，为应对全球共同挑战做出应有贡献。他进一步提出，我们要更加积极地开展国际科技交流合作，用好国际国内两种科技资源②。

习近平总书记的系列观点，深刻表达了引进和学习世界先进科技成果，走前人没有走过的路，不仅能够在自主创新上大有作为，而且能够通过开展国际科技交流合作，相互借鉴启发，推动科技创新和进步，实现各国共同发展。

用好国际国内两类科技资源，首先，要深化国际科技交流合作，构建合作共赢的科技交流伙伴关系。习近平总书记强调，要主动布局和积极利用国际创新资源，努力构建合作共赢的伙伴关系，在实现自身发展的同时惠及其他国家和人民，推动全球范围平衡发展③。这就需要坚持引进来和走出去并重，一方面，依托国家科技合作基地、政府间国际科技合作重点专项、国家级国际科学技术合作奖等，积极引进国际创新资源；另一方面，积极主动融入全球科技创新网络，提高国内创新资源的对外开放水平，不仅能极大地增进国际社会对我国自主创新道路的理解和认同，还能有力提升我国的国际影响力与亲和力，增强我国在国际事务中的地位和话语权。

---

① 中共中央文献研究室编《习近平关于科技创新论述摘编》，中央文献出版社，2016，第42~43页。

② 习近平：《在中国科学院第十七次院士大会、中国工程院第十二次院士大会上的讲话》，人民出版社，2014，第10~11页。

③ 习近平：《努力建设世界科技强国》，《人民日报》（海外版）2018年5月29日，第1版。

其次，以国际科技计划和工程为抓手，提升科技资源统筹能力。习近平总书记表示，要积极参与和主导国际大科学计划和工程，鼓励我国科学家发起和组织国际科技合作计划①。2018 年国务院印发的《积极牵头组织国际大科学计划和大科学工程方案》提出，将制定战略规划、遴选与培育项目作为重点任务，建立符合项目特点的管理机制，推动实施由我国牵头的国际大科学计划和大科学工程，还鼓励国内科研院所和企业参与他国发起的大科学计划，积累组织管理经验，力求聚集全球优势科技资源，为解决全球关键科学问题、构建全球创新治理体系做出贡献。

如习近平总书记所强调："我们走的是一条中国特色自主创新道路，这是一条必由之路，必须坚定不移地走下去。现在已经取得很好的成绩，实践证明是可以大有作为的，是现代化建设最可依靠的支撑点。"② 我们应充分认识到，只有坚持自主创新，才能保证经济社会持续发展，促进综合国力不断提升，实现社会主义现代化，实现中华民族的伟大复兴。面向未来，我们要更深刻地理解走中国特色自主创新道路的必要性和基础条件，坚持自主创新、重点跨越、支撑发展、引领未来的方针，以提升自主创新能力为主线，坚定不移地走中国特色自主创新道路，加快创新型国家及世界科技强国建设步伐。

---

① 习近平：《在中国科学院第十九次院士大会、中国工程院第十四次院士大会上的讲话》，《人民日报》2018 年 5 月 29 日，第 2 版。
② 中共中央文献研究室编《习近平关于科技创新论述摘编》，中央文献出版社，2016，第 41 页。

第四章　形成协同创新新格局

习近平总书记强调:"加强统筹协调,大力开展协同创新,集中力量办大事,抓重大、抓尖端、抓基本,形成推进自主创新的强大合力。"①开展协同创新,就是要发挥社会主义集中力量办大事的优势,聚集各类创新资源,形成推进创新的合力。协同创新对国家、区域经济与产业发展影响巨大。进入新时代,全面深化改革已进入深水区、攻坚期。国家只有推进协同创新,才能整体突破制约科技发展的制度障碍,大范围、大跨度整合创新资源,解决科技发展的不平衡、不充分问题,解决科技创新与经济发展"两张皮"的矛盾。同时,区域协同创新有利于实现资源在地区之间各个生产环节的协同整合,促进各地区之间优势互补、合作共赢,是确保区域一体化良性发展、提升区域整体优势的重要支柱,也是区域创新发展的必然结果和高级阶段②。在微观层面,协同创新联结了企业、高校、科研院所等创新主体,使各主体间的创新活动相互促进,形成一个创新系统。新知识、新技术在创新系统中的主体间充分涌动,

---

① 习近平:《在中国科学院第十七次院士大会、中国工程院第十二次院士大会上的讲话》,《人民日报》2014 年 6 月 10 日,第 2 版。
② 王志宝、孙铁山、李国平:《区域协同创新研究进展与展望》,《软科学》2013 年第 1 期,第 1~4 页。

最终促进国家、区域和产业竞争力全面提升。

实现全面深化改革、打造具有国际竞争力的创新型国家，必须要全面贯彻习近平总书记关于协同创新的讲话精神，以市场为导向，以企业为主体，以政府和各个组织机构为创新支撑，加快推进政产学研深度融合；加强要素融合，形成创新合力，推动跨领域跨行业协同创新；围绕产业链部署创新链，围绕创新链完善资金链，加强并完善科技创新管理机制，推动科技成果的转化，最终形成产学研结合、上中下游衔接、大中小企业协同创新的良好格局。

第一节　加快推进产学研深度融合

当前，世界经济正处于深度变革期，尤其是人工智能、大数据等新技术和空天海洋等新产业的兴起，加速了多技术、多学科交叉融合的趋势，促进了创新主体向用户延伸、创新活动向众包等领域拓展，模糊了基础研究、应用研究、开发研究之间的界限，进而使得产学研深度融合的协同创新趋势更明显，依靠要素投入驱动的传统增长模式也逐渐向全要素协同创新转变。加强产学研深度融合，就是形成发展新引擎、促进全要素协同创新的重要路径。因此，习近平总书记在 2014 年 8 月的中央财经领导小组第七次会议上指出，要围绕使企业成为创新主体、加快推进产学研深度融合来谋划和推进[①]。推进产学研深度融合并非企业和高校、科研院所进行简单的科学研究合作，而是要实现科学研究、人才培养以及产业发展三位一体协同，这就需要政府职能向创新服务转变，打破产学研深度融合的行政壁垒；以重大科技项目合作研发为抓手，推动产学研深度融合与技术成果落地；构建以企业为主体、市场为导向、产

---

① 《加快实施创新驱动发展战略　加快推动经济发展方式转变》，《人民日报》2014 年 8 月 19 日，第 1 版。

学研相结合的技术创新体系，促进技术创新与产业发展相协调，实现经济社会全面发展。

一　推动政府职能从研发管理向创新服务转变

实施创新驱动发展战略，推动以科技创新为核心的全面创新，亟须通过改革激发创新主体的创新潜能，健全符合创新规律的政府管理体制机制。而转变政府职能正是激发各类创新主体活力、促进产学研融合发展的关键。

习近平总书记高度重视创新驱动战略下的政府职能转变，他在担任浙江省委书记时就明确提出："要确立'有限政府'的观念，坚持有所为、有所不为，简化办事程序，提高办事效率，切实解决办事层次和环节过多的弊病，真正把机关职能从过去微观管理为主转到宏观管理、依法管理和搞好服务上来。"[①]2013 年 9 月第十八届中共中央政治局以实施创新驱动发展战略为题进行第九次集体学习，习近平总书记在主持学习时指出，实施创新驱动发展战略是一项系统工程，涉及方方面面的工作，需要做的事情很多。最为紧迫的是要进一步解放思想，加快科技体制改革步伐，破除一切束缚创新驱动发展的观念和体制机制障碍[②]。政府职能转变正是科技体制改革的方向。习近平总书记在 2014 年 8 月的中央财经领导小组第七次会议中强调，要以转变职能为目标，推进政府科技管理体制改革[③]。

因此，在"十三五"规划建议中，党中央进一步明确了政府职能转变的方向，强调要推动政府职能从研发管理向创新服务转变，为更好发

---

① 习近平：《干在实处走在前列——推进浙江新发展的思考与实践》，中共中央党校出版社，2016，第 445 页。
② 《敏锐把握世界科技创新发展趋势　切实把创新驱动发展战略实施好》，《人民日报》2013 年 10 月 2 日，第 1 版。
③ 《加快实施创新驱动发展战略　加快推动经济发展方式转变》，《人民日报》2014 年 8 月 19 日，第 1 版。

挥广大科技工作者和企业家才能、释放全社会创新活力提供广阔空间。"研发管理"职能更多面向的是科研单位，运用的是管理手段，更多聚焦的是研发环节，更多着力的是组织科研活动；"创新服务"面向的是产学研用、大中小微等各类创新主体，围绕从研发到产业化应用的创新全链条，采取的主要是服务方式。政府职能从研发管理转向创新服务，核心是围绕国家经济社会发展重大需求，更好地发挥政府作用，为企业、大学、科研院所营造符合创新活动规律的社会环境，鼓励和支持企业成为研发主体、创新主体、产业主体，推动高校和科研院所成为科技创新人才培养的第一阵地、知识创新的策源地。针对具体实践，习近平总书记在 2014 年 12 月举行的中央经济工作会议中指出，政府要加快转变职能，创造更好市场竞争环境，培育市场化的创新机制，在保护产权、维护公平、改善金融支持、强化激励机制、集聚优秀人才等方面积极作为[①]。

　　未来，我国要大力推进政府职能的转变，促进科技、经济、社会等方面政策的统筹协调和有效衔接，优化创新环境，为科技创新活动服务。第一，做好政府和市场分工。进一步加强简政放权，充分发挥市场在资源配置中的决定性作用。政府要加强科技创新战略规划，做好创造环境、引导方向、提供服务等工作，精简科技管理行政审批事项，加快行政审批式的管理向事中事后监管转变，更好地发挥宏观调控作用。第二，做好中央各部门功能性分工，深化和落实行政机构改革。中央各部门对基础性研究、应用性研究和开发研究的管理和服务要协调分工。例如，国家自然科学基金委员会、科技部基础研究司等部门重点服务基础性研究，科技部重大专项司、国家发展改革委高技术产业司等有关司局重点服务应用性研究，科技部成果转化与区域创新司等有关司局重点服务研究成果的产业化推广。第三，做好中央和地方分工。中央政府强化统筹协调、把握科技发展方向、协调国家和地方科技创新资源等职能，

----

① 《中央经济工作会议在北京举行》，《人民日报》2014 年 12 月 12 日，第 1 版。

支持前瞻性基础研究、引领性原创研究；地方政府要贯彻落实中央部署，着重原创性和突破性科技成果的应用推广示范，为成果转化创造良好的政策环境。

二　开展重大科技项目研发合作

实施重大科技项目对企业自主创新能力提高、传统产业转型升级、战略新兴产业集群形成、综合国力增强有着积极的促进作用。美英等发达国家都把重大科技计划视作提高国家竞争力的关键途径。例如，美国国家纳米科技计划（NNI）2017 年实际资助超过 15.5 亿美元，2019 年预计投入近 14 亿美元；英国政府预计投入 10 亿欧元支持人工智能技术发展。

习近平总书记充分认识到重大科技项目的重要性，他指出："落实创新驱动发展战略，必须把重要领域的科技创新摆在更加突出的地位，实施一批关系国家全局和长远的重大科技项目。这既有利于我国在战略必争领域打破重大关键核心技术受制于人的局面，更有利于开辟新的产业发展方向和重点领域、培育新的经济增长点。"[①]

在大科学时代，重大科技项目需要多方协同才能实现技术攻关，因此，习近平总书记就重大科技项目提出"合作研发"要求，强调："要积极开展重大科技项目研发合作，支持企业同高等院校、科研院所跨区域共建一批产学研创新实体，共同打造创新发展战略高地。"[②] 科技创新是创新驱动发展战略的关键和核心部分，需要全要素参与和全方位创新，尤其是重大技术创新，仅靠单打独斗很难有大的作为，亟须多学科专业交叉群集、多领域技术融合，企业、科研院所以及高校等多方主体共同

---

① 习近平：《关于〈中共中央关于制定国民经济和社会发展第十三个五年规划的建议〉的说明》，《人民日报》2015 年 11 月 4 日，第 2 版。

② 中共中央文献研究室编《习近平关于科技创新论述摘编》，中央文献出版社，2016，第60 页。

参与，依靠集体智慧攻克关键核心技术。同时，重大科技项目实施要紧密结合我国经济社会发展的重大需求，通过核心技术和关键技术的突破，以较快的速度完成关键共性技术研发、重大战略产品开发。

习近平总书记强调："党中央已经确定了我国科技面向 2030 年的长远战略，决定实施一批重大科技项目和工程，要加快推进，围绕国家重大战略需求，着力攻破关键核心技术，抢占事关长远和全局的科技战略制高点。"① 要实现这一战略目标，"已经部署的项目和新部署的项目要形成梯次接续的系统布局，发挥市场经济条件下新型举国体制优势，集中力量、协同攻关，为攀登战略制高点、提高我国综合竞争力、保障国家安全提供支撑"②。这就要求企业、大学、科研院所等各类创新主体，国企、民企、外企等各类企业积极参与重大科技项目，聚集创新资源，形成长效联合攻关机制，促进关键核心技术突破。在部署重大科技项目时，注重联合攻关和创新实体建设。

第一，联合承担重大科研工程项目。重大科技项目研发合作不仅能够促进企业、大学和科研机构之间的知识流动和技术成果分享，降低技术研发的风险，并且联合承担重大科研项目能够汇聚企业的资金和高校、科研院所的研发队伍，形成重大科技项目研发的创新合力，有效缩短项目研发周期，提高研发效率，实现创新资源的有效配置。因此，政府应支持企业、大学或科研院所合作申报、研究重大科技计划。

第二，共建产学研创新实体。共建实体是产学研结合最为密切、有效的方式。大学和科研机构具备强大的研发实力和庞大的人才队伍，而企业有研发场地、资金和技术推广应用优势。建立产学研创新实体可以实现优势互补，共同促进产业竞争力提升。因此，应充分依托高校、科

---

① 习近平：《为建设世界科技强国而奋斗》，《人民日报》2016 年 6 月 1 日，第 2 版。
② 习近平：《关于〈中共中央关于制定国民经济和社会发展第十三个五年规划的建议〉的说明》，《人民日报》2015 年 11 月 4 日，第 2 版。

研院所以及企业的优势，建立联合实验室、共建新型研发机构、科研基地、组建产业技术联盟以及区域协同创新平台等多种新型研发组织，解决重大关键共性技术问题，以提升合作研发的成功率和效率。

第三，加强人才联合培养。针对我国创新型科技人才结构性不足矛盾突出，世界级科技大师缺乏，领军人才、尖子人才不足，工程技术人才培养同生产和创新实践脱节等突出问题，要不断改革产学研合作中的人才联合培养机制，努力造就一批世界水平的科学家、科技领军人才、工程师和高水平创新团队，注重培养一线创新人才和青年科技人才。

三　构建以企业为主体、市场为导向、产学研相结合的技术创新体系

企业是国家经济的微观基础，是科技创新与经济社会发展紧密结合的关键。创新体系建设只有视企业为技术创新的主体，并以国家、产业、企业的技术发展需求为创新落脚点，才可以找准创新方向，充分整合企业、大学和科研院所的创新要素，实现创新主体间的优势互补、资源共享，最终实现科技成果有效产业化，为社会经济发展创造价值。

但是，目前我国在技术创新体系构建方面存在一些突出问题。一是企业的技术创新动力不足。技术创新机制不完善、创新环境亟待优化、生产要素价格扭曲、企业创新意识不足等内外部因素阻碍着企业进行自主创新。二是创新成果转化体制机制仍需完善。由于缺乏有效的创新成果供需对接渠道，我国高校和科研院所的科技创新成果迟迟得不到有效转化，因此，进一步改革科技体制机制、加强产学研融合、促进科技成果转化对技术创新体系构建至关重要。

习近平总书记在 2012 年 12 月举行的中央经济工作会议上指出，创新的实质效果是优胜劣汰、破旧立新。我们要着力构建以企业为主体、市场为导向、产学研相结合的技术创新体系，注重发挥企业家才能，加快

科技创新，加强产品创新、品牌创新、产业组织创新、商业模式创新①，提升有效供给，创造有效需求。2016 年 5 月，在全国科技创新大会、两院院士大会、中国科协第九次全国代表大会上，习近平总书记进一步指出："企业是科技和经济紧密结合的重要力量，应该成为技术创新决策、研发投入、科研组织、成果转化的主体。"② 2014 年 5 月在河南考察时，习近平总书记强调，一个地方、一个企业，要突破发展瓶颈、解决深层次矛盾和问题，根本出路在于创新，关键要靠科技力量。要加快构建以企业为主体、市场为导向、产学研相结合的技术创新体系，加强创新人才队伍建设，搭建创新服务平台，推动科技和经济紧密结合，努力实现优势领域、共性技术、关键技术的重大突破，推动中国制造向中国创造转变、中国速度向中国质量转变、中国产品向中国品牌转变③。具体来看，就是从企业自身和市场需求出发，大力提倡企业联合高校及科研院所组建研发机构、加强人才引育、完善科技管理机制，激发创新活力，形成产学研深度融合的协同创新体系。

一是增强企业技术创新能力。首先，支持企业建设高水平研发机构，大力推动科技型企业全面建设研发机构，着力提升企业创新能力和转型升级能力，鼓励并支持大型骨干企业建设省级企业重点实验室，组织有实力的企业创建国家级重点实验室、工程实验室、工程技术类研究中心、企业技术中心。其次，加强人才引进与培养，企业要高度重视科技人才队伍建设，整合各类人才计划和资金，探索市场化运作机制，支持企业建设人才引进平台，集聚海内外高端人才和创新团队，推动企业成为选才、引才、用才的主体。

二是提升高校院所创新和服务经济社会发展的能力。大力支持青年

---

① 《中央经济工作会议在北京举行》，《人民日报》2012 年 12 月 17 日，第 1 版。
② 习近平：《为建设世界科技强国而奋斗》，《人民日报》2016 年 6 月 1 日，第 2 版。
③ 《深化改革发挥优势创新思路统筹兼顾　确保经济持续健康发展社会和谐稳定》，《人民日报》2014 年 5 月 11 日，第 1 版。

科技人员开展基础和原创性研究工作，加大对国家重大科学工程、国家实验室建设的支持力度，研究制定持续支持高水平基础研究工作的举措。支持省部共建高水平大学，增强大学服务经济社会发展和支持企业创新的能力与水平。扩大产学研联合创新的资金规模，推动企业介入高校和科研院所早期研发活动。鼓励高校和科研院所进入科技园区共建新型研发机构，探索市场化运行管理模式，开展技术研发、企业孵化、人才培养等活动。

三是增强市场活力。习近平总书记指出："市场要活，就是要使市场在资源配置中起决定性作用，主要靠市场发现和培育新的增长点。在供求关系日益复杂、产业结构优化升级的背景下，涌现出很多新技术、新产业、新产品，往往不是政府发现和培育出来的，而是'放'出来的，是市场竞争的结果。技术是难点，但更难的是对市场需求的理解，这是一个需要探索和试错的过程。"① 依靠市场探索和挖掘新的增长点要符合三个原则：一是符合科技和产业进步大方向，二是坚持以提高经济发展质量和效益为中心，三是满足人民群众需要，更加注重市场和消费心理分析，更加注重引导社会预期。

四是完善科技管理机制，激发创新主体活力。政府要营造有利于大众创业、市场主体创新的政策环境和制度环境，加快转变职能，创造更好的市场竞争环境，培育市场化的创新机制，在保护产权、维护公平、改善金融支持、强化激励机制、集聚优秀人才等方面积极作为；要统一协调确定各类科技计划、专项资金和产业引导基金的支持方向、范围和重点，避免重复部署；要完善支持企业创新的科技计划体系，建立健全竞争性经费和稳定支持经费相协调的投入机制，对基础性、前沿性、公益性研究予以持续稳定支持。

---

① 中共中央文献研究室编《习近平关于科技创新论述摘编》，中央文献出版社，2016，第6页。

四　推动产学研结合和技术成果转化

2013 年 9 月，习近平总书记在第十八届中共中央政治局第九次集体学习时指出，科技创新绝不仅仅是实验室里的研究，而是必须将科技创新成果转化为推动经济社会发展的现实动力①。目前中国的科技成果、专利、论文已经取得长足进步，但是在产学研结合和成果转化方面存在诸多不足。一是科技成果转化意识淡薄，转化率不高。来自教育部的调查结果表明，我国高校目前虽然每年取得的科技成果在 6000 ~ 8000 项，但真正实现成果转化与产业化的还不到 10%②。二是激励机制有待健全。长期以来，高校将承担课题、发表论文、获得奖项的级别和数量作为评价教师科技创新能力和水平的重要指标，没有把实施科研成果转化列入考核的内容；科研人员的评优奖励、岗位聘用、年度考核、职称评审等都没有与其科技成果转化带来的经济社会价值挂钩。习近平强调："科技成果只有同国家需要、人民要求、市场需求相结合，完成从科学研究、实验开发、推广应用的三级跳，才能真正实现创新价值、实现创新驱动发展。"③

因此，习近平总书记强调："要坚持创新驱动，推动产学研结合和技术成果转化，强化对创新的激励和创新成果应用，加大对新动力的扶持，培育良好创新环境。"④ 一方面，要完善科技政策。"要着力从科技体制改革和经济社会领域改革两个方面同步发力，改革国家科技创新战略规划和资源配置体制机制，完善政绩考核体系和激励政策，深化产学研合作，

---

① 《敏锐把握世界科技创新发展趋势　切实把创新驱动发展战略实施好》，《人民日报》2013年 10 月 2 日，第 1 版。
② 申明：《让科技成果转化有标可依》，《科技日报》2016 年 8 月 5 日，第 3 版。
③ 习近平：《在中国科学院第十七次院士大会、中国工程院第十二次院士大会上的讲话》，《人民日报》2014 年 6 月 10 日，第 2 版。
④ 中共中央文献研究室编《习近平关于科技创新论述摘编》，中央文献出版社，2016，第10 页。

加快解决制约科技成果转移转化的关键问题。"① 另一方面，要以企业为创新主体，以市场为创新导向。"要推动企业成为技术创新决策、研发投入、科研组织和成果转化的主体，培育一批核心技术能力突出、集成创新能力强的创新型领军企业。要发挥市场对技术研发方向、路线选择、要素价格、各类创新要素配置的导向作用，让市场真正在创新资源配置中起决定性作用……要加快创新成果转化应用，彻底打通关卡，破解实现技术突破、产品制造、市场模式、产业发展'一条龙'转化的瓶颈。"②

贯彻落实习近平总书记的讲话精神，要聚焦重大战略领域，以政策和服务体系建设进一步推动产学研深度融合，加快科技成果转化。一是破除制约产学研结合和科技成果转化的体制机制障碍，持续推进各方面政策的完善与落实。持续推进落实《实施〈中华人民共和国促进科技成果转化法〉若干规定》《促进科技成果转移转化行动方案》《国家技术转移体系建设方案》及有关配套措施，补足产学研结合和成果转化的政策空白点，加速形成完善的政策扶持体系。二是要建立科技成果转化的区域化工作体系、专业化市场服务体系和产学研协同体系。例如，在河北、浙江等8省启动国家科技成果转移转化示范区建设的基础上，总结其探索市场化运营机制的发展经验和模式，向全国其他地区推广；支持建设技术交易市场、技术交易平台等专业化技术转移机构；政府加强引导，发挥产业技术创新战略联盟在跨区域、跨领域整合创新资源、促进产学研协同创新、加快重大科技成果转移转化中的协调作用。

① 习近平：《在中国科学院第十七次院士大会、中国工程院第十二次院士大会上的讲话》，《人民日报》2014年6月10日，第2版。
② 习近平：《在中国科学院第十九次院士大会、中国工程院第十四次院士大会上的讲话》，《人民日报》2018年5月29日，第2版。

第二节　推动跨领域跨行业协同创新

随着知识经济与数字经济飞速发展，以及技术向复杂化、交叉融合方向发展，当前社会的创新范式已由强调企业内部自主研发的封闭式创新向注重产学研协同、合作研发的开放式创新转变。传统的创新模式已经无法适应创新经济的发展需求，创新联盟、跨界创新、开放式创新等代表跨领域跨行业协同创新的创新范式应运而生。因此，《中共中央关于制定国民经济和社会发展第十三个五年规划的建议》明确指出，要深化科技体制改革，引导构建产业技术创新联盟，推动跨领域跨行业协同创新，促进科技与经济深度融合①。

一　鼓励企业主导构建产业技术创新联盟

在经济全球化进程明显加快的大形势下，各国间的产业竞争日益激烈，而资本、土地资源、劳动力等传统生产要素由于存在边际递减效应，对企业竞争力的促进作用越来越小，技术创新逐渐成为企业和产业竞争力提升的关键。然而受制于资金、人才、政策等各方面因素，单个企业不仅难以通过独立研发取得重大技术突破，更难以围绕产业发展中的关键共性技术、前沿技术等重大难题开展研究。因此，要明确推动产业技术创新战略联盟的发展。这是一种能够充分发挥企业、高校或科研院所等多方积极性、充分利用人才、科研基础设施等创新资源的组织形式，应尽快建立起来。

习近平总书记深刻认识到产业技术创新联盟在核心技术突破和协同创新中的重要性，他在 2016 年 4 月的网络安全和信息化工作座谈会上指

---

① 《中共中央关于制定国民经济和社会发展第十三个五年规划的建议》，《人民日报》2015 年 11 月 4 日，第 1 版。

出，"可以组建'互联网＋'联盟、高端芯片联盟等，加强战略、技术、标准、市场等沟通协作，协同创新攻关。"① 从"产学研联盟"到"产学研用联盟"体现了习近平总书记对当前科技创新发展趋势和我国科技创新现状的深刻认识。习近平总书记的讲话强调了市场需求和用户特征在科技创新中的关键作用，联盟在运行过程中要更加注重切实解决产业最突出的技术难题，要以企业为主体、市场为导向开展产业发展战略制定、标准制修订、技术攻关等工作。

企业作为国家和区域创新体系的主体，不仅是创新资源的主要提供者，还是联盟创新的主要获利者。一方面，企业向联盟提供资金、技术人员等关键创新资源，与高校、科研机构合作开展关键技术攻关、共性技术研究、行业标准制修订。另一方面，通过参与创新联盟，企业可获得大学、科研院所所拥有的稀缺性资源，降低研发的不确定性和风险，缩短技术研发周期，实现快速抢占市场的目标。因此，在组建产业技术联盟的过程中，必须把企业作为技术创新的主体，聚焦企业和产业创新发展的难题，使全社会的创新要素和创新资源向产业的创新链汇聚。

产业技术创新联盟作为产学研结合的主要组织形式，是产学研用联盟的具体形式，不仅要以市场经济体制为基础，以企业为主体，还要以龙头企业的优势带动中小企业发展，有效地组织产业技术力量，共同研究制定技术战略和技术路线。联盟作为实施组织，要有针对性地研究产业前沿技术和核心技术，从而使产业技术创新联盟成为引导产业技术发展的重要组织形式。

自 2013 年以来，国务院办公厅、科技部等部门印发的《关于强化企业技术创新主体地位全面提升企业创新能力的意见》《深化科技体制改革实施方案》《"十三五"国家技术创新工程规划》等政策文件，鼓励构建

---

① 习近平：《在网络安全和信息化工作座谈会上的讲话》，《人民日报》2016 年 4 月 26 日，第 2 版。

以企业为主导、产学研合作的产业技术创新战略联盟，发挥联盟在制定技术标准、编制产业技术路线图等方面的重要作用。截至 2016 年 7 月，科技部已遴选出 3 批共 146 家产业技术创新战略联盟开展试点工作，联盟围绕产业面临的关键、共性技术组织企业、大学或科研院所联合攻关，促进了我国产业技术创新能力的提升。

当前，要建设技术创新联盟，应进一步完善运行机制，促进产业整体技术水平跨越式发展。一是围绕国家战略需求、科技与产业进步、市场需求变化等，不断探索多种、长效、稳定的产学研结合机制、治理机制、资源共享和利益分享机制。二是促进联盟的优胜劣汰。在联盟发展的过程中，对联盟的治理创新、技术创新、标准制修订、知识产权共享等方面进行绩效考核，对运行绩效优秀的联盟给予更多资源支持并将成功经验进行总结推广，促进联盟间的共享、创新。三是围绕战略性新兴产业发展布局联盟，鼓励产业技术创新联盟承担国家重大科技专项等科研计划和参与组建国家重点实验室等创新载体，促进产业关键技术和共性技术研发，强化科技创新成果转化，服务新产业培育。

二 推动要素集合，推动协同创新，形成创新力量

进入 21 世纪，随着基础设施领域的不断完善和互联网的跨越式发展，创新资源的跨领域流动速度显著加快，协同创新成为国家竞争力提升、产业创新发展的重要推动力。改革开放以来，在国家政策支持下，企业与高校的联系日益紧密，高校的创新溢出效应持续彰显。然而，我国在协同创新方面仍存在以下三个方面的问题。

一是创新主体创新活力不足。截至 2016 年底，我国规模以上工业企业有研发活动的只有 23%，研发投入占主营业务收入的比例只有 0.94%，远低于发达国家企业研发投入 2.5% ~ 4% 的水平；现代科研院所的管理制度尚未真正建立。截至 2016 年底，中央和地方属研究机构有 3611 家，

而科技经费中政府资金占80%以上，企业资金仅占4%，企业创新投入活力不足；部分大学还在片面追求大而全的发展模式，并未充分发挥各自学校特色和专业优势，学科建设创新积极性不强，无法发挥更大的协同效应。

二是创新主体间存在壁垒。一方面，由于体制机制的制约以及激励效应不强，高校和科研机构的人才、信息等创新要素难以充分流向企业，许多科技成果难以流向市场进行商业化；另一方面，由于知识产权保护执行力度不足，加之创新主体出于保护核心技术的考虑，创新主体的合作意愿较弱，上述两方面原因导致部分领域从基础研究、应用研究到开发研究尚未形成一个创新链条，产业、区域的创新能力提升较慢。

三是仪器设备共享水平不高。《国家科技基础条件资源发展报告2016》数据显示，截至2014年底，我国大型科研仪器对外开放共享数量为3.4万台（套），对外开放率为55%；年均工作机时为1762小时，其中对外服务机时472小时，对外服务率为29.5%，其中2011～2013年新增仪器对外服务率为9.2%，大型仪器设备对外开放共享程度仍有待提高。

破解创新主体创新活力不足、创新要素未能得到有效配置和创新资源利用率普遍较低等问题，必须推动要素集合，推动协同创新。习近平总书记在2014年8月中央财经领导小组第七次会议上强调，要加快完善科技成果使用、处置、收益管理制度，发挥市场在资源配置中的决定性作用，让机构、人才、装置、资金、项目都充分活跃起来，形成推进科技创新发展的强大合力[1]。强大的创新合力需要企业、高校、科研院所、中介与服务机构等创新主体聚焦创新目标，打破各主体间的组织界限，互相取长补短，充分发挥各主体的资源和要素优势，弥补创新主体间的劣势，实现人才、资金、科研设备等资源互补，充分激活协同创新这把

---

[1]　《加快实施创新驱动发展战略　加快推动经济发展方式转变》，《人民日报》2014年8月19日，第1版。

利器。

深入推进协同创新，除了推动产学研深度融合，还需要在区域产业及中介服务、科研项目等方面形成创新合力。一是强化跨区域协同创新。例如，促进上海张江国家自主创新示范区与甘肃兰白科技创新改革试验区开展成果转移、人才交流、科技文化融合等活动；支持深圳与新疆共建丝绸之路经济带创新驱动发展试验区；积极探索粤港澳大湾区跨区域协同创新的新模式、新机制。二是优化科技创新服务供给，加快推进科技金融供给侧结构性改革，更好发挥金融赋能实体经济发展、新动能培育、产业结构转型、中小企业融资服务等方面的作用；大力建设孵化器、众创空间、新型研发机构、成果转移转化基地等载体，在中小微企业培育、大中小企业融合、研发—制造—服务协同创新等方面，满足企业对创新服务的需求。三是完善科研项目管理制度。例如，鼓励科研单位、高校及企业等联合申报国家重大科技专项和国家重点研发计划，促进科技与产业协同创新。

三 建立从实验研究、中试到规模化生产的全过程科技创新融资模式

突破性创新成果从实验室研究到产业化的周期较长，往往需要大量的资金支持，但由于科技创新存在较高的风险，企业创新很难得到充足的外部资金支持。如何破解企业融资难的问题已成为我国创新驱动发展过程中的关键问题。发达国家的经验表明，建立从实验研究、中试到规模化生产的全过程科技创新融资模式，能有效缓解企业科技创新资金匮乏的难题。这要求我们在加大科技创新力度的同时强化金融创新，以金融服务支持科技创新的实验研究、中试和规模化生产三大阶段，为科技创新提供完善的融资服务体系。但是目前我国科技创新融资服务仍存在金融体制固化、创新资金投入不足、金融中介服务不健全等缺陷。

习近平总书记深刻认识到金融对科技创新的支持作用以及中小微企业面临融资渠道狭窄等问题，在参加全国政协十二届四次会议的民建、工商联委员联组会时指出，金融要把为实体经济服务作为出发点和落脚点，全面提升服务效率和水平，把更多金融资源配置到经济社会发展的重点领域和薄弱环节，更好满足人民群众和实体经济多样化的金融需求。服务实体经济永远是金融业最根本的任务，要着力解决中小企业融资难问题，健全完善金融体系，为中小企业融资提供可靠、高效、便捷的服务[①]。习近平总书记"金融服务实体经济"的理念同样体现在"十三五"规划"建立从实验研究、中试到生产的全过程科技创新融资模式，促进科技成果资本化、产业化"[②]的建议中。此外，习近平总书记在 2017 年 7 月的全国金融工作会议上还强调，要把发展直接融资放在重要位置，形成融资功能完备、基础制度扎实、市场监管有效、投资者合法权益得到有效保护的多层次资本市场体系。要改善间接融资结构，推动国有大银行战略转型，发展中小银行和民营金融机构。要促进保险业发挥长期稳健风险管理和保障的功能[③]。

因此，建立从实验研究、中试到规模化生产的全过程科技创新融资模式，必须建立健全全方位、多层次的科技金融体系，强化金融对科技创新的支撑作用，使金融真正服务科技创新。

一是建设普惠性科技金融体系。针对不同发展阶段的科技型企业建立相对应的科技金融机构体系，如发展天使投资和风险投资，支持中小型初创科技企业，鼓励银行、券商等金融机构支持大中型企业融资上市。促进科技型小额贷款公司、商业银行科技支行、科技企业担保机构、风

---

① 《毫不动摇坚持我国基本经济制度　推动各种所有制经济健康发展》，《人民日报》2016
年 3 月 9 日，第 2 版。
② 《中共中央关于制定国民经济和社会发展第十三个五年规划的建议》，《人民日报》2015
年 11 月 4 日，第 1 版。
③ 《服务实体经济防控金融风险深化金融改革　促进经济和金融良性循环健康发展》，《人民
日报》2017 年 7 月 16 日，第 1 版。

险投资等专营性金融机构发展；积极发挥股票市场、债券市场的作用，使场内交易市场与场外交易市场有效衔接，引导天使投资、风险投资、私募股权投资基金增加有效供给，不断丰富科技创新企业的融资方式。

二是推动科技创新融资渠道多元化。除了 A 股主板市场，面向不同发展阶段的科技型企业分别设立相应的市场，如设立场外交易市场支持处于初创期的企业融资，发展场内交易市场支持处于成长期的企业融资。鼓励科技企业发行债券融资，通过政府补贴的方式降低科技企业债券融资成本。根据科技创新企业在不同发展阶段的特点量身定制融资产品，推行资产支持证券、可转债等股债结合的融资模式，吸引追求稳定收益的低风险资金，创新投行业务的投融资品种。

三是完善金融科技服务体系。建设具有知识产权评估、交易等复合功能的知识产权融资综合服务平台；建立健全科技担保和再担保服务体系，进一步降低企业的科技创新风险。完善科技型融资担保机构自身的风险补偿机制，允许担保机构根据业务比例提取一定比例的风险损失准备金，计入经营成本，在被担保人无法履行还款业务时进行代偿，或对担保损失进行弥补。

四 实施军民融合发展战略，形成军民融合深度发展格局

进入 21 世纪，世界正经历着前所未有的大变革，美国、俄罗斯等军事强国均开始调整国防战略、持续推进军事改革，大国间的军事竞争处于曲折上升时期。与此同时，现代战争节奏显著加快，战争资源耗费加剧，军队后勤保障需求的复杂性、多样性使现代战争对国家经济社会的依赖程度与日俱增。在军事战略深刻变化的当下，美国、英国等国家均整合全社会资源和力量，促进军队战斗力提升，形成军民融合发展的趋势。尽管我国 GDP 总量和综合国力呈现稳步提升的发展态势，但在国防和军事建设领域也面临许多难以预见的挑战和不可预估的风险，这要求

我国在实现中华民族伟大复兴的进程中要尽最大努力推动军民融合、保障国家安全。

习近平总书记站在国家战略发展全局的高度，着眼世界军事斗争新特点做出了"军民融合"的重要部署。他在出席十二届全国人大一次会议解放军代表团全体会议时强调，要统筹经济建设和国防建设，努力实现富国和强军的统一。进一步做好军民融合式发展这篇大文章，坚持需求牵引、国家主导，努力形成基础设施和重要领域军民深度融合的发展格局①。军民融合上升为国家战略是新时代背景下国家创新发展的必然举措。习近平总书记在2017年6月的十八届中央军民融合发展委员会第一次全体会议上指出，把军民融合发展上升为国家战略，是我们长期探索经济建设和国防建设协调发展规律的重大成果，是从国家发展和安全全局出发做出的重大决策，是应对复杂安全威胁、赢得国家战略优势的重大举措②。2016年10月，习近平总书记在参观第二届军民融合发展高技术成果展时强调，军民融合是国家战略，关乎国家安全和发展全局，既是兴国之举，又是强军之策③。

推动军民融合要加强顶层设计。习近平总书记在庆祝中国人民解放军建军90周年大会上指出，要强化顶层设计，加强需求整合，统筹增量存量，同步推进体制和机制改革、体系和要素融合、制度和标准建设，加快形成全要素、多领域、高效益的军民融合深度发展格局，努力开创经济建设和国防建设协调发展、平衡发展、兼容发展新局面④。"全要素"

---

① 曹智：《牢牢把握党在新形势下的强军目标　努力建设一支听党指挥能打胜仗作风优良的人民军队》，《人民日报》2013年3月12日，第1版。

② 《加强集中统一领导加快形成全要素　多领域高效益的军民融合深度发展格局》，《人民日报》2017年6月21日，第1版。

③ 刘志强：《加快形成军民深度融合发展格局　为实现中国梦强军梦作出新的更大的贡献》，《人民日报》2016年10月20日，第1版。

④ 习近平：《在庆祝中国人民解放军建军90周年大会上的讲话》，《人民日报》2017年8月2日，第2版。

就是使军队与地方、民用资源有效整合，尽最大可能实现资源互通互用、兼容共享，实现人才、技术、资金等所有要素在经济社会建设和国防军队建设中充分自由流动；"多领域"就是与经济社会和军队相关的所有行业、全部领域最大程度实现深度融合互补；"高效益"就是要把效率最大化和效益最大化作为军民融合的目标之一，使所有要素和资源发挥最大价值，最终实现经济社会建设过程中国防效益最大化和国防建设过程中经济社会效益最大化。"全要素"强调军民融合的深度，"多领域"强调军民融合的广度，"高效益"则指军民融合的高度，三者共同构成军民融合深度发展的目标。

贯彻军民融合战略要综合运用多种思维。一是要树立系统思维，处理好整体与部分的关系。习近平总书记在 2017 年 9 月的十八届中央军民融合发展委员会第二次全体会议上强调，推动军民融合发展是一个系统工程，要善于运用系统科学、系统思维、系统方法研究解决问题，既要加强顶层设计又要坚持重点突破，既要抓好当前又要谋好长远[①]。二是要坚持实事求是的基本工作方法，从我国国情、军情出发。2017 年 6 月，习近平总书记在中央军民融合发展委员会第一次全体会议上强调，推进军民融合深度发展，必须立足国情军情，走出一条中国特色军民融合之路，把军民融合发展理念和决策部署贯彻落实到经济建设和国防建设全领域全过程。要发挥我国社会主义制度能够集中力量办大事的政治优势，坚持国家主导和市场运作相统一，综合运用规划引导、体制创新、政策扶持、法治保障以及市场化等手段，最大程度凝聚军民融合发展合力，发挥好军民融合对国防建设和经济社会发展的双向支撑拉动作用，实现经济建设和国防建设综合效益最大化。三是要创新思维，破除思想僵化、墨守成规。2017 年 6 月，习近平总书记在十八届中央军民融合发展委员

---

① 《向军民融合发展重点领域聚焦用力　以点带面推动整体水平提升》，《人民日报》2017 年 9 月 23 日，第 1 版。

会第一次全体会议上指出，推进军民融合深度发展，根本出路在于改革创新。要以扩大开放、打破封闭为突破口，不断优化体制机制和政策制度体系，推动融合体系重塑和重点领域统筹。要把军民融合发展战略和创新驱动发展战略有机结合起来，加快建立军民融合创新体系，培育先行先试的创新示范载体，拓展军民融合发展新空间，探索军民融合发展新路子①。

为贯彻军民融合发展战略，推动国防建设同经济建设协调发展，需要加强顶层设计，抓住关键领域突破，发挥示范区的引领作用。一是形成军地一体化的组织体系，构建军民融合政策法规体系。中央和地方各级政府建立军民融合领导和管理机构，逐步建立起覆盖全国的军民融合组织管理体系，初步形成分工明确、纵向贯通、横向协调的职能系统。军队和地方要加快制定军民融合综合性法律，逐渐填补军民融合法律法规的空白领域，确保军民融合发展有法可依。军队和地方还要进一步加大军民融合的政策支持力度，制定和完善促进军民融合的优惠政策，激活军队、企业等各方参与军民融合的动力。二是加快关键领域的融合步伐。将海洋、太空、网络空间、生物、新能源等军民共用性强的领域作为重点领域支持，鼓励具有良好融合基础、国防和经济效益较高的项目加速落地。三是打造一批军民融合创新示范区。在全国遴选出军民融合基础条件好、特色鲜明的地区，升级为国家级军民融合创新示范区，对示范区的经验进行推广应用，发挥示范区的先行先试作用。

第三节　探索建立高效协同的创新体系

历经改革开放 40 年的发展，中国虽然已成为全球第二大经济体，成为全球第一大工业国，但产业发展仍面临自主创新能力不强、关键核心

---

① 《加强集中统一领导加快形成全要素　多领域高效益的军民融合深度发展格局》，《人民日报》2017 年 6 月 21 日，第 1 版。

技术缺乏、处于全球价值链分工体系中低端、科技成果转化率不高等突出问题。此外，在人才培养方面，我国的工程教育规模虽位居世界第一，但毕业生在创新能力、分析解决工程问题能力、前沿知识创造转化能力等方面仍存在不足，高层次创新人才也严重匮乏。这些发展不平衡、不充分的问题在很大程度上是创新合力较弱导致的。因此，习近平总书记强调："要探索建立高效协同的创新体系，加快科技体制改革步伐，解决好'由谁来创新'、'动力哪里来'、'成果如何用'的三个基本问题，培育产学研结合、上中下游衔接、大中小企业协同的良好创新格局。"①

一 打造系统创新链

创新不是某一类人或某一部门、某一行业的事，而是国家的事、全社会的事。现在的创新不仅是个别领域的单军深入和单点突破，还牵涉政策、产业、资金和人才等各个方面。大科学发展和重大创新需求必须依赖全链条的创新体系，科技要服务于国家发展也需要制度、社会和组织等多要素的协调配合。只有打造融通各种资源、衔接各个产业、激发各方力量的系统创新链，才能实现创新强国之梦。习近平总书记在全国科技创新大会、中国科学院第十八次院士大会、中国工程院第十三次院士大会暨中国科学技术协会第九次全国代表大会上指出："创新是一个系统工程，创新链、产业链、资金链、政策链相互交织、相互支撑，改革只在一个环节或几个环节搞是不够的，必须全面部署，并坚定不移推进。"②

当前，科技和经济"两张皮"的问题成为我国建设创新型国家和实现创新驱动发展的关键制约因素。科技体制改革的步伐与加快建立技术创新市场导向机制的要求还不相适应；科技有效供给能力与经济社会发

---

① 中共中央文献研究室编《习近平关于科技创新论述摘编》，中央文献出版社，2016，第61页。
② 习近平：《为建设世界科技强国而奋斗》，《人民日报》2016年6月1日，第2版。

展提质增效的要求还不相适应；科技管理方式与快速增长的科研资金需求、日益复杂的科技创新活动还不相适应；政策环境与有效激发科研人员创新活力的要求还不相适应①。而由于创新活动的高投入、高风险，资金和政策成为技术创新能够从萌芽到产业化的重要保障因素，产业链、创新链、资金链、政策链的紧密结合成为趋势，四者的深度融合是解决科技创新和经济社会发展"两张皮"问题的关键途径，是建设科技强国、实现创新驱动发展的重要手段。

习近平总书记的深刻论述将系统论融入创新领域，为我国的系统创新发展提供了强大的思想武器，充分彰显了对我国创新发展的高度重视。打造系统创新链，重点是要让创新链与产业链、信息链、资金链、政策链等各链条融合衔接、互相交织、相互支撑，形成立体创新体系。

一是创新链与产业链的对接融合。创新链与产业链的对接融合可以让创新推动产业发展，让产业升级促进科技创新。习近平总书记在参加十二届全国人大三次会议上海代表团审议时的讲话中指出，要面向经济社会发展主战场，围绕产业链部署创新链，消除科技创新中的"孤岛现象"，使创新成果更快转化为现实生产力②。对于产业来说，企业的持续发展之基、市场制胜之道在于创新，产业的高质量发展必须牢牢依靠创新。

二是创新链与政策链的相互联合。科技创新与制度创新是驱动发展的两个轮子，二者相互依存。只有坚持制度创新，才能集聚科技创新所需资源，才能改变与生产力发展要求不相适应的生产关系，建立适应生产力发展的体制机制，激发科技创新释放生产力的活力。由于我国长期实行条块相对分离的管理方式，造成条块之间各扫门前雪的现象较为严重，各部门在制定政策时缺乏沟通，所以出现了一些创新政策之间协调

---

① 詹媛：《我国创新型国家建设取得新进展》，《光明日报》2014 年 1 月 11 日，第 5 版。
② 《当好改革开放排头兵创新发展先行者　为构建开放型经济新体制探索新路》，《人民日报》2015 年 3 月 6 日，第 1 版。

性、协同性不足，甚至有互相矛盾、互相掣肘的现象，大大提高了社会的创新成本，降低了创新积极性。因此，我国应全面深化科技体制机制的改革创新，清理有违创新、阻碍创新的体制机制障碍，提高制度体系的协同效率和促进作用，最大限度解放和激发科技作为第一生产力所蕴藏的巨大潜能。

三是创新链与资金链的持续贯穿。投资、技术创新、劳动力共同构成了经济增长的三个关键要素，要实现高质量的创新驱动发展，就需要推进创新链和资金链形成巨大合力。当资金要素覆盖科技创新全方面、全流程时，技术研发周期将显著缩短，科技创新及其产业化速度将提升，这将极大加快科技创新走向经济主战场的步伐。因此，资金链与创新链的贯穿融合对创新能力的提高、企业与产业发展具有十分重要的意义。未来需要持续完善创新资源整合机制、科技金融扶持政策体系与风险防控机制，让资金在科技和经济发展过程中安全畅通无阻。

综合而言，促进创新链、产业链、资金链、政策链四链融合，有效配置科技创新资源是加快经济转型升级的根本出路。围绕产业链部署创新链的关键是坚持三个牢牢把握。2014 年 5 月，习近平总书记在上海考察时强调，要牢牢把握科技进步大方向，瞄准世界科技前沿领域和顶尖水平，力争在基础科技领域有大的创新，在关键核心技术领域取得大的突破；要牢牢把握产业革命大趋势，围绕产业链部署创新链，把科技创新真正落到产业发展上；要牢牢把握集聚人才大举措，加强科研院所和高等院校创新条件建设，完善知识产权运用和保护机制，让各类人才的创新智慧竞相迸发①。围绕创新链完善资金链的关键是促进科技金融深度融合，把资金链和创新链紧密结合在一起，围绕党中央的决策部署，逐步建立以创新创业投资机制为主导，依托商业银行、证券公司、保险公

---

① 《当好全国改革开放排头兵　不断提高城市核心竞争力》，《人民日报》2014 年 5 月 25 日，第 1 版。

司、信托公司、担保公司等金融机构和社会中介服务机构，为自主创新型企业提供创业资本、贷款、融资担保、科技保险和上市服务等多元化的金融服务。同时，围绕上述三链融合部署政策链，适度进行制度创新，进而提供体制机制保障并激发科技创新与经济发展活力。

二　集成各类创新资源，着力突破共性关键技术

共性关键技术对优化产业技术、推动产业创新升级、增强企业自主创新能力和竞争能力具有至关重要的作用。共性关键技术研究应成为技术创新研究的一个重点，它的突破不仅能推动产业迈向中高端水平，还有利于保持我国经济中高速增长。与发达国家相比，我国共性关键技术研究起步较晚，供给体系仍存在严重的"制度缺陷"，共性关键技术供给原动力不足，战略性新兴产业发展所需的高端共性关键技术和科技通用装置进口率极高，约70%以上凭借引进技术和设备来推动科技优化升级①，并且存在共性关键技术供给体系顶层设计不健全、共性技术攻关创新合力较弱等问题。

在参加全国政协十二届一次会议科协、科技界委员联组讨论时，习近平总书记指出，"聚集产业发展需求，集成各类创新资源，着力突破共性关键技术。"② 习近平总书记进一步强调了共性关键技术的带动作用和目标，指出"要超前谋划、超前部署，紧紧围绕经济竞争力的核心关键、社会发展的瓶颈制约、国家安全的重大挑战，强化事关发展全局的基础研究和共性关键技术研究，全面提高自主创新能力，在科技创新上取得重大突破，力争实现我国科技水平由跟跑并跑向并跑领跑转变。"③ "当

---

① 朱建民、金祖晨：《国外关键共性技术供给体系发展的做法及启示》，《经济纵横》2016年第7期，第113～117页。
② 中共中央文献研究室编《习近平关于科技创新论述摘编》，中央文献出版社，2016，第55页。
③ 习近平：《在省部级主要领导干部学习贯彻党的十八届五中全会精神专题研讨班上的讲话》，《人民日报》2016年5月10日，第2版。

前，科技创新的重大突破和加快应用极有可能重塑全球经济结构，使产业和经济竞争的赛场发生转换。在传统国际发展赛场上，规则别人都制定好了，我们可以加入，但必须按照已经设定的规则来赛，没有更多主动权。抓住新一轮科技革命和产业变革的重大机遇，就是要在新赛场建设之初就加入其中，甚至主导一些赛场建设，从而使我们成为新的竞赛规则的重要制定者、新的竞赛场地的重要主导者。"① 突破共性关键技术恰恰是赛场建设的重要抓手。"要准确把握重点领域科技发展的战略机遇，选准关系全局和长远发展的战略必争领域和优先方向，通过高效合理配置，深入推进协同创新和开放创新，构建高效强大的共性关键技术供给体系，努力实现关键技术重大突破，把关键技术掌握在自己手里"②。

为推动相关产业发展，促进行业共性关键技术研发和科技成果转化及产业化，要进一步加强区域创新资源聚集。一是建设创新型产业集群。加强政府引导职能，强化市场配置资源作用和企业创新主体作用，推进创新链、产业链和资金链协同创新，促进传统产业转型升级和新兴产业培育发展，提升区域和产业的整体创新能力及国际竞争力。二是建设共性技术研发平台，汇聚高等院校、科研院所、重点企业的科研设施、仪器设备、研发经费，致力于攻克一批制约行业发展的共性关键技术瓶颈，提升产业整体竞争力。三是加快推进国家技术创新中心建设。贯彻落实习近平总书记提出的"支持依托企业建设国家技术创新中心"③ 的指示，打造创新资源集聚、组织运行开放、治理结构多元的综合性产业技术创新平台。四是优化区域创新资源整合。鼓励有基础的区域围绕产业共性技术发展规划，引进高校、大企业、产业园，推动国内外高校、科研院

① 习近平：《在中国科学院第十七次院士大会、中国工程院第十二次院士大会上的讲话》，《人民日报》2014 年 6 月 10 日，第 2 版。
② 习近平：《在中国科学院第十七次院士大会、中国工程院第十二次院士大会上的讲话》，《人民日报》2014 年 6 月 10 日，第 2 版。
③ 习近平：《为建设世界科技强国而奋斗》，《人民日报》2016 年 6 月 1 日，第 2 版。

所进驻，进行成果产业化转化、落户发展，集聚产业发展所需的产业组织、金融与服务要素、人才资源等。

三　打破地区封锁和利益藩篱，全面提高资源配置效率

当前，我国仍然广泛存在地方保护、区域封锁、利益固化、分配不均等不符合公平竞争和共同发展的现象，发达地区和欠发达地区串联度不足，打破地区间的封锁和利益藩篱仍然面临着很多阻碍，迫切要求更进一步促进区域经济协同、协调、共同发展，建设全国统一大市场，提高资源配置效率和经济发展效益。

打破地区封锁和利益藩篱是实现这一切的必然要求。只有打破地区封锁和利益固化的藩篱，才能突破种种制约经济发展看得见及看不见的壁垒。要通过改革创新打破地区封锁和利益藩篱，全面提高资源配置效率。此外，党的十九大报告也提出，要实施区域协调发展战略，建立更加有效的区域协调发展新机制。

习近平总书记的重要论述是对我国区域发展的新要求，为突破以前点状、块状的区域发展模式，推动区域间协调发展、协同发展、共同发展，为全面提高资源配置效率提供了正确方向。长江中游城市群作为我国第一个跨省份区域城市群，带头突破了地区封锁和利益藩篱，要素和资源得到自由流动，为国家推进区域一体化发展和统一大市场建设、优化经济发展空间格局提供了可资借鉴的经验。打破地区间的封锁和利益藩篱障碍，促进各类要素和资源的自由流通以及市场主体的公平竞争，从而调动各类要素的活力，已是大势所趋。重点要建立公平竞争的审查制度、加快城市群建设、实现基础设施互联互通并推进基本公共服务均等化，促进各要素合理流通。

其一，建立鼓励资源跨区域自由流动的体制机制。目前，由于存在部分行业垄断和地区封锁行为，在资源配置中市场的决定性作用依然受

到阻碍和干扰，不利于市场统一体系的建立。为此，有必要规范政府行为，对于排除、限制竞争等不在公平竞争范围内的行为必须制止，建立起相互融合衔接、公平竞争的制度体系。例如，2016 年国务院印发的《关于在市场体系建设中建立公平竞争审查制度的意见》，从五方面部署了公平竞争审查规范工作，推进建设合理竞争的市场体系，清除市场壁垒，促进各类要素资源在全国范围内自由流动。

其二，加快城市群建设，构建大中小城市和小城镇协调发展的城镇格局。习近平总书记在党的十九大报告中指出："以城市群为主体构建大中小城市和小城镇协调发展的城镇格局。"① 通过城市群建设，可以发挥发达城市对周边地区的辐射效应和带动作用，打破发达城市和中小城镇之间的封锁和隔阂，促进城市群内部大、中、小城市共同协调发展，实现大范围内的资源优化配置。

其三，实现基础设施互联互通。设施联通是合作发展的基础② 。实现基础设施互联互通，有利于资源要素流通更加顺畅、利用更加集约、配置更加高效，能够强化各区域之间相互支撑和有机联系，推进城镇、产业等优化布局。因此，必须加大基础设施规划和建设统筹力度，建设跨区域的重大基础设施，增加各区域之间骨干连接通道，为实现国家区域发展战略筑牢根基。

其四，推进基本公共服务均等化，促进各要素合理流通。在市场经济条件下，区域之间的"隔阂"和发展差异逐渐加大，很重要的一个原因是不同地区之间公共服务不均等，以人才为核心的创新要素会自动流向公共服务更加优越的地区，导致地区发展不均衡的现象愈发严重。为此，必须切实加强公共服务交流合作，提升基本公共服务均等化水平。

---

① 本书编写组：《党的十九大报告学习辅导百问》，党建读物出版社、学习出版社，2017，第 26 页。
② 习近平：《携手推进"一带一路"建设》，《人民日报》2017 年 5 月 15 日，第 3 版。

例如，国务院出台的《"十三五"推进基本公共服务均等化规划》就是保障全民享受均等公共服务的制度性安排。

回顾发达国家创新发展的历程，其成功的关键是突破地理区域、专业领域、组织间的界限，实现地区、创新主体的协同创新，推动创新要素充分流动，充分调动企业、大学、科研机构等创新主体的积极性和创造性。协同创新起源和发展于发达国家，自 21 世纪起逐步在中国生根发芽。进入新时代，习近平总书记针对我国各领域、各部门、各方面科技创新活动中存在的分散封闭、交叉重复等碎片化现象，高屋建瓴地提出，"要让市场在资源配置中起决定性作用，同时要更好发挥政府作用，加强统筹协调，大力开展协同创新，集中力量办大事，抓重大、抓尖端、抓基本，形成推进自主创新的强大合力"①，最终形成功能互补、良性互动的协同创新格局。党的十八大以来，中国继续深化改革创新管理体制机制、完善创新政策体系、建设重大创新平台、健全金融服务体系，充分激发了市场导向的创新主体活力，促进产学研用合作，积极构建了符合协同创新规律的政策环境、社会环境，为形成协同创新新格局打下了坚实的基础。

---

① 习近平：《在中国科学院第十七次院士大会、中国工程院第十二次院士大会上的讲话》，《人民日报》2014 年 6 月 10 日，第 2 版。

第五章　坚持在开放中创新

中国在五千年的文明发展历程中为世界贡献了无数科技创新成果，以造纸术、火药、印刷术、指南针为代表的变革性技术深刻改变了人类的生产方式，推动了世界文明的演进。但明清时期封建统治者实施的闭关锁国政策不仅使中国错失了工业革命带来的强国富民发展机遇，还为后来遭受侵略和屈辱的历史埋下了伏笔。改革开放40年来，我们创造了经济高速增长的世界奇迹，用几十年时间走完了发达国家几百年走过的工业化历程。习近平总书记在庆祝改革开放40周年大会上指出："40年的实践充分证明，改革开放是党和人民大踏步赶上时代的重要法宝，是坚持和发展中国特色社会主义的必由之路，是决定当代中国命运的关键一招，也是决定实现'两个一百年'奋斗目标、实现中华民族伟大复兴的关键一招。"[①] 中国的改革开放实践深刻表明：中国的发展离不开世界，世界的繁荣也需要中国。只有主动顺应经济全球化潮流，坚持对外开放，才能繁荣富强。

进入21世纪，科技创新活动不断突破地域、组织、技术的界限，演

---

① 习近平：《在庆祝改革开放40周年大会上的讲话》，《人民日报》2018年12月19日，第2版。

化为创新体系的竞争，创新战略竞争在综合国力竞争中的地位日益重要①。在全球化、信息化和网络化深入发展的背景下，创新要素开放性、流动性显著增强，科技创新与产业化的边界日趋模糊，科学技术在全球加速普及、扩散，世界经济日益成为一个紧密联系的整体。同时，单边主义、保护主义愈演愈烈，多边主义和多边贸易体制受到严重冲击。要合作还是要对立，要开放还是要封闭，要互利共赢还是要以邻为壑，国际社会再次来到何去何从的十字路口②。在这一时代背景下，中共十八届五中全会明确了"创新、协调、绿色、开放、共享"五大发展理念，指出创新驱动发展战略的实施要坚持全球视野，要在开放的潮流中谋求更大的创新。

习近平总书记强调："中国开放的大门不会关闭，只会越开越大。"③在这个时代，开放合作是科技进步和生产力发展的必然逻辑。中国将继续扩大开放、加强合作，坚定不移地奉行互利共赢的开放战略，坚持"引进来"和"走出去"并重，推动形成"陆海内外联动、东西双向互济"的开放格局，实行高水平的贸易和投资自由化、便利化政策，探索建设中国特色自由贸易港。中国人民将继续与世界同行，建设开放经济，坚定不移地走和平发展道路，坚定支持多边主义，坚定支持贸易自由化，坚持包容互惠，坚持合作共赢，积极发展全球伙伴关系，积极参与推动全球治理体系变革，构建新型国际关系，为人类做出更大贡献，推动人类命运共同体发展。

第一节　以全球视野谋划和推动科技创新

党的十九大报告指出，实现中国梦离不开和平的国际环境和稳定的

---

① 习近平：《在中国科学院第十七次院士大会、中国工程院第十二次院士大会上的讲话》，《人民日报》2014 年 6 月 10 日，第 2 版。
② 习近平：《顺应时代潮流　实现共同发展》，《人民日报》2018 年 7 月 26 日，第 2 版。
③ 习近平：《决胜全面建成小康社会　夺取新时代中国特色社会主义伟大胜利》，《人民日报》2017 年 10 月 28 日，第 1 版。

国际秩序，必须统筹国际国内两个大局，始终不渝奉行互利共赢的开放战略，加强创新能力开放合作，谋求开放创新的发展前景，发展更高层次的开放型经济①。习近平总书记在 2016 年 8 月的推进"一带一路"建设工作座谈会上强调："我们要保持经济持续健康发展，就必须树立全球视野，更加自觉地统筹国内国际两个大局，全面谋划全方位对外开放大战略，以更加积极主动的姿态走向世界。"② 因此，坚持创新发展，要实行更加积极主动、互利共赢的开放战略，要以全球视野来谋划和推动创新，从全球科技发展和产业竞争的视野来进行创新布局，要坚持开放创新，全面深化国际创新战略合作，有效利用国际资源，要掌握运用国际规则，保障全球范围内谋划和推进创新。

一　实行更加积极主动的开放战略

"当今世界，开放融通的潮流滚滚向前。人类社会发展的历史告诉我们，开放带来进步，封闭必然落后。世界已经成为你中有我、我中有你的地球村，各国经济社会发展日益相互联系、相互影响，推进互联互通、加快融合发展成为促进共同繁荣发展的必然选择"③。习近平总书记强调："要树立战略思维和全球视野，站在国内国际两个大局相互联系的高度，审视我国和世界的发展，把我国对外开放事业不断推向前进。"④ 经济全球化是时代大潮，交流与合作仍是国与国关系的主流。面对单边主义、保护主义，我们正确的选择是充分利用一切机遇，合作应对一切挑战，始终坚持对外开放的基本国策，奉行互利共赢的开放战略，完善互利共

---

① 习近平：《决胜全面建成小康社会　夺取新时代中国特色社会主义伟大胜利》，《人民日报》2017 年 10 月 28 日，第 1 版。
② 中共中央文献研究室编《习近平关于社会主义经济建设论述摘编》，中央文献出版社，2017，第 302 页。
③ 习近平：《开放共创繁荣　创新引领未来》，《人民日报》2018 年 4 月 11 日，第 3 版。
④ 中共中央文献研究室编《习近平关于社会主义经济建设论述摘编》，中央文献出版社，2017，第 294 页。

赢、多元平衡、安全高效的开放型经济体系。

一是共同维护和发展开放型世界经济。当前，世界经济逐步走出低谷，大形势继续向好。然而，国际金融危机的负面影响依然存在，保护主义正在抬头，一些国家经济尚未摆脱衰退，全球经济复苏依然有很长的路要走。这就要求我们放眼长远，努力塑造各国发展创新、增长联动、利益融合的世界经济，坚定维护和发展开放型世界经济。

第一，采取负责任的宏观经济政策，坚定推动结构改革。近年来，中国继续深化经济发展方式改革，宁可将增长速度放慢一些也要大力推进供给侧结构性改革，以推进经济的可持续发展与高质量发展。中国采取的经济政策既对中国经济负责，也对世界经济负责，从根本上解决了经济的长远发展问题，有助于中国为世界经济带来更多正面外溢效应。因此，我国也呼吁世界各国以世界经济健康发展为着力点，加强经济政策和就业政策的协调，在发展好本国经济基础的同时增进与外部合作共赢，在合作之中更好地发展本国经济。

第二，助力开放型世界经济建设。"一花独放不是春，百花齐放春满园"，各国经济，相通则共进，相闭则共退。我们必须顺应时代潮流，反对各种形式的保护主义，统筹利用国际国内两个市场、两种资源，构建一个互利共赢、多元平衡、安全高效的开放型经济体制。要探讨完善全球投资规则，引导全球发展资本合理流动，更加有效地配置发展资源。维护自由、开放、非歧视的多边贸易体制，不搞排他性贸易标准、规则、体系，避免造成全球市场分割和贸易体系分化。

第三，为完善全球经济治理贡献中国智慧。随着世界不断发展变化，人类面临的重大跨国性和全球性挑战日益增多，有必要紧跟时代步伐，对全球治理体制机制进行相应的调整和改革。随着经济实力的上升，中国逐渐成为全球治理的重要参与者，正积极为完善全球治理、克服治理赤字和应对治理失灵提供中国方案、贡献中国智慧。针对全球经济治理，习近平总书记指出："共同构建公正高效的全球金融治理格局，维护世界经济稳定大局；共同构建开放透明的全球贸易和投资治理格局，巩固多边贸易体制，释放全球经贸投资合作潜力；共同构建绿色低碳的全球能源治理格局，推动全球绿色发展合作；共同构建包容联动的全球发展治理格局，以落实联合国 2030 年可持续发展议程为目标，共同增进全人类福祉！"①

二是深化同发展中国家及周边国家互联互通，打造命运共同体。发展不平衡、不充分问题是广大发展中国家面临的共同挑战，表现在新兴市场国家和发展中国家同发达国家的南北差距仍很明显，又体现在各国内部不同程度的发展差距。作为世界最大的发展中国家，中国需要加快推进创新驱动发展战略，深入参与国际创新和技术合作，积极开展南南合作，扩大同其他发展中大国的合作，构建健康稳定的大国关系框架，努力为新兴市场国家和发展中国家共同发展创造更大机遇。

第一，加强宏观经济政策协调，携手推动亚太地区共同发展。经济全球化背景下各经济体呈现出"一荣俱荣、一损俱损"的发展局面，我国积极通过宏观经济政策协调，放大正面联动效应，防止和减少负面外溢效应。同时，亚太地区发展中国家也应实施负责任的宏观经济政策，加强同其他经济体的沟通和协调，推动形成亚太地区政策协调、增长联动、利益融合的开放发展格局。

第二，强化金砖国家合作，共同建设开放型世界经济。与金砖国家共同维护多边贸易体制，继续推进全球经济治理改革，提高发展中国家的代表性和发言权，共同引导经济全球化朝着更加开放、包容、普惠、平衡、共赢方向发展，让经济全球化的正面效应更多释放出来，帮助新兴市场国家和发展中国家，特别是非洲国家和最不发达国家有效参与国际产业分工，共享经济全球化的红利。

---

① 习近平：《中国发展新起点　全球增长新蓝图》，《人民日报》2016 年 9 月 4 日，第 3 版。

二　加强科技外交和科技国际化布局的顶层设计

科技兴则民族兴，科技强则国家强。实施创新驱动发展战略不仅是新时期的历史使命，还是当前促进我国经济和社会发展的加速器。在全球科技发展的浪潮中，准确把握科技创新方向，做好科技发展领域的顶层设计，是加快推进这一"加速器"建设的指南针。习近平总书记指出："我们要做好顶层设计，要以世界眼光搞顶层设计。要研究和找准世界科技发展的背景、发展的趋势，以及中国的现状、中国应走的路径，把需要与现实能力统筹考虑，有所为有所不为，长远目标与近期工作结合，这样提出切合实际的发展方向、目标、工作重点。"① 这一论述表明，科技创新与开放创新不能有勇无谋，而是要以开放的心态拥抱全球创新，要从实际出发加强科技外交和国际化布局。同时，科技外交不是一味地追求开放，而是一种基于国内外比较优势的扬长避短。中国的优势是拥有强大的制度优势、丰富的劳动力和广阔的市场，但也存在着产能过剩、能源紧缺等紧迫性问题。因此，需要"完善布局，定好政策，搭建有利于发挥优势的经贸合作平台，以我之优势对他人之劣势，以他人之优势补我之劣势"②。

一是推动"一带一路"科技创新合作。世界经济和创新格局的深度调整，以及国内经济发展难题的解决、产业技术水平的提升迫切需要我们加强国际创新合作，需要我国在"一带一路"建设中大力推进科技创新合作。推动"一带一路"科技创新合作是我国应对世情国情变化、扩大开放、实施创新驱动发展战略的重大需求。"十二五"以来，中国－非洲、中国－东盟、中国－南亚、中国－拉美、中国－阿拉伯、上合组织

---

① 中共中央文献研究室编《习近平关于科技创新论述摘编》，中央文献出版社，2016，第40~41页。

② 中共中央文献研究室编《习近平关于社会主义经济建设论述摘编》，中央文献出版社，2017，第288页。

国家六大科技伙伴计划已经建立，在科技创新领域有效推进了"一带一路"建设。譬如，各国通过共建国家级联合实验室、组织杰出青年科学家来华工作、建设技术示范与推广基地、共建科技创新政策研究中心、共建技术转移中心等多种形式，进一步推动"一带一路"各国创新资源汇聚以及高水平科技创新合作的开展。

二是不断深化政府间科技合作协同机制建设。按照"一国一策、精准施策"思路，加强国别战略总体设计，针对发达国家、新兴经济体和发展中国家建立不同的研发合作机制，深化政府间科技创新合作，同时深度参与国际科技创新合作治理，发挥国际科技创新合作巩固双边、多边合作关系的引领作用。当前，中国与主要创新大国科技合作不断深化，与 160 个国家建立科技合作关系，签署政府间合作协议 114 项，人才交流协议 346 项，参加国际组织和多边机制超过 200 个①。此外，我国与以色列、英国等建立副总理级别的科技创新合作机制，与美国、欧盟、俄罗斯等建立十大创新对话机制等，国家间科技合作的深度和广度不断拓展。

三是加快形成全面开放的创新格局。我们要优化科技、产业与区域创新布局，培育创新增长点、增长带、增长极，要创新对外投资合作方式，改善外商投资环境，稳步推进"一带一路"科技合作，以全球视野来谋划和推动国际科技合作，积极融入和主动布局全球创新网络，构建互利共赢的科技创新合作体系。同时，要坚持"引进来"与"走出去"相结合，更好地引进外资和支持企业积极稳妥走出去，带动科技、产品、服务的输入与输出，提高我国的全球创新资源配置能力。要坚持引资和引技、引智并举，利用外资引进先进技术、管理经验、高水平人才和全球市场机会等，加强在创新领域的各种形式合作，带动我国企业嵌入全球产业链、价值链、创新链，助力国民经济提质增效升级。

---

① 唐婷：《中国已与 160 个国家建立合作关系》，《科技日报》2019 年 1 月 29 日，第 1 版。

三 全面深化国际创新战略伙伴关系

习近平总书记指出："科学技术是世界性的、时代性的，发展科学技术必须具有全球视野。"① 从自力更生到自主创新，我们一直倡导通过自身努力把握发展命运，但强调自主创新，绝不是要关起门来搞创新。在全球化时代，知识和人才跨国流动加速，科学技术的发现与创新已经跨越国界，各国之间的科技活动紧密相连，特别是某些重大科学难题需要联合世界之力共同攻克。因此，习近平总书记强调："要深化国际交流合作，充分利用全球创新资源，在更高起点上推进自主创新，并同国际科技界携手努力，为应对全球共同挑战作出应有贡献。"②

一是要保持密切沟通交往，深化创新伙伴关系。继承和发扬友好传统，牢牢把握双边关系发展的正确方向，深化政治互信，借鉴彼此推进改革、探索创新发展建设的理论和实践经验，强化各层级对话和磋商机制作用，充分发挥不同国家间的优势，不断挖掘合作潜力、创新合作模式，在涉及彼此核心利益和重大关切问题上相互理解支持，拓展全面创新合作伙伴关系的广度和深度。

二是要加强科技合作，深化人文交流。深化科技人文交流、增进科技界的互信和理解，是推动"一带一路"科技创新合作的基础，也是与共建国家持续开展人文交流活动的核心。基于此，我国积极与共建国家合作，共同培养科技人才，扩大杰出青年科学家来华工作计划规模，建设一批不同类型的培训中心和培训基地，广泛开展先进适用技术、科技管理与政策、科技评估、科技创业等培训。实施国际科技特派员计划，开展科技志愿服务，解决技术问题，满足技术需求。加强科技创新政策

---

① 习近平：《在中国科学院第十九次院士大会、中国工程院第十四次院士大会上的讲话》，《人民日报》2018 年 5 月 29 日，第 2 版。
② 中共中央文献研究室编《习近平关于科技创新论述摘编》，中央文献出版社，2016，第 43 页。

沟通，积极与共建国家共同开展科技创新规划编制、科技创新政策制定、国际创新体系建设等，推动开展重大科技活动联合评估，形成科技创新政策协作网络。构建多层次的科技人文交流平台，充分利用好博鳌亚洲论坛、中国－东盟博览会、中国－亚欧博览会、中国－阿拉伯国家博览会、中国－俄罗斯博览会等平台，继续建设好与东盟、南亚和阿拉伯国家的国际技术转移与创新合作大会、中国－中东欧国家创新技术合作及国际技术转移研讨会等科技创新合作平台。

三是要激励外来投资，鼓励企业跨国创新创业。近年来，党中央推出诸多对外开放重大举措，不断优化创新投资环境，对此习近平总书记向外界承诺："中国金融业竞争力将明显提升，资本市场将持续健康发展，现代产业体系建设将加快推进，中国市场环境将大大改善，知识产权将得到有力保护，中国对外开放一定会打开一个全新的局面。"①"十三五"期间，中国将加大放宽外商投资准入，提高便利化程度，促进公平开放竞争，全力营造法制化、便利化、国际化的优良营商环境，为外资企业分享中国发展机遇创造更为有利的条件。同时，引导鼓励我国高新区、自主创新示范区、农业科技园区、海洋科技产业园区、环保产业园和绿色建材产业园等与国外对接，鼓励有实力的企业参与国外科技园区建设；鼓励科技型企业在国外创新创业，促进新业态和新商业模式互利合作；鼓励有条件的企业到科技实力较强的国家设立研发中心，加强知识产权保护和利用，促进产业向价值链中高端攀升。

中瑞（瑞士）创新战略合作伙伴关系是我国深化国际合作的典范。近年来，在两国领导人的积极引领下，中瑞关系保持快速发展势头。在贸易方面，中瑞自贸协定自 2014 年正式生效以来执行情况良好，双边贸易投资环境日益改善。据统计，2015 年中瑞贸易总额达 442.7 亿美元，同比增长 1.7%，在世界经济低迷、全球贸易下滑的不利条件下，中瑞贸

---

① 习近平：《开放共创繁荣　创新引领未来》，《人民日报》2018 年 4 月 11 日，第 3 版。

易实现了逆势增长。根据瑞士海关数据，2016 年 1～9 月中瑞贸易增长了 9.4%。在政治方面，2015 年 4 月，瑞士联邦主席施奈德·阿曼访华，之后又迎来了习近平主席对瑞士的国事访问。2016 年，中瑞建立创新战略伙伴关系，合作的范围不断深化拓展，已涵盖政治、贸易、文化、海关、能源等诸多领域。

四　主动跟进、精心选择、有所为有所不为

习近平总书记指出："我们要全面研判世界科技创新和产业变革大势，既要重视不掉队问题，也要从国情出发确定跟进和突破策略，按照主动跟进、精心选择、有所为有所不为的方针，明确我国科技创新主攻方向和突破口。"①

放眼世界，全球知识创造和技术创新速度明显加快，新科技革命的巨大能量正在不断蓄积，能源、信息、生物、新材料等领域正孕育着重大技术突破，新兴科技成果加快向现实生产力转化，围绕产业升级和新兴产业的全球分工格局正在形成。美国、欧盟等发达国家和地区纷纷制定创新战略，实施创新行动，力图取得创新突破。虽然我国研究开发强度居发展中国家首位，甚至超过部分高收入国家，但我国还不是科技强国。与发达国家相比，我国的科学技术总体水平与世界先进水平相比还存在较大差距。这就要求我们在发展机遇面前，在资源束缚下，在赶超追赶的紧迫感中，要密切关注和紧跟世界科技发展的大趋势，密切关注全球产业竞争格局变化的最新动向，结合我国的实际需求，合理有效地进行科技创新布局。

其一，密切跟踪、科学研判全球科技发展方向。判断准了就能抓住先机，"虽有智慧，不如乘势"。历史经验表明，那些抓住科技革命机遇

---

① 中共中央文献研究室编《习近平关于科技创新论述摘编》，中央文献出版社，2016，第 48～49 页。

走向现代化的国家，都是科学基础雄厚的国家；那些抓住科技革命机遇成为世界强国的国家，都是在重要科技领域处于领先行列的国家。习近平总书记强调："综合起来看，现在世界科技发展有这样几个趋势：一是移动互联网、智能终端、大数据、云计算、高端芯片等新一代信息技术发展将带动众多产业变革和创新，二是围绕新能源、气候变化、空间、海洋开发的技术创新更加密集，三是绿色经济、低碳技术等新兴产业蓬勃兴起，四是生命科学、生物技术带动形成庞大的健康、现代农业、生物能源、生物制造、环保等产业。"①

其二，坚持问题导向，从国情出发确定跟进和突破策略。习近平总书记指出："要积极主动整合和利用好全球创新资源，从我国现实需求、发展需求出发，有选择、有重点地参加国际大科学装置和科研基地及其中心建设和利用。"② 近年来，我国积极参与了很多国际大科学工程和计划，包括全球变化研究计划、国际大洋钻探计划、国际人类基因组计划、人类脑计划、国际热核聚变实验反应堆计划、大型强子对撞机、全球对地观测系统、地球空间双星探测计划等，参与这些计划有助于中国在相关领域走在世界前列。除此之外，我们还要谋划和领导一批面向国民经济的重大项目。2016 年，国务院印发的《国家创新驱动发展战略纲要》指出，面向 2020 年的重大专项与 2030 年的重大科技项目和工程，要形成梯次接续的系统布局，并应根据国际科技发展的新进展和我国经济社会发展的新需求，及时进行滚动调整和优化。

其三，牢牢把握科技进步大方向，服务经济社会发展。面对科技创新发展新趋势，世界主要国家都在寻找科技创新的突破口，抢占未来经济科技发展的先机。我们不能在这场科技创新的大赛场上落伍，必须迎

---

① 中共中央文献研究室编《习近平关于科技创新论述摘编》，中央文献出版社，2016，第75 页。

② 习近平：《在中国科学院第十七次院士大会、中国工程院第十二次院士大会上的讲话》，《人民日报》2014 年 6 月 10 日，第 2 版。

头赶上、奋起直追、力争超越①。习近平总书记强调："要瞄准世界科技前沿领域和顶尖水平，树立雄心，奋起直追，潮头搏浪，树立敢于同世界强手比拼的志气，着力增强自主创新能力，在科技资源上快速布局，力争在基础科技领域作出大的创新，在关键核心技术领域取得大的突破。"② 同时，科技创新要实，还在于其服务经济社会发展的功能。我们要全面研判世界科技创新和产业变革大势，从实际出发，确定创新的突破口，努力形成新的增长动力，依靠更多可以产业化的创新来培育和形成新的增长点。

第二节　全方位加强国际合作

在科技创新活动不断突破地域界限、创新要素全球自由流动的新时代，开放科学与开放创新已经成为国际科技创新发展的重要模式，开展持久、广泛、深入的国际科技创新合作已成为落实创新驱动发展战略、集聚全球资源、提升我国产业在全球价值链位置的有效抓手。国际科技创新合作不仅是我国积极应对全球性挑战、实现经济增长和可持续发展的必要途径，也是我国积极参与全球治理、融入全球创新网络、保障国家外交战略实施的有效途径，还是新形势下推动建立以合作共赢为核心的新型国际关系的重要路径。为此，我们必须坚持互利共赢的开放创新战略，积极融入全球创新网络，全方位加强国际创新合作，深度参与国际科技、经济合作与竞争，不断提升统筹和综合运用国际、国内两种创新资源的能力，坚持"引进来"和"走出去"相结合，共同打造新技术、新产业、新业态、新模式，始终坚持"三个不会变"不动摇，促进

---

① 习近平：《在中国科学院第十七次院士大会、中国工程院第十二次院士大会上的讲话》，《人民日报》2014 年 6 月 10 日，第 2 版。
② 中共中央文献研究室编《习近平关于社会主义经济建设论述摘编》，中央文献出版社，2017，第 132 页。

合作共赢发展。

一 积极融入全球创新网络

习近平总书记强调："要坚持以全球视野谋划和推动科技创新，全方位加强国际科技创新合作，积极主动融入全球科技创新网络，提高国家科技计划对外开放水平，积极参与和主导国际大科学计划和工程，鼓励我国科学家发起和组织国际科技合作计划。要把'一带一路'建成创新之路，合作建设面向沿线国家的科技创新联盟和科技创新基地，为各国共同发展创造机遇和平台。要最大限度用好全球创新资源，全面提升我国在全球创新格局中的位势，提高我国在全球科技治理中的影响力和规则制定能力。"①

一是支持企业面向全球布局创新网络②。顺应全球化背景下科技创新、组织创新和商业模式创新的新趋势，鼓励企业在新兴领域布局全球产业生态体系，以更加开放的姿态，积极融入全球产业分工合作，更好地利用全球资源和市场，加强产业全球布局和国际交流合作；支持企业参与全球创新资源配置，开展跨国投融资、科技创新、产业布局、贸易往来与人才建设，提高国际创新与资源整合能力，为提高全球价值链地位奠定基础。近年来，在相关政策的引领下，我国企业创新发展的势头越发强劲。例如，在数字通信领域，华为公司、中兴通讯等设备供应商和阿里巴巴、腾讯等互联网企业在技术、规模、服务等方面已领先全球。2017 年，中兴、华为高居全球 PCT 专利申请量最大的公司排行前两位。华为公司积极推动标准专利的全球布局，以更超前的技术研究成果形成国际标准必要专利，使企业在国际竞争中处于主动地位。在人工智能领

---

① 习近平：《在中国科学院第十九次院士大会、中国工程院第十四次院士大会上的讲话》，《人民日报》2018 年 5 月 29 日，第 2 版。
② 商务部政策研究室：《关于加强国际合作提高我国产业全球价值链地位的指导意见》，http://www.mofcom.gov.cn/article/b/fwzl/201612/20161202061465.shtml，2016 年 12 月 5 日。

域，我国的国际科技论文发表量和发明专利授权量已居世界第二。以高铁、网购、共享单车、移动支付等为代表的中国产品和服务走出国门，在全球布局创新链方面迈出新步伐。

二是深化前沿领域合作，引领国际化创新。当前，我国深入参与国际热核聚变实验堆、平方公里阵列射电望远镜、地球观测组织、国际大洋钻探计划等国际大科学计划和大科学工程，明显提升了中国的科技创新影响力。未来，我国还应在有优势的重点领域，围绕全球性重大科学问题，研究并提出我国可能组织发起的国际大科学计划和大科学工程的方向，力争发起和组织新的国际大科学计划和大科学工程。同时，加强现代农业、新一代信息技术、智能制造、航空航天、数字经济、大数据、云计算、能源等领域的国际创新合作部署，力争在更多基础前沿领域引领世界科学方向，在更多战略性领域率先突破。探索建立符合我国国情和科技创新规律的国际共建共享机制，积极推动和完善相关领域大型研究基础设施和装置、科学数据等科技资源的国际合作共享。

三是健全科技创新开放合作保障机制，加强国际科技创新合作能力建设。第一，完善科技创新开放合作机制。深化政府间科技合作，完善双边及多边重点领域的合作研发平台建设。进一步丰富创新对话机制内涵，加强创新战略对接，加强机制性科技人才交流，深化联合研究中心和科技创新中心建设，加强建设科技示范园和联合实验室。推动海外一流科研机构和企业在我国建立合作研发机构，完善驻外科技机构和科技外交官的全球布局。第二，推动"一带一路"科技创新合作。结合"一带一路"共建国家发展基础和需求，依托科技伙伴计划和政府间科技创新合作机制，推进共建国家科技创新平台建设，加强科技人文交流，支持优势产业"走出去"，深化国际产能对接，积极打造"一带一路"协同创新共同体。

二 坚持"引进来"和"走出去"相结合

习近平指出："在全球化、信息化、网络化深入发展的条件下，创新要素更具有开放性、流动性，不能关起门来搞创新。要坚持'引进来'和'走出去'相结合，积极融入全球创新网络，全面提高我国科技创新的国际合作水平。"①"我们不拒绝任何新技术，新技术是人类文明发展的成果，只要有利于提高我国社会生产力水平、有利于改善人民生活，我们都不拒绝。"②

一方面，引领新一轮经济全球化需要"引进来"。在近30年的时间里，以贸易和投资自由化、便利化为代表的经济全球化促进了世界和平、稳定和繁荣。当前，我国已成为世界最大的货物贸易国和跨境投资国之一，对全球经济增长的贡献率越来越高，成为带动世界经济发展的重要动力。在后国际金融危机时代，世界经济仍在艰难复苏，贸易保护主义的兴起又进一步阻碍着全球化经济发展。在此背景下，世界各国对我国进一步开放抱有较高期望。中国要在国际经济体系中发挥更大影响力，扩大制度性话语权，需要进一步与国际惯例接轨，打开国门搞建设，把我国自身发展置于广阔的国际空间来谋划③。从国内来看，在发展动力不足、产业结构亟须优化和关键创新资源缺乏的新常态下，我们需要"引进来"，为加快建设现代化经济体系和全面提升开放层次和水平提供强大的支撑。因此，要坚定开放发展的理念，鼓励外商投资战略性新兴产业、高新技术产业、现代服务业，完善法治化、国际化、便利化的营商环境，获取推动发展所必需的资金、技术、资源、市场、人才乃至机遇和理念，

---

① 中共中央文献研究室编《习近平关于科技创新论述摘编》，中央文献出版社，2016，第49页。

② 习近平：《在网络安全和信息化工作座谈会上的讲话》，《人民日报》2016年4月26日，第2版。

③ 刘哲：《略论坚持引进来和走出去并重的历史方位》，《中国经贸导刊》2018年第10期，第69~72页。

实现引资、引技、引智相结合①。从 2018 年起举办的中国国际进口博览会就是中国坚持以"引进来"支持推动建设开放型世界经济、支持经济全球化的重要举措。中国国际进口博览会，是迄今为止世界上第一个以进口为主题的国家级展会，是国际贸易发展史上的一大创举。举办中国国际进口博览会，是中国着眼于推动新一轮高水平对外开放做出的重大决策，是中国主动向世界开放市场的重大举措。

另一方面，进一步扩大国际影响力需要高水平"走出去"。以大力实施"一带一路"重大合作倡议、推进国际产能合作为契机，鼓励开展重大项目国际合作、工程承包和建设一体化工程，推动中国装备、技术、标准和服务"走出去"。以境外经贸合作区、双边经济走廊和海关特殊监管区域合作为平台，发展集群式对外投资，推动国内产业链向海外延伸。支持我国具有竞争优势的电子信息、轨道交通、通信设备、电力装备、船舶、工程机械等产业，通过对外投资实现跨境产业布局优化。长期以来，推动"中国制造""走出去"，开展国际产能合作，是中国顺应国际发展趋势、促进产业结构调整升级和经济稳增长的重要举措。自 2015 年以来，商务部加强了对企业开展对外投资合作的国别环境指导，连续 3 年发布涉及 171 个国家（地区）的《对外投资合作国别（地区）指南》《中国对外投资合作发展报告》《国别投资经营便利化状况报告》；发布《中国对外直接投资统计公报》，完善对外投资合作信息服务系统，搭建"走出去"公共服务平台；推动商（协）会与合作区建立合作关系，利用商（协）会资源帮助合作区对外招商推介；做好对外投资合作政策培训，搭建投资促进平台，加强宣传和舆论引导。

三 坚持"三个不会变"

改革开放以来，我国利用外资取得长足进展，外资企业成为我国经

---

① 刘延东：《深入实施创新驱动发展战略》，《人民日报》2015 年 11 月 11 日，第 6 版。

济建设的一支重要力量，极大促进了我国经济的高速发展。习近平总书记反复强调："中国利用外资的政策不会变，对外商投资企业合法权益的保障不会变，为各国企业在华投资兴业提供更好服务的方向不会变。"①中国始终以开放的心态欢迎外资"走进来"，努力营造公开透明、平等竞争的法律政策环境，尊重和维护非歧视性的国际营商惯例，欢迎外资企业与国内企业合作共赢。

一是中国利用外资的政策不会变，坚持利用外资不动摇。当前，中国经济正在加速转型，中国有信心、有能力保持经济中高速增长，继续为各国发展创造机遇。"十三五"规划提出，将继续加大利用外资力度。第一，扩大开放领域，放宽准入限制，积极有效引进境外资金和先进技术。中国逐步将服务贸易纳入双边、多边谈判范围，推动货物贸易自由化及服务贸易自由化，同时以自主开放方式，在 12 个自由贸易试验区扩大了航运、文化、商贸、专业服务、融资租赁等多个领域的开放。第二，有序扩大服务业对外开放，扩大银行、保险、证券、养老等市场准入。第三，推动同更多国家签署高标准双边投资协定。

二是对外商投资企业合法权益的保障不会变，全方位保障外资企业合法权益。第一，对外开放的新举措必然要求改革现有的投资和经济管理体制。中央全面深化改革领导小组第十六次会议审议通过的《关于实行市场准入负面清单制度的意见》指出，2018 年起正式实行全国统一的市场准入负面清单制度，这一制度适用于境内外所有投资者。同时，近几年中国不断加大力度推进投资便利化、大幅度取消限制性措施等，完善外资准入的制度安排，营造公平公正的营商环境，为外资企业进入中国发展提供更好的服务和合法权益保障。第二，加强知识产权保护是重点。随着大量拥有技术优势的外资企业在我国开展经营活动，知识产权

---

① 中共中央文献研究室编《习近平关于社会主义经济建设论述摘编》，中央文献出版社，2017，第 296 页。

保护在维护外资企业合法权益中的重要性日益凸显。在新形势下，我国将加强执法部门与企业的合作，建立保护知识产权协调机构，构建符合国际惯例和中国发展实际的知识产权保护长效机制，完善保护知识产权的政策法规体系，提高全社会的知识产权保护意识①。

三是为各国企业在华投资兴业提供更好服务的方向不会变。近年来，我国积极对外资政策进行调整，致力营造法治化、国际化、便利化的优质营商环境。第一，规范外资企业待遇，接轨国际、促进便利发展的方向不会变。长期以来，我国对外资企业实行的是"正面清单加准入后国民待遇"的管理方式。上海自由贸易试验区设立后，开始尝试实行"准入前国民待遇加负面清单"的管理模式，也就是将国民待遇延伸至投资准入阶段，在企业设立及发展的不同阶段给予外国投资者及其投资不低于本国投资者及其投资的待遇，大大缩短了准入审批时间。这是我国顺应国际投资规则变化趋势、主动接轨国际、改善外商投资环境的积极举措。同时这也表明，未来我国外资管理体制将向更有利于外资企业在华公平发展、便利发展的方向前进。第二，加强法治建设，创造稳定、公平、透明、可预期发展环境的路径不会变。在加强制度建设的同时，我国先后对商事登记制度等多个领域的管理体制进行了改革，政府简政放权速度加快，审批事项和范围大幅缩减，政府管理经济的职能和边界更加清晰，明确权力清单和责任清单成为完善营商环境的重要内容，这为便利企业投资创造了更好的条件。未来，我国为外资企业提供服务的理念将更加成熟，对外资企业的服务将从提供优惠政策为主转变为通过采取"法治＋简政"的手段，保护外资企业的合法权益，为其提供稳定、公平、透明、可预期的发展环境。

---

① 杨丽娜、谢磊：《"三个不会变"——中国开放的大门永远不会关上》，人民网，http://theory. people. com. cn/n/2015/1209/c40531－27904078. html，2015 年 12 月 9 日。

第三节　将"一带一路"建成创新之路

汉代，张骞出使西域，打开了中西之间的交通，沿着古丝绸之路，东西方文明开始对话与相融，骆驼和宝船为中国及各国带来了观念创新、商品互补与和平共处，从此中国与西方及中亚、西亚、南亚地区的友好往来迅速发展，"使者相望于道，商旅不绝于途"便是印证。如今，"一带一路"承接了两千年前的流风余韵并将之发扬光大，走出了一条比先贤们更坚定、更宽广的道路。2013 年 9 月和 10 月，习近平总书记向世界各国分别提出建设"新丝绸之路经济带"和"21 世纪海上丝绸之路"的合作倡议。在"一带一路"建设国际合作框架内，各方秉持共商、共建、共享原则，携手应对世界经济面临的挑战，开创发展新机遇，谋求发展新动力，拓展发展新空间，实现优势互补、互利共赢，不断朝着人类命运共同体方向迈进。

"一带一路"倡议无疑是全球经济复苏、人类共享和平建设发展成果的一剂良药。当前，世界经济复苏艰难曲折，全球贸易和投资增长依然低迷，各国特别是发展中国家仍然面临消除贫困、实现可持续发展等共同挑战和问题。解决这些问题，关键是要用好创新这把钥匙，从根本上打开增长之锁。因此，"一带一路"倡议赢得了各国的广泛关注与强烈共鸣。习近平强调："我们携手推进'一带一路'建设国际合作，让古老的丝绸之路重新焕发勃勃生机。新的起点上，我们要勇于担当，开拓进取，用实实在在的行动，推动'一带一路'建设国际合作不断取得新进展，为构建人类命运共同体注入强劲动力。"①

2017 年 5 月 14 日，习近平在"一带一路"国际合作高峰论坛开幕式

---

① 习近平：《在"一带一路"国际合作高峰论坛圆桌峰会上的闭幕辞》，《人民日报》2017 年 5 月 16 日，第 3 版。

上强调："我们要将'一带一路'建成创新之路。创新是推动发展的重要力量。'一带一路'建设本身就是一个创举，搞好'一带一路'建设也要向创新要动力。"① 中国始终把"一带一路"建设作为扩大对外开放的重大战略举措和经济外交顶层设计，把共商、共建、共享作为推进"一带一路"建设的基本原则，推进政策沟通、道路联通、贸易畅通、货币流通、民心相通，与"一带一路"共建国家共同挖掘新的经济增长点，增强各国内生发展动力、促进全球经济增长，推动经济全球化向包容普惠方向发展。

一 启动"一带一路"科技创新行动计划

当前，科技创新活动不断突破地域、组织、技术的界限，创新要素在全球范围内的流动空前活跃，科技创新成为国家和区域持续发展的关键性支撑要素。对"一带一路"建设而言，科技创新无疑是提高共建国家社会生产力和综合国力的技术支撑，是"一带一路"建设创新发展、文明繁荣之路的重要驱动力量。通过科技合作，"一带一路"各国共同承担风险，共同分享利益，促进经济、科技、社会、文化的全面融合，共同将"一带一路"建设成文明之路、繁荣之路。

在国际创新合作的大趋势下，习近平总书记在"一带一路"国际合作高峰论坛开幕式上宣布启动"一带一路"科技创新合作行动计划，开展科技人文交流、共建联合实验室、科技园区合作、技术转移四项行动，并承诺将在未来5年内安排2500人次青年科学家来华从事短期科研工作，培训5000人次科学技术和管理人员，投入运行50家联合实验室②，希望通过科技合作发挥各国发展潜力，实现经济大融合、发展大联动、成果大共享。

---

① 习近平：《携手推进"一带一路"建设》，《人民日报》2017年5月15日，第3版。
② 习近平：《携手推进"一带一路"建设》，《人民日报》2017年5月15日，第3版。

当前，科技部等多部委已于 2016 年 9 月联合发布了《推进"一带一路"建设科技创新合作专项规划》，科技部还专门组织研究出台了《"一带一路"科技创新合作行动计划》。近年来，我国为共建国家培养了上万名科学技术和管理人才，并在共建国家广泛举办各类技术培训班；与共建国家共建了一批联合实验室或联合研究中心，科技园区合作已成为我国高技术产业发展的一张国际名片；建设了面向东盟、南亚、中亚、中东欧等地区和国家的一系列区域和双边技术转移中心及创新合作中心，区域技术转移协作网络已初步形成。

二　推进国际产能和装备制造合作

2016 年 8 月，习近平总书记在推进"一带一路"建设工作座谈会上指出，以"一带一路"建设为契机，开展跨国互联互通，提高贸易和投资合作水平，推动国际产能和装备制造合作，其本质正是通过提高有效供给来催生新的需求，实现世界经济再平衡。特别是在当前世界经济持续低迷的情况下，如果能够使顺周期下形成的巨大产能和建设能力走出去，支持共建国家推进工业化、现代化，满足基础设施建设的迫切需要，无疑有利于稳定当前世界经济形势①。

从共建国家产业发展来看，推动产能合作可以让更多国家，特别是发展中国家、新兴经济体参与全球产业分工体系，有利于这些国家发挥各自优势，将各自生产要素投入全球化过程和全球产业分工体系，带动经济增长，促进工业化进程，实现互利共赢、共同发展。中国当前力推的"国际产能合作"和境外基础设施建设合作，将打造各国之间互利共赢的局面，不仅有利于深化我国与相关国家的互利合作，还有助于促进相关国家经济和社会发展。这是因为，中国提倡的"国际产能合作"，并

---

① 王新萍：《让"一带一路"建设造福沿线各国人民》，《人民日报》2016 年 8 月 19 日，第 3 版。

不是简单向国际市场输出落后产能，而是向产能需求国家提供有竞争优势的、高品质的、符合经济发展需要的产能。

从中国自身发展需要来看，国际产能合作是中国自身经济发展的需要，有利于中国经济的增长、经济结构的调整和装备产业的升级。其一，基于各国发展需要，转移我国部分产能。习近平指出："充分利用我国市场潜力、建设能力、资本实力，在全球范围内争取能源资源和基础设施项目，收购优质企业、营销渠道、核心技术、关键设备，吸引一批高端人才，加快产业、企业、装备走出去步伐，转移国内部分过剩产能。"①其二，当前，中国经济发展不少领域大而不强、大而不优，中国制造业在全球价值链中的地位偏低，亟须积极嵌入全球价值链，利用发达国家经验技术提高自身生产水平，向价值链高端环节延伸并重构全球价值链。国际产能合作将推动我国企业与技术先进、实力雄厚的跨国公司同台竞争，接受国际标准检验，倒逼国内企业提升技术、质量和服务水平，增强整体素质和核心竞争力，加快实现我国由装备制造大国向制造强国转变②。

"一带一路"产能合作无疑是共赢的合作，重点国家和区域在产能、投资、"数字丝绸之路"等多方面的合作取得了丰硕成果，战略对接不断深入。截至2016年底，中国已与53个共建国家签署了双边投资协定，与54个共建国家签署了避免双重征税协定，并积极商签标准化合作协议、签证便利化协议等各类合作文件，促进资本、技术、人员等要素有序流动和优化配置，降低企业制度性交易成本，共同为企业开展产能和投资合作营造良好政策环境。

三　打造"一带一路"创新共同体

科技创新合作既是"一带一路"人文交流的重要组成部分，也是促

---

① 中共中央文献研究室编《习近平关于社会主义经济建设论述摘编》，中央文献出版社，2017，第294页。

② 向东：《创新推动国际产能合作》，《人民日报》2015年8月17日，第23版。

进民心相通的有效途径，是提升我国与共建国家合作水平的重点领域，还是我国推进"一带一路"重大工程项目顺利实施的技术保障。

2016 年 9 月，我国发布的《推进"一带一路"建设科技创新合作专项规划》提出建设"一带一路"创新共同体的战略目标，并强调要充分发挥科技创新的支撑和引领作用。中国推进"一带一路"建设科技创新合作始终秉持和平合作、开放包容、互学互鉴、互利共赢的理念，以全面发挥科技创新合作对共建"一带一路"的支撑引领作用为主线，以增强战略互信、促进共同发展为导向，全面提升科技创新合作的层次和水平，推动政策沟通、设施联通、贸易畅通、资金融通、民心相通，打造发展理念相通、要素流动畅通、科技设施联通、创新链条融通、人员交流顺通的创新共同体，是开创"一带一路"建设新局面的有力支撑①。

作为"一带一路"的首倡者，中国与许多共建国家发展阶段类似，发展需求和条件有共同之处，具有科技合作的广阔空间。改革开放以来，中国科技实力快速增强，一些重要领域跻身世界先进行列，某些前沿领域开始进入并行、领跑阶段，有能力、有基础为共建国家的建设和发展提供雄厚的科技支撑。对于某些共建国家来说，我国科技创新资源丰富，在装备制造、空间、农业、减灾防灾、生命科学与健康、能源环境和气候变化等领域形成的技术优势比较明显，惠及民生的技术也非常成熟。

另外，"一带一路"共建国家多数是新兴经济体和发展中国家，经济社会发展普遍处于上升期，对科技创新需求比较迫切。例如，伊朗正在兴建一个更依赖于技术和知识的经济，希望通过"一带一路"创新共同体建设加强与各国在新兴技术方面的合作。沙特正在减少发展过程中对

---

① 科技部：《推进"一带一路"建设科技创新合作专项规划》，http://www.most.gov.cn/tztg/201609/t20160914_127689.htm，2016 年 9 月 14 日。

石油的依赖性，打造更加多样化的经济体系，希望与各国开展更为深入的创新合作。在"一带一路"建设中起到枢纽作用的哈萨克斯坦依托大量科技创新和教育方面的合作项目，把北部、南部、西部和东部的创新教育资源联系起来，力图提升本国科技创新水平。这些国家均积极响应我国提出的《推进"一带一路"建设科技创新合作专项规划》，共同推进"一带一路"创新共同体建设。

此外，为了更好地引导和鼓励全国（包括中央和地方）的创新资源（包括科研院所、高等院校和企业等创新主体）积极加入"一带一路"创新之路建设，中国在实施创新驱动发展的共同目标下，针对"一带一路"共建国家科技创新发展的基础不同、资源禀赋不一的现状，不断为形成优势互补的良好局面做出中国贡献。

一是谋划建设创新共同体战略，打开国际科技合作新局面。互利共赢、开放合作是新型国际关系的核心准则，而创新合作日益成为构建国际关系的重要内容。习近平强调，"一带一路"建设是"实现战略对接、优势互补"①。作为带动全球经济增长的强大动力，自 2013 年提出建设"一带一路"倡议以来，中国持续与各国推进政策沟通与政策协调，包括俄罗斯提出的欧亚经济联盟、东盟提出的互联互通总体规划、哈萨克斯坦提出的"光明之路"、蒙古国提出的"发展之路"、英国提出的"英格兰北方经济中心"、波兰提出的"琥珀之路"等，未来还将推动各国产业发展规划相互兼容、相互促进，通过建设创新共同体的战略合作，实现"一加一大于二"的效果。

二是制定创新共同体建设目标，描绘国际科技合作新愿景。习近平总书记在世界经济论坛 2017 年年会开幕式上强调，坚持创新驱动，打造富有活力的增长模式，创新发展理念、创新政策手段、创新增长方式，在创新中突破世界经济增长和发展的瓶颈。深化与"一带一路"共建国

---

① 习近平：《携手推进"一带一路"建设》，《人民日报》2017 年 5 月 15 日，第 3 版。

家的经济合作和文化交流，发挥科技创新的支撑和引领作用。每个国家都有独特的自然资源、地理环境和人文风情，都有特色优势学科、优势产业和人才，彼此加深认识才能因地制宜地构建互利合作网络、新型合作模式和多元合作平台，只有平等开展科技经济合作和文化教育交流，才能取长补短、互利共赢、共同发展。

三是明确创新共同体行动，明晰国际科技合作新任务。随着"一带一路"建设步伐加快，各国相互联系、相互依存程度加深，创新共同体建设将成为国际合作的优先领域。加强联合研发平台和技术转移中心等科技创新基地建设，有利于促进各国优势科技资源互联互通，支撑重大工程项目顺利实施。共建特色创新园区，有利于聚焦共性技术，强化合作研究，促进开放和协同创新，鼓励创新创业。共同制定国际科技合作规则，主动设置全球性创新议题，促进创新资源开放流动，有利于丰富和深化多领域国际合作层次和水平①。

"一带一路"建设实现了各国政策和发展战略对接，促进了协调联动发展，开辟了合作共赢的新天地，为构建人类命运共同体注入强劲动力。截至2017年底，中国已同80多个国家和国际组织签署合作协议，同30多个国家开展机制化产能合作，与许多国家进行政策协调，实现战略对接。设施联通方面，以中巴、中蒙俄、新亚欧大陆桥等经济走廊为引领，一个复合型的基础设施网络正在形成。贸易畅通方面，中国同"一带一路"参与国大力推动贸易和投资便利化，不断改善营商环境。资金融通方面，中国与各参与国和组织开展了多种形式的金融合作，亚洲基础设施投资银行、"丝路基金"等提供有力资金支持。② 中国同58个国家签署各类投资贸易协议。亚洲基础设施投资银行已经为"一带一路"建设参

---

① 万劲波：《推进"一带一路"创新共同体建设》，《学习时报》2017年3月1日，第3版。
② 陈须隆：《"一带一路"建设是构建人类命运共同体的伟大实践》，人民网，http://theory.people.com.cn/n1/2018/0416/c40531－29928768.html，2018年4月16日。

与国的 20 多个项目提供 37 亿美元贷款，"丝路基金"投资达 70 亿美元，支持项目涉及总投资金额达 800 亿美元①。民心相通方面，"一带一路"建设参与国弘扬丝绸之路精神，为"一带一路"建设夯实民意基础，筑牢社会根基。

"一带一路"建设根植于"丝绸之路"的历史土壤，把共建国家人民紧密联系在一起，让各国人民更好共享发展成果，这既是对丝路精神的传承，也是中国倡议共建人类命运共同体的重要目标。"中国愿同'一带一路'沿线国家一道，顺应时代潮流，弘扬丝绸之路精神，增进互信，巩固友好，深化合作，加大相互支持，在自愿、平等、互利原则基础上，携手构建务实进取、包容互鉴、开放创新、共谋发展的'一带一路'互利合作网络，共同致力于重振全球经济"②。

---

① 王沥慷：《"一带一路"数据观 | "一带一路"的 2017》，中国一带一路网，https：//www.yidaiyilu. gov. cn/xwzx/gnxw/43662. htm，2018 年 1 月 12 日。
② 习近平：《携手共创丝绸之路新辉煌》，《人民日报》2016 年 6 月 23 日，第 2 版。

第六章　牢牢把握集聚人才大举措

党的十八大以来，习近平总书记多次就人才工作发表重要讲话，提出了许多富有创见的新观点、新论断，对于深入推进实施人才强国战略，加快建立规模宏大、素质优良的人才队伍具有重要的指导意义。习近平总书记的讲话站在推动中国特色社会主义事业和为实现"两个一百年"奋斗目标、实现中华民族伟大复兴中国梦提供人才支撑的战略高度，深刻阐述了新时代人才工作的重大理论，是指导我们做好当前和今后一段时期人才工作的强大思想武器①。

习近平总书记突出强调了人才在国家创新发展的重要地位，指出人才是最重要的生产力。改革开放以来，中国经济发展增速明显，从经济发展的本质来看，国与国之间的竞争，归根到底是人才的竞争。为推进全国的创新驱动发展战略，抢占科技、经济、军事、航空等多个领域的制高点，习近平总书记对于把握集聚人才提出了指导意见。总体来看，可概述为四个方面。第一，树立人才是第一资源的人才意识、用人与待人理念。第二，在创新实践中发现人才。既要树立正确的人才观，也要

---

① 本书编写组：《聚天下英才而用之——学习习近平关于人才工作重要论述的体会》，中国社会科学出版社、党建读物出版社，2017，序言。

完善人才发现机制，不拘一格选拔人才，让想干事的人能够成事，让能成事的人成大事。第三，在创新活动中培育人才。培育人才，要给人才一个良好的成长环境，要弘扬创新精神，营造良好的学术环境和鼓励创新、宽容失败的创新氛围，还要按照人才的成长规律改进人才培养机制。第四，在创新事业中凝聚人才。凝聚人才，以创新的事业呼唤人才，以优良的环境凝聚人才，实施更加开放的人才引进政策，择天下英才而用之，加强创新人才的创新成果保护工作，切实保证人才开展创新活动的利益。

第一节　人才是第一资源

2018 年 3 月 7 日，习近平总书记在全国"两会"广东代表团审议政府工作报告时指出，发展是第一要务，人才是第一资源，创新是第一动力。中国如果不走创新驱动道路，新旧动能不能顺利转换，就不能真正强大起来。强起来要靠创新，创新要靠人才①。人才政策、创新机制都是下一步改革的重点。习近平总书记指出，我们坚持创新驱动实质是人才驱动，强调人才是创新的第一资源，不断改善人才发展环境、激发人才创造活力，大力培养造就一大批具有全球视野和国际水平的战略科技人才、科技领军人才、青年科技人才和高水平创新团队②。

对于国家而言，人才是发展的根本支撑和核心要素，如果离开人才空谈经济社会发展问题，是缘木求鱼，抓发展，必须抓人才。当前，我国已进入创新驱动的重要时期，要破解经济社会发展中的深层次难题，推动结构调整和转型升级，实现高质量发展、可持续发展，必须坚持创

---

① 《习近平李克强栗战书汪洋王沪宁赵乐际韩正分别参加全国人大会议一些代表团审议》，《人民日报》2018 年 3 月 8 日，第 1 版。

② 习近平：《在中国科学院第十九次院士大会、中国工程院第十四次院士大会上的讲话》，《人民日报》2018 年 5 月 29 日，第 2 版。

新发展理念，优先发展人才。将人才视为第一资源，首先要从思想上认识到人才竞争已经成为综合国力竞争的核心。其次要树立强烈的人才意识，把人才视为创新的根基。

一　人才竞争已经成为综合国力竞争的核心

习近平总书记深刻认识到，人才竞争会逐步成为综合国力竞争的核心。2012 年，习近平总书记在广东考察工作时提出："综合国力竞争归根到底是人才竞争。哪个国家拥有人才上的优势，哪个国家最后就会拥有实力上的优势。"①2013 年，习近平总书记在欧美同学会成立一百周年庆祝大会上的讲话中再一次提到，当今世界，综合国力竞争说到底是人才竞争。人才资源作为经济社会发展第一资源的特征和作用更加明显，人才竞争已经成为综合国力竞争的核心。谁能培养和吸引更多优秀人才，谁就能在竞争中占据优势②。对于一个国家来说，综合国力的强弱，直接取决于拥有高水平人才数量的多少。谁拥有更多掌握现代科学技术，具有现代管理经验、现代治国理政能力的人才，谁就会在综合国力的竞争中居于主导地位。因此，提高人才国际竞争力成为各国共同的战略选择③。

人才是衡量一个国家综合国力的重要指标。习近平总书记指出，"致天下之治者在人才"。没有一支宏大的高素质人才队伍，全面建成小康社会的奋斗目标和中华民族伟大复兴的中国梦就难以顺利实现④。在当前日趋激烈的综合国力竞争中，人才的基础性、先导性、全局性地

---

① 中共中央文献研究室编《习近平关于科技创新论述摘编》，中央文献出版社，2016，第107 页。
② 习近平：《在欧美同学会成立 100 周年庆祝大会上的讲话》，《人民日报》2013 年 10 月 22 日，第 2 版。
③ 本书编写组：《聚天下英才而用之——学习习近平关于人才工作重要论述的体会》，中国社会科学出版社、党建读物出版社，2017，第 30 页。
④ 习近平：《在欧美同学会成立 100 周年庆祝大会上的讲话》，《人民日报》2013 年 10 月 22 日，第 2 版。

位和作用日益凸显。达到"发达"水平和实现"赶超"的关键是人才优先开发。谁抢占了人才培养、人才吸引和人才发展的制高点，谁就能在竞争中占据优势。

人才是建设科技强国的根本保障。经过几十年的发展，虽然我国的科技水平有了很大提高，但与创新驱动战略的要求相比，我们的创新型人才还很缺乏。当前我国人才队伍的规模、结构和素质等与经济社会发展需要相比还存在诸多不相适应的地方。正如习近平总书记所说："我国科技队伍规模是世界上最大的，这是我们必须引以为豪的。但是，我们在科技队伍上也面对着严峻挑战，就是创新型科技人才结构性不足矛盾突出，世界级科技大师缺乏，领军人才、尖子人才不足，工程技术人才培养同生产和创新实践脱节。"[1] 因此，着力培养国家社会发展需要的创新型人才，是抓住创新机遇、推动科技进步、建设科技强国的必由之路。

人才是改革攻坚的关键因素。我国经济社会发展和综合国力因为改革得到了显著的提升。当前，我国正面临全面深化改革的艰巨任务。正如习近平总书记所说，中国改革进入攻坚期、深水区，啃硬骨头、涉险滩，要改革就需要人才、呼唤人才、造就人才[2]。因此，我国改革攻坚要取得实质性进展、综合国力要再上新台阶，就要建设一支规模宏大的高素质人才队伍，汇聚强大的人才智慧和力量。

二　人才是创新的根基

2013 年，习近平总书记在全国组织工作会议上的讲话中指出："我们要树立强烈的人才意识，寻觅人才求贤若渴，发现人才如获至宝，举荐

---

① 习近平：《在中国科学院第十七次院士大会、中国工程院第十二次院士大会上的讲话》，《人民日报》2014 年 6 月 10 日，第 2 版。

② 习近平：《在上海外国专家座谈会上的讲话》，《人民日报》2014 年 5 月 24 日，第 1 版。

人才不拘一格，使用人才各尽其能。"① 讲话深刻阐述了树立人才意识的重要性，反映了我们党对人才问题的认识达到了新的高度。2016 年，习近平总书记在知识分子、劳动模范、青年代表座谈会上的讲话中再次强调，"全面建成小康社会，我国广大知识分子能够提供十分重要的人才支撑、智力支撑、创新支撑"②。在 2014 年的中央财经领导小组第七次会议上，习近平总书记进一步强调人才的重要性，指出"人才是创新的根基，是创新的核心要素。创新驱动实质上是人才驱动。为了加快形成一支规模宏大、富有创新精神、敢于承担风险的创新型人才队伍，要重点在用好、吸引、培养上下功夫"③。讲话直指人才是创新驱动发展战略的重要一环，强调全国都要树立"人才是创新的根基"这一人才意识。

当前，我国正向中华民族伟大复兴的宏伟目标迈进，我们比历史上任何一个时期都渴求人才。

一是创新驱动的实质是人才驱动。创新最重要、最核心的是人才。习近平总书记 2012 年 12 月在广东考察时指出，走创新发展之路，首先要重视集聚创新人才。只有拥有一流的创新人才，才能产出一流的创新成果，才能拥有创新的优势和主导权。实施创新驱动发展战略，关键在科技，根本在人才。只有不断推进科技创新，大力集聚创新人才，不断解放和发展生产力，才能实现经济社会持续健康发展。面对发展的新阶段新任务，面对科技创新领域的激烈竞争，我们需要广开进贤之路、广纳天下英才。

二是经济新常态下的中国呼唤人才。在经济新常态下，过去那种拼资源、拼环境的粗放型发展方式，代价越来越大、空间越来越小、路子

---

① 中共中央文献研究室编《习近平关于科技创新论述摘编》，中央文献出版社，2016，第108 页。

② 习近平：《在知识分子、劳动模范、青年代表座谈会上的讲话》，《人民日报》2016 年 4月 30 日，第 2 版。

③ 中共中央文献研究室编《习近平关于科技创新论述摘编》，中央文献出版社，2016，第119 ~ 120 页。

越来越窄。中国经济必须向着形态更高级、分工更复杂、结构更合理的发展阶段演化，从主要依靠增加物质资源消耗，向主要依靠科技进步、劳动者素质提高和管理创新转变。适应经济新常态，必须抓住人才这个最为关键的因素。习近平总书记高度关注这个问题，指出我国经济已由较长时期的两位数增长进入个位数增长阶段，在这个阶段要突破自身发展的瓶颈、解决深层次矛盾和问题，其根本出路就在于创新，关键要靠科技力量①。打造中国经济的升级版，人才供给要率先实现转型升级，最重要的就是将"人口红利"转变为"人才红利"。通过人才红利持续发力，进一步促进管理创新、技术创新，促进劳动生产率的提高，不断增强经济发展的内生动力，推动中国经济可持续健康发展。

三是"四个全面"战略布局需要人才。2014 年 12 月，习近平总书记在江苏调研时提出，要协调推进"全面建成小康社会、全面深化改革、全面推进依法治国、全面从严治党"，推动改革开放和社会主义现代化建设迈上新台阶②。要把"四个全面"战略布局切实落到实处，离不开一支高素质执政骨干队伍，离不开各行各业的人才大军，必须能够把党和人民需要的人才及时发现出来、培养造就出来、使用起来，引导激励各类人才忠于职守、敬业务实、攻坚克难、担当进取，在"四个全面"战略布局中奋发有为、建功立业③。

在这个机遇与挑战、合作与竞争并存的历史关键时期，人才建设与实现中华民族复兴的中国梦密切相连。只有充分发挥创新人才在经济社会发展中的支撑和引领作用，才能在国际国内形势变化下赢得主动权。只有真正树立强烈的人才意识，贯彻落实"人才是创新的根基"和"人

---

① 冷溶：《把这篇大文章继续写精彩》，《人民日报》2013 年 9 月 2 日，第 7 版。
② 《主动把握和积极适应经济发展新常态　推动改革开放和现代化建设迈上新台阶》，《人民日报》2014 年 12 月 15 日，第 1 版。
③ 本书编写组：《聚天下英才而用之——学习习近平关于人才工作重要论述的体会》，中国社会科学出版社、党建读物出版社，2017，第 20～25 页。

才是第一资源"的理念，才能有效实施人才强国战略、人才优先发展战略，开创人人皆可成才、人人尽展其才的生动局面。具体来讲，树立强烈的人才意识须做到以下几点。

第一，寻觅人才求贤若渴。当前，国际人才竞争日趋激烈，缺乏创新人才尤其是高层次创新人才是制约我国经济社会发展的主要因素之一。因此，要增强历史使命感和现实紧迫感，以时不我待、求贤若渴的态度为我国社会主义现代化建设寻觅可用之才。第二，发现人才如获至宝。要真心对待人才，真诚爱护人才，为人才充分发挥其才能营造良好的环境。要用共同的理想、共同的追求、共同的事业团结凝聚人才，采取各种措施拴心留人。第三，举荐人才不拘一格。要实施更加开放的人才政策，以更宽阔的视野努力让优秀人才脱颖而出。不仅要注重国内人才的发现和培养，也要注重国际人才的引进，吸引世界各国的优秀人才为我国现代化建设服务。第四，使用人才各尽其能。要牢固树立人才以用为本的观念，把合适的人才放在合适的位置上，使其才华得到充分释放。要尊重人才成长规律，让人才在使用中发挥作用、增长才干。

第二节　在创新实践中发现人才

习近平总书记指出，创新的事业呼唤创新的人才，实现中华民族伟大复兴，人才越多、本事越大越好。中国要在科技创新方面走在世界的前列，必须在创新实践中发现人才①。在我国全面建成小康社会的实践中、在民族复兴的进程中，会不断涌现出更多更好的创新人才，要及时发现并用好这些人才，使他们在创新发展战略中发挥更大的作用。在创新实践中发现人才，首先要树立正确的人才观，明确识别人才的基本要

---

① 习近平：《在中国科学院第十七次院士大会、中国工程院第十二次院士大会上的讲话》，《人民日报》2014年6月10日，第2版。

求。其次要完善人才发现机制，不拘一格选拔人才，多方位、多角度地考察人才、识别人才，真正实现人尽其才。

一 树立正确的人才观

习近平总书记在不同场合多次强调，要在全社会大兴识才、爱才、敬才、用才之风。这一要求充分体现了总书记对人才工作的高度重视，对大力推进人才事业发展的殷切期望。这就要求我们慧眼辨才、广路进才。人才作为经济社会发展的第一资源，关乎国家发展、民族未来。实现中华民族伟大复兴是一项艰巨而伟大的事业，需要各类人才积极投身这一伟大事业之中。识才是爱才、敬才、用才的前提。要善于发现人才，准确识别人才。事实表明，没有识才的慧眼，就不可能聚天下英才而用之，也就无法为中国特色社会主义事业提供强劲动力。

识别人才需要以正确的人才观作为指导，以选拔出合格的人才。习近平总书记在中国科学院第十九次院士大会、中国工程院第十四次院士大会上的讲话中指出，长期以来，一代又一代科学家怀着深厚的爱国主义情怀，凭借深厚的学术造诣、宽广的科学视角，为祖国和人民作出了彪炳史册的重大贡献。科技创新大潮澎湃，千帆竞发勇进者胜。希望广大院士弘扬科学报国的光荣传统，追求真理、勇攀高峰的科学精神，勇于创新、严谨求实的学术风气，把个人理想自觉融入国家发展伟业，在科学前沿孜孜求索，在重大科技领域不断取得突破。在谈到青年时，习近平总书记强调，青年是祖国的前途、民族的希望、创新的未来。各级党委和政府要为青年人才成才铺路搭桥，让他们成为有思想、有情怀、有责任、有担当的社会主义建设者和接班人。① 从习近平总书记的讲话中可以得出评价人才合格的指导思想：要爱国、有才干、能创新、敢担当。

---

① 习近平：《在中国科学院第十九次院士大会、中国工程院第十四次院士大会上的讲话》，《人民日报》2018 年 5 月 29 日，第 2 版。

要爱国是对人才的道德要求。实现中华民族伟大复兴的中国梦，是当代中国爱国主义的鲜明主题①。2018 年 5 月 2 日，习近平总书记在北京大学师生座谈会上发表重要讲话强调，爱国，是人世间最深层、最持久的情感，是一个人立德之源、立功之本。爱国，要把自己的人生与理想同祖国的前途、民族的命运紧密联系在一起，扎根人民，奉献国家②。这是习近平总书记对广大人才的郑重要求和殷切期望。

有才干是对人才的能力要求。功以才成，业由才广。习近平总书记指出，实现中华民族伟大复兴，人才越多越好，本事越大越好③。知识就是力量，人才就是未来。在实现中华民族伟大复兴的中国梦征程中，需要各类才学之士应用其知识、发挥其才能。

能创新是对人才的思路要求。习近平总书记指出，惟改革者进，惟创新者强，惟改革创新者胜④。改革创新是当前时代精神的核心，是当代中国不断发展进步的强大动力。世界上没有放之四海而皆准的发展模式，也没有一成不变的发展道路。建设有中国特色的社会主义，需要创造性地解决前进道路上的各种问题。因此，我们需要能创新的人才来应对发展过程中的种种困难，为更好建设中国特色社会主义事业提供坚强的智力支持。

敢担当是对人才的责任要求。习近平总书记指出，有多大担当才能干多大事业，尽多大责任才能有多大成就⑤。改革开放 40 年来，我们以敢闯敢干的勇气和自我革新的担当，闯出了一条新路、好路，实现了从"赶上时代"到"引领时代"的伟大跨越⑥。在未来，要实现"两个一百

---

① 《大力弘扬伟大爱国主义精神 为实现中国梦提供精神支柱》，《人民日报》2015 年 12 月 31 日，第 1 版。
② 习近平：《在北京大学师生座谈会上的讲话》，《人民日报》2018 年 5 月 3 日，第 2 版。
③ 习近平：《在中国科学院第十七次院士大会、中国工程院第十二次院士大会上的讲话》，《人民日报》2014 年 6 月 10 日，第 2 版。
④ 习近平：《谋求持久发展 共筑亚太梦想》，《人民日报》2014 年 11 月 10 日，第 2 版。
⑤ 习近平：《为建设世界科技强国而奋斗》，《人民日报》2016 年 6 月 1 日，第 2 版。
⑥ 习近平：《在 2018 年春节团拜会上的讲话》，《人民日报》2018 年 2 月 15 日，第 2 版。

年”的奋斗目标，需要更多的以改革先锋为代表的优秀人才，需要各类人才对工作负责、为国家担当，在敢担当过程中为社会创造价值。

二　完善人才发现机制

2013 年 3 月 4 日，习近平在全国政协十二届一次会议科协、科技界委员联组讨论时指出，"要完善促进人才脱颖而出的机制，完善人才发现机制，不拘一格选人才，培养宏大的具有创新活力的青年创新型人才队伍"[1]。习近平总书记也提到，"我国科技队伍规模是世界上最大的，这是我们必须引以为豪的。但是，我们在科技队伍上也面对着严峻挑战，就是创新型科技人才结构性不足矛盾突出，世界级科技大师缺乏，领军人才、尖子人才不足，工程技术人才培养同生产和创新实践脱节。'一年之计，莫如树谷；十年之计，莫如树木；终身之计，莫如树人。'我们要把人才资源开发放在科技创新最优先的位置。"[2] 因此，完善促进人才脱颖而出的机制是人才资源开发的重点。

所谓促进人才脱颖而出的机制，指的是以公开、平等、竞争、择优为导向，有利于优秀人才充分施展才能的选人用人机制。我们要落实新时代人才工作的要求，就必须着力解决现行人才机制的各种弊端，有效克服影响各类人才脱颖而出的各种消极因素，大力推进选人用人机制创新。具体来讲，须做到：第一，系统育才。育才是用才的基础，是促进各类优秀人才脱颖而出的保证。要深化教育改革，推进素质教育，创新教育方法，提高人才培养质量，努力形成有利于创新人才成长的育人环境。第二，合理管才。建立更为灵活的人才管理机制、评价机制、激励机制和流动机制，打通人才流动、使用、发挥作用中的体制机制障碍，

---

① 中共中央文献研究室编《习近平关于科技创新论述摘编》，中央文献出版社，2016，第 108 页。

② 习近平：《在中国科学院第十七次院士大会、中国工程院第十二次院士大会上的讲话》，《人民日报》2014 年 6 月 10 日，第 2 版。

形成优胜劣汰、能进能出、能上能下的良好局面。第三，以用为本。习近平总书记强调："要放手使用人才，在全社会营造鼓励大胆创新、勇于创新、包容创新的良好氛围，既要重视成功，更要宽容失败，为人才发挥作用、施展才华提供更加广阔的天地，让他们人尽其才、才尽其用、用有所成。"①

得人则安，失人则危。只有得到创新人才，才能顺利开展创新事业。习近平总书记强调，要寻觅人才求贤若渴，发现人才如获至宝，举荐人才不拘一格，使用人才各尽其能②。因此，在全面建成小康社会的各项事业中，必须优先考虑创新人才的开发。新时期的人才工作必须敢于打破陈规旧习的束缚，树立"不拘一格"的用人导向，确保真才实学之士人尽其才，进而最大程度激发干事创新的激情与活力。

习近平总书记在 2011 年就提出，要结合深化科技体制改革，完善科技人才培养举荐、选拔任用、激励保障机制，使那些品德高尚、能力突出、在科技创新中有突出贡献的优秀人才脱颖而出，使科技界和全社会各方面优秀创新人才大量涌现③。党的十九大报告也指出，实行更加积极、更加开放、更加有效的人才政策，以识才的慧眼、爱才的诚意、用才的胆识、容才的雅量、聚才的良方，把党内和党外、国内和国外各方面优秀人才集聚到党和人民的伟大奋斗中来……完善人才发现机制，是形成人人渴望成才、人人努力成才、人人皆可成才、人人尽展其才的良好局面，让各类人才的创造活力竞相迸发、聪明才智充分涌流的前提。

---

① 中共中央文献研究室编《习近平关于科技创新论述摘编》，中央文献出版社，2016，第107~108 页。

② 习近平：《在全国组织工作会议上的讲话》，《人民日报》2013 年 6 月 30 日，第 1 版。

③ 习近平：《科技工作者要为加快建设创新型国家多作贡献》，《人民日报》2011 年 5 月 28 日，第 2 版。

第三节　在创新活动中培育人才

2016 年 6 月，在全国科技创新大会、两院院士大会、中国科协第九次全国代表大会上，习近平总书记指出，我国要建设世界科技强国，关键是要建设一支规模宏大、结构合理、素质优良的创新人才队伍，激发各类人才的创新活力和潜力。要极大调动和充分尊重广大科技人员的创新精神，激励他们争当创新的推动者和实践者，使谋划创新、推动创新、落实创新成为自觉行动①。他还强调，要按照人才成长规律改进人才培养机制，"顺木之天，以致其性"，避免急功近利、拔苗助长②。我们要把人才资源开发放在科技创新最优先的位置，改革人才培养、引进、使用等机制，努力造就一批世界水平的科学家、科技领军人才、工程师和高水平创新团队，注重培养一线创新人才和青年科技人才③。

习近平总书记的讲话着眼于科技事业长远发展，阐明人才在科技创新中的重要作用，为培养科技人才、建设创新人才队伍、调动全社会创新力量指明了行动方向。在创新活动中培育人才要从以下几方面着手。一是要弘扬创新精神，培育符合创新发展要求的人才队伍；二是要营造良好的学术环境，弘扬学术道德和科研伦理，确保人才树立正确的价值观，端正人才对待科研工作的态度；三是要营造鼓励创新、宽容失败的氛围，改变传统的、保守的观念和思想，鼓励人才大胆创新、主动创新，降低人才创新失败的风险，鼓励人才开展创新活动；四是要根据人才成长规律，改进人才培养机制，从创新人才培养模式、培养机制等方面入

---

① 习近平：《为建设世界科技强国而奋斗》，《人民日报》2016 年 6 月 1 日，第 2 版。

② 习近平：《在中国科学院第十七次院士大会、中国工程院第十二次院士大会上的讲话》，《人民日报》2014 年 6 月 10 日，第 2 版。

③ 习近平：《在中国科学院第十七次院士大会、中国工程院第十二次院士大会上的讲话》，《人民日报》2014 年 6 月 10 日，第 2 版。

手，保证创新人才培育体系化、科学化、人性化。

一 弘扬创新精神，培育符合创新发展要求的人才队伍

习近平总书记指出，要深化改革创新，形成充满活力的科技管理和运行机制，弘扬创新精神，培育符合创新发展要求的人才队伍[①]。习近平还指出："要教育和引导广大科技人员特别是青年科技人员始终把国家和人民放在心上，增强责任感和使命感，勇于创新，报效祖国，把人生理想融入为实现中华民族伟大复兴的中国梦的奋斗中。"[②] 以这一要求为行动指南，我们才能扫除阻碍科技创新的各种障碍，让驱动国家发展的创新源泉充分涌流。

创新精神是科学精神的体现。科学精神要求人们坚持实事求是，崇尚真理，勤于学习，善于思考，勇于创新。中华民族历来是勤劳勇敢、富有创新精神的民族。以四大发明为代表的创新成果为推动世界科技文明的进步做出了重要贡献。新中国成立以来，涌现出了以"两弹一星"精神、航天精神、特区精神等为代表的创新精神，为国家的崛起与富强提供了内在的力量。因此广大科技工作者要树立科学精神、培养创新思维、挖掘创新潜能、提高创新能力，在继承前人的基础上不断超越；广大企业家要有敏锐的市场感觉，富于冒险精神，有执着顽强的作风，在把握创新方向、凝聚创新人才、筹措创新投入、创造新组织等方面起到重要作用。

功以才成，业由才广。硬实力、软实力，归根到底要靠人才实力。全部科技史都证明，谁拥有了一流创新人才、拥有了一流科学家，谁就能在科技创新中占据优势[③]。为了抢占未来发展战略制高点，占据竞争优

---

① 习近平：《为建设世界科技强国而奋斗》，《人民日报》2016年6月1日，第2版。
② 中共中央文献研究室编《习近平关于科技创新论述摘编》，中央文献出版社，2016，第111~112页。
③ 习近平：《在中国科学院第十九次院士大会、中国工程院第十四次院士大会上的讲话》，《人民日报》2018年5月29日，第2版。

势，世界各国纷纷制定实施新的人才战略，策划出台重要的人才政策和制度，采取各种措施加大对他国创新人才的吸引留置力度。比如，美国参议院通过《移民改革法案》，提出取消科技、工程等领域人才移民配额，获得博士学位的外国人取得绿卡可以不受数额限制等一系列优惠政策。英国从 2011 年起就推出"杰出人才签证"，网罗国际级领军人才。德国 2012 年通过授权法案，向非欧盟国家的专业技术人才发放"欧盟蓝卡"。由此可见，高端人才和科技创新已成为大国角逐的决定性力量。谁能培养和吸引更多优秀人才，谁就能在未来的综合国力竞争中占据优势。

　　培育符合创新发展要求的人才队伍，要大兴识才、爱才、敬才、用才之风，在创新活动中培育人才，聚天下英才而用之，让更多千里马竞相奔腾。要改革人才培养、引进、使用等机制，努力造就一大批能够把握世界科技大势、研判科技发展方向的战略科技人才，培养一大批善于凝聚力量、统筹协调的科技领军人才，培养一大批勇于创新、善于创新的企业家和高技能人才。要完善创新人才培养模式，强化科学精神和创造性思维培养，加强科教融合、校企联合等模式，培养造就一大批熟悉市场运作、具备科技背景的创新创业人才和青年科技人才①。

二　营造良好学术生态，弘扬学术道德和科研伦理

　　良好的学术环境是培养优秀科技人才、激发科技工作者创新活力的重要基础。近年来，我国学术环境不断改善，为推动产出重大创新成果、促进经济社会发展发挥了积极作用。但目前我国支持创新的学术氛围还不够浓厚，仍然存在科学研究自律规范不足、学术不端行为时有发生等问题。习近平总书记指出，繁荣发展我国哲学社会科学，"要大力弘扬优良学风，把软约束和硬措施结合起来，推动形成崇尚精品、严谨治学、注重诚信、讲求责任的优良学风，营造风清气正、互学互鉴、积极向上

---

① 习近平：《为建设世界科技强国而奋斗》，《人民日报》2016 年 6 月 1 日，第 2 版。

的学术生态"①。这一重要论述，深刻揭示了大力弘扬优良学风的科学内涵、目标任务和现实路径。这对于构建中国特色哲学社会科学，具有十分重要的理论意义和现实指导意义。

所谓崇尚精品，就是要求学术工作者注重研究质量，精心打磨有重要影响或启发的成果。所谓严谨治学，就是要以科学的态度扎扎实实做学问，要遵循学术规范，严密谨慎，力求精确。所谓注重诚信，就是要树立良好的学术道德，实事求是做研究，不抄袭、不剽窃、不造假。所谓讲求责任，就是指学术工作者要清楚地认识到自身工作所承担的社会责任，要以对当下负责和对历史负责、对科学发展负责和对知识创造负责的态度做研究。习近平总书记所提的"四种学风"不是相互独立的，而是相互联系、相互促进的有机整体。崇尚精品是基本方向，严谨治学是基本态度，注重诚信是基本要求，讲求责任是基本担当。要做到统筹规划，"四种学风"都要大力弘扬。

营造良好的学术生态，要从根本上革除学术界固有的顽疾，建立科学合理的评价机制。学术研究面前，不能有短视和急功近利的浮躁心态。不能把短期出成果作为衡量标准。要尊重科学规律，正确看待科学研究的长期性和积累性，为广大科研人员营造安心工作的环境。

广大科学工作者和管理者应充分认识端正学术风气、加强学术道德建设对于形成崇尚诚实劳动、鼓励科研创新、遵循学术道德、保护知识产权的良好氛围，对于保护教学科研人员的积极性、主动性、创造性，对于保持创新能力和科技竞争力，都具有重要意义。这是营造风清气正、互学互鉴、积极向上的学术生态的前提。

三　营造鼓励创新、宽容失败的氛围

在 2016 年召开的全国科技创新大会、两院院士大会、中国科协第

---

① 习近平：《在哲学社会科学工作座谈会上的讲话》，《人民日报》2016 年 5 月 19 日，第 2 版。

九次全国代表大会上，习近平总书记在《为建设世界科技强国而奋斗》的讲话中指出，要在全社会营造鼓励创新、宽容失败的氛围①。只有大力弘扬创新文化，厚植创新沃土，营造敢为人先、宽容失败的良好氛围，才能充分调动全社会创业创新积极性，汇聚成推动发展的磅礴力量。

创新是探索性的实践，难免会遭遇失误或失败。鼓励创新，就是要鼓励创新者进行有益的探索与尝试。宽容失败，就是要给创新者一定的鼓励和保障，让他们尽情发挥才能、敢于探索，从而释放出更多创造知识的活力。回顾我国走过的历程，其中一脉相承的是宽容失败、敢为人先、敢冒风险、敢争一流的创新精神。如果不允许"试错"，就不会产生知识的积累和技术的进步。鼓励创新、宽容失败，就是给了探索创新者充足的内在激励和勇气，免除了创新者的后顾之忧。只有这样，创新者才会没有顾虑地大胆探索、勇于实践，突破原有经验模式的局限。当然，宽容失败并不意味着纵容失败，对于不尽职不尽责、没有真材实料、没有科学方法的研究者，我们需要严格管制。不纵容不负责任、无才干、无目标、无价值的行为，不放纵违反法律和无道德的行为，提倡追求符合时代发展、符合人民需求的科学探索，提倡为经济社会发展探索新引擎、培育新动力。

科学追求的是求异和创新，要探索目前人们不了解的东西。对此，科学家需要基于过去的研究和前人积累，对科学研究的方向做出接近正确的判断。这就要让科学家在科学研究方面有一定的自由支配权、决策权和调度权。在这一方面，我国需要进一步夯实基础，建设一系列科学设施和研究平台，给科学家更多自由探索的空间和时间。在基础研究领域，包括一些应用科技领域，要尊重科学研究的灵感瞬间性、方式随意性、路径不确定性等特点，允许科学家自由畅想、大胆假设、认真求证。

---

① 习近平：《为建设世界科技强国而奋斗》，《人民日报》2016年6月1日，第2版。

不要以出成果的名义干涉科学家的研究，不要用死板的制度约束科学家的研究活动。科学研究要着眼长远，不能急功近利，欲速则不达。要让领衔科技专家有职有权，有更大的技术路线决策权、更大的经费支配权、更大的资源调动权，防止瞎指挥、乱指挥。政府科技管理部门要抓战略、抓规划、抓政策、抓服务，发挥国家战略科技力量建制化优势①。习近平总书记的讲话为如何营造鼓励创新、宽容失败的氛围指明了方向。这要求我们要坚持解放思想，实事求是，破除制约创新的思想障碍和制度藩篱；要坚持法治原则，运用法治思维和法治方式推进创新改革；要坚持以人为本，尊重创新创造，保障创新者权益；要坚持开放包容，遵循创新规律，宽容创新失败。

四　按照人才成长规律改进人才培养机制

2014年6月9日，习近平总书记在中国科学院第十七次院士大会、中国工程院第十二次院士大会上的讲话中强调："要按照人才成长规律改进人才培养机制，'顺木之天，以致其性'，避免急功近利、拔苗助长。"② 人才成长规律是人才成长过程中带有必然性的客观要求，主要包括人才需要通过学习获得知识技能、通过实践活动提升自身的素质和能力、通过修身提升道德水平和综合素质等内容。综合来看，要从四个方面来改进人才培养机制：一是学习铸才，以学益智、以学修身、以学增才；二是实践砺才，经风雨、墩墩苗、壮筋骨；三是厚德育才，扣好人生的第一粒扣子；四是竞争成才，遵循社会主义市场经济规律③。

学习铸才。习近平总书记在谈及学习与才智的关系时强调，"非学无

---

① 习近平：《为建设世界科技强国而奋斗》，《人民日报》2016年6月1日，第2版。
② 习近平：《在中国科学院第十七次院士大会、中国工程院第十二次院士大会上的讲话》，《人民日报》2014年6月10日，第2版。
③ 本书编写组：《聚天下英才而用之——学习习近平关于人才工作重要论述的体会》，中国社会科学出版社、党建读物出版社，2017，第45~59页。

以广才，非志无以成学"①，学习对于人才培养起着重要的作用。人能在学习过程中加强自身修养、提高智力水平、增长办事才干。习近平总书记也常常要求广大党员干部"把学习作为一种追求、一种爱好、一种健康的生活方式，做到好学乐学"②。

实践砺才。"穷理以致其知，反躬以践其实。"广大人才需要通过参加实践活动来探索真知、砥砺心志、积累经验。实践铸长剑，砥砺出锋芒。实践是人增长才干的必由之路。

厚德育才。习近平总书记指出，青年的价值取向决定了未来整个社会的价值取向，而青年又处在价值观形成和确立的时期，抓好这一时期的价值观养成十分重要。这就像穿衣服扣扣子一样，如果第一粒扣子扣错了，剩余的扣子都会扣错。人生的扣子从一开始就要扣好③。在人才培养过程中，要充分重视对人才"德"的培育，在青少年时期注重他们核心价值观的养成。要努力造就一批又一批品学兼优、德才兼备的优秀青年人才。

竞争成才。当今世界，竞争无处不在。竞争带来压力，进而可以产生促使人进步的动力。竞争是对人才成长的一种鞭策。在市场经济下，对人才有比较才有鉴别，有竞争才有活力，只有用好竞争规律，实现人才的优化配置，才能做到人尽其才、才尽其用④。

第四节　在创新事业中凝聚人才

在中国科学院第十九次院士大会、中国工程院第十四次院士大会

① 习近平：《青年要自觉践行社会主义核心价值观——在北京大学师生座谈会上的讲话》，《人民日报》2014年5月5日，第2版。
② 习近平：《在中央党校建校80周年庆祝大会暨2013年春季学期开学典礼上的讲话》，《人民日报》2013年3月3日，第2版。
③ 习近平：《青年要自觉践行社会主义核心价值观——在北京大学师生座谈会上的讲话》，《人民日报》2014年5月5日，第2版。
④ 本书编写组：《聚天下英才而用之——学习习近平关于人才工作重要论述的体会》，中国社会科学出版社、党建读物出版社，2017，第56~57页。

上，习近平总书记指出，要牢固确立人才引领发展的战略地位，全面聚集人才，着力夯实创新发展人才基础①。世上一切事物中人是最可宝贵的，一切创新成果都是人做出来的。硬实力、软实力，归根到底要靠人才实力。人才是科技创新最关键的因素。千秋基业，人才为先。实现中华民族伟大复兴，人才越多越好，本事越大越好。我国是一个人力资源大国，也是一个智力资源大国，我国 13 亿多人大脑中蕴藏的智慧资源是最可宝贵的。知识就是力量，人才就是未来。我国要在科技创新方面走在世界前列，必须在创新实践中发现人才、在创新活动中培育人才、在创新事业中凝聚人才，必须大力培养造就规模宏大、结构合理、素质优良的创新型科技人才②。在创新事业中凝聚人才，首先，要用创新的事业呼唤人才；其次，要用优良的环境凝聚人才；再次，要实施更加开放的创新人才引进政策，择天下英才而用之；最后，还要改进人才的创新成果保护工作。

一　创新的事业呼唤创新的人才

发现创新人才、培育创新人才，目的是留住人才、使用人才，要用民族复兴的伟大事业凝聚创新人才，要让创新人才能够在中国特色社会主义建设的创新事业中充分施展才华，实现其理想抱负，让每一位创新人才都有人生的出彩机会和出彩舞台。习近平总书记指出："人是科技创新最关键的因素。创新的事业呼唤创新的人才。"③"十三五"时期，我们要在创新中发现人才、培育人才、凝聚人才，为全面建成小康社会和实现中国梦提供强大的人才支撑。

---

① 习近平：《在中国科学院第十九次院士大会、中国工程院第十四次院士大会上的讲话》，《人民日报》2018 年 5 月 29 日，第 2 版。
② 习近平：《在中国科学院第十七次院士大会、中国工程院第十二次院士大会上的讲话》，《人民日报》2014 年 6 月 10 日，第 2 版。
③ 习近平：《在中国科学院第十七次院士大会、中国工程院第十二次院士大会上的讲话》，《人民日报》2014 年 6 月 10 日，第 2 版。

当今世界，新一轮科技革命和产业变革正在兴起，综合国力竞争日趋激烈。人才资源作为经济社会发展第一资源的特征和作用日益凸显。谁能培养和吸引更多优秀人才，谁就能在竞争中占据优势[①]。人才资源是第一资源，也是创新活动中最为活跃、最为积极的因素。要把科技创新搞上去，就必须建设一支规模宏大、结构合理、素质优良的创新型人才队伍。我国一方面科技人才总量不少，另一方面又存在着人才结构性不足的突出矛盾，特别是在重大科研项目、重大工程、重点学科等领域的领军人才严重不足。解决这个矛盾，关键是要改革和完善人才发展机制。

我国要在科技创新方面走在世界前列，必须大力培养造就规模宏大、结构合理、素质优良的创新型人才队伍。第一，深入实施科教兴国战略，培养创新人才。习近平总书记强调，"科教兴国已成为中国的基本国策。我们将秉持科技是第一生产力、人才是第一资源的理念，兼收并蓄，吸取国际先进经验，推进教育改革，提高教育质量，培养更多、更高素质的人才，同时为各类人才发挥作用、施展才华提供更加广阔的天地"[②]。第二，用好用活人才，建立更加灵活的人才管理机制。完善评价指挥棒，打通人才流动、使用、发挥作用中的体制机制障碍，统筹加强高层次创新人才、青年科技人才、实用技术人才等方面的人才队伍建设，最大限度支持和帮助科技人员创新创业[③]。第三，完善人才引进体系，开发利用好国内国际人才资源。坚持以用为本，按需引进，重点引进能够突破关键技术、发展高新技术产业、带动新兴学科的战略型人才和创新创业型领军人才。完善促进人才脱颖而出的机制，完善人才发现机制，不拘一

---

①　习近平：《在欧美同学会成立100周年庆祝大会上的讲话》，《人民日报》2013年10月22日，第2版。

②　杜尚泽：《习近平会见清华大学经管学院顾问委员会海外委员》，《人民日报》2013年10月24日，第1版。

③　《敏锐把握世界科技创新发展趋势　切实把创新驱动发展战略实施好》，《人民日报》2013年10月2日，第1版。

格选人才，培养宏大的具有创新活力的青年创新型人才队伍。

二　优良的环境凝聚创新人才

"环境好，则人才聚、事业兴；环境不好，则人才散、事业衰"。习近平总书记指出，要深化科技、教育、文化体制改革，深化人才发展体制改革，加快形成有利于知识分子干事创业的体制机制，放手让广大知识分子把才华和能量充分释放出来①。人才成长离不开社会环境的滋养和哺育。中外实践都证明，人才发展环境的优劣已经成为当今人才竞争的关键要素。要营造人才辈出、人尽其才的良好环境，就要营造尊重人才的社会环境，营造拴心留人的生活环境，营造引才聚才的政策环境。

第一，要在全社会大兴识才、爱才、敬才、用才之风。大兴识才、爱才、敬才、用才之风，建设良好的人才工作和培养环境，可以及时发现越来越多的人才，合理使用人才，极大地调动和充分发挥人才的积极性、主动性，激发人才的创新创造精神，更好地推进党和人民事业的发展。第二，营造尊重人才的社会环境。要树立全社会尊重人才、理解人才、爱护人才、帮助人才的正确导向，营造"四个尊重"（尊重劳动、尊重知识、尊重人才、尊重创造）的浓厚氛围，积极为人才做好事、办实事、解难事，想方设法解决他们在工作和生活当中的实际困难。第三，营造拴心留人的工作环境和生活环境。要建立完善的人才成长平台和人才选拔机制，要为人才的创新创业提供强大的硬性条件和软性条件，为人才的才能施展和成长发展提供大舞台。要建立完善创业扶持、投资融资、成果转化等人才服务体系，为人才提供高效优质服务，打造拴心留人的服务环境。要着力解决创新人才在住房、医疗、交通、户口、家属安置、子女教育等方面的实际问题。要让创新人才在生活上没有后顾之

---

① 习近平：《在知识分子、劳动模范、青年代表座谈会上的讲话》，《人民日报》2016 年 4 月 30 日，第 2 版。

忧，能安心工作。第四，营造引才聚才的政策环境。发挥政府投入引导作用，鼓励人才资源开发和人才引进。完善业绩和贡献导向的人才评价标准。保障人才以知识、技能、管理等创新要素参与利益分配，以市场价值回报人才价值，强化对人才的物质激励和精神激励，鼓励人才弘扬奉献精神①。

三　聚天下英才而用之

当前，我国处于经济发展转型的关键时期，重大尖端科技的突破、企业创新发展以及产业转型升级等各方面对于各类人才的需求日益迫切，同时，我们在科技队伍上也面临着严峻挑战：创新型科技人才结构性矛盾突出，世界级科技大师缺乏，领军人才、尖子人才不足，企业高技能人才严重短缺等。我国现有的人才队伍规模、素质和结构还不能完全适应建设科技强国、全面建设小康社会、实现中华民族伟大复兴中国梦的需要。

习近平总书记指出："要以更加开放的视野引进和集聚人才，加快集聚一批站在行业科技前沿、具有国际视野的领军人才。"② 习近平总书记站在时代发展的战略高度，立足国际国内发展全局，高瞻远瞩，审时度势，提出了"聚天下英才而用之，加快建设人才强国"等一系列富有独见性的人才发展新理念、新观点、新论断和新要求，深刻回答了关系党和国家人才事业长远发展的重大理论和实践问题，昭示了中国走人才强国之路的坚定性和自觉性。

当今时代，我们梦寐以求的英才，是一支以高层次人才、高技能人才为重点，由数以亿计的各类人才、数以千万计的专门人才和一大批拔

---

① 《中华人民共和国国民经济和社会发展第十三个五年规划纲要》，《人民日报》2016年3月18日，第10版。

② 习近平：《打好全面建成小康社会决胜之战》，《人民日报》2016年3月16日，第1版。

尖创新人才组成的规模宏大、结构优化、布局合理、素质优良的人才队伍。我们所要"聚"的人才，既是"富国"的复合型人才，也是"强国"的专业创新型人才；既有土生土长的本土人才，也有纵横四海的国际人才。

当然，从海外引才引智不是越多越好，还要以国家发展需求为导向，做好引有所用、用有成效。因此，引进国际人才需要坚持三个原则。一是面向国家重大科技领域。航天科技、生命科学、新材料等领域的发展对于我国的国计民生具有重大影响。这些领域的技术突破需要世界级的科技大师和领军人才来推动。这类人才属于我国现在比较缺乏且短时间难以培养的、须从国外引进的精英。二是面向国内经济转型发展。在改革开放四十年后，中国的人口红利逐渐消失，国内部分产业面临转型升级的新挑战。产业转型升级需要把握科技发展大势、攻克产业关键技术、谋求企业管理创新等，这需要更多富有国际视野的高层次技术人才和经营管理人才参与。三是面向对外投资贸易。我国已成为世界第二大经济体，与世界各国的经济合作和贸易往来日益频繁。"一带一路"倡议的实施，是中国进一步走向世界的标志。在这个过程中，我们需要大量熟悉各国经济贸易运作的国际人才。

在引进国际人才的过程中要处理好三个关系。一是处理好引进外国人才与培育本土人才的关系。引进发展所需的外国人才虽然有利于弥补发展的短板，但不能就此忽视了对本土人才的培养。要统筹兼顾，充分发挥海外高端人才的引领带动作用，助推本土人才成长。二是处理好名气与实用的关系。在引进外国人才时要从实际出发，引进我国发展迫切需要的实用型人才。不能只以引进人员的头衔、名气为标准而忽略了他们能发挥的实际作用。三是处理好引进与使用的关系。对于引进的外国人才，要以用为本，充分发挥他们的专长，为我国现代化建设所用。要杜绝面子工程，避免重引进、轻使用的现象。要引进来，更要用得好。

实施更开放的创新人才引进政策，要求我们敞开大门，努力吸引全世界的人才为我国现代化建设服务。一是要引进外国人才，尤其是外国高层次创新型人才。要做到这一点，必须提升我国对国际人才的吸引力。对此，习近平总书记指出："要继续完善外国人才引进体制机制，切实保护知识产权，保障外国人才合法权益，对作出突出贡献的外国人才给予表彰奖励，让有志于来华发展的外国人才来得了、待得住、用得好、流得动。"① 二是要吸引海外华人华侨回国或来华发展。为此，要组织实施国家重大人才工程，使广大华人华侨回国或来华后有用武之地。三是要大力发展来华留学事业。要完善来华留学的政策，提高来华留学的质量，使外国留学生乐于来中国学习交流。同时，要制定相应的政策，鼓励优秀的留学生毕业后留在中国工作。

四　加强创新人才的创新成果保护工作

习近平总书记指出："要加强知识产权保护，积极实行以增加知识价值为导向的分配政策，包括提高科研人员成果转化收益分享比例，探索对创新人才实行股权、期权、分红等激励措施，让他们各得其所。"② 习近平总书记也多次强调，要完善知识产权保护相关法律法规，加大知识产权侵权违法行为惩治力度，让侵权者付出沉重代价，调动拥有知识产权的自然人和法人的积极性和主动性，提升产权意识，自觉运用法律武器依法维权③。一个良好的法制环境对于创新驱动发展至关重要。只有创新成果受到合法保护，科研人员才会放开手脚、争先创新，社会才能激发出创新的无限活力。

创新的持续进行，客观上需要制度的激励和保障。创新成果的保护是首要的激励和保障手段，其激励作用主要通过利益机制来实现。知识

---

① 兰红光：《中国要永远做一个学习大国》，《人民日报》2014 年 5 月 24 日，第 1 版。
② 习近平：《为建设世界科技强国而奋斗》，《人民日报》2016 年 6 月 1 日，第 2 版。
③ 《营造稳定公平透明的营商环境　加快建设开放型经济新体制》，《人民日报》2017 年 7 月 18 日，第 1 版。

产权制度把创新成果视为一种财产，通过申请与授权，在法律上确定其归属，并加以保护。权利人可以通过实施或转让其成果，获得相应的收益，使其投入得到回报。这种机制显然有利于创新活力的激发。保护知识产权就是保护创新。只有知识产权得到了有效保护，科技发展才会有更加旺盛的生命力，创新成果才能不断涌现。

代表创新成果的知识产权，在产业创新和经济发展中起着重要作用。加强知识产权保护，推动创新成果产业化，使创新主体充分享受创新成果带来的经济效益，不仅是对广大创新者的有力激励，也能够促进产业进步和经济发展。创新成果上升为知识产权，并加以保护和应用，有利于形成"投入—创新—收益—再投入—再创新"的良性循环。创新成果的转移、转化为产业创新注入了源源不断的动力，是实现产业向高端升级的重要途径。

"十二五"时期，我国发明专利申请量和商标注册量稳居世界首位，知识产权保护力度加大，维权速度加快，各类创新主体的权利依法获得平等保护，为创新驱动发展提供了有力支撑，进一步巩固了我国知识产权大国的地位。应该注意到，知识产权的侵权问题易发多发，维权仍面临举证难、成本高、赔偿低等问题，极大地影响了人才的创新创业热情，知识产权体制的不完善挫伤了人才的创新斗志。为营造一个更加有利于"双创"发展的环境，激发人才创新活力，我国出台的《关于深化人才发展体制机制改革的意见》指出，加强创新成果知识产权保护。完善知识产权保护制度，加快出台职务发明条例。研究制定商业模式、文化创意等创新成果保护办法。建立创新人才维权援助机制。建立人才引进使用中的知识产权鉴定机制，防控知识产权风险。完善知识产权质押融资等金融服务机制，为人才创新创业提供支持。[1]

加强创新成果的保护工作是鼓励科技人才开展创新活动的重要保障，

---

[1] 《深化人才发展体制机制改革》，《人民日报》2016年3月22日，第1版。

具体可以从三个方面展开。第一，加大知识产权行政执法力度。严厉打击侵犯技术秘密的违法行为，完善专利执法协作机制，强化对知识产权案件的监督，加强信息公开与社会信用体系建设，提高专利维权的支持力度。第二，积极营造保护企业合法权益的法治环境和服务保障科技创新的市场环境。继续完善知识产权立法，进一步推进知识产权专门法院和专业法庭建设，探索建立统一的知识产权上诉法院，完善知识产权审判工作机制。充分尊重科研人员创新创业中获得的合法权益，保护企业创新成果获取的合法收益。第三，筹建知识产权保护中心。保护中心可建立专利受理、专利审查、专利授权、专利确权的快速通道，有效解决专利授权周期长、维权难等问题，更好地强化对企业创新成果的保护。

习近平总书记将"两个一百年"奋斗目标与实现中国梦联系起来，强调要实现这个目标，我们就必须坚定不移贯彻科教兴国战略和创新驱动发展战略，坚定不移地走科技强国之路。科教兴国、创新驱动、科技强国都需要人才的支撑。树立人才是第一资源、人才是创新根基的意识是新时代做好人才工作的出发点。在创新实践中发现人才，在创新活动中培养人才，在创新事业中凝聚人才是新时代人才工作的落脚点。在习近平总书记关于人才工作的重要指示下，社会各界识才、爱才、敬才、用才蔚然成风，一系列激发人才创新活力、维护人才切身利益的政策陆续出台，"天下英才聚神州，万类霜天竞自由"的创新局面正在逐渐形成。

第七章　突破制约科技创新发展的
体制机制瓶颈

实施创新驱动发展战略，最紧迫的是要破除体制机制障碍，最大限度解放和激发科技蕴藏的巨大潜能①。习近平总书记强调："实施创新驱动发展战略是一项系统工程，涉及方方面面的工作，需要做的事情很多。最为紧迫的是要进一步解放思想，加快科技体制改革步伐，破除一切束缚创新驱动发展的观念和体制机制障碍。"② 推进科技创新，必须全面深化科技体制改革，破除体制机制障碍，形成充满活力的科技管理运行机制，提升创新体系效能，着力激发创新活力，加快建设创新型国家，努力成为世界主要科学中心和创新高地。

第一节　科技体制改革要坚持正确的方法论

科技领域是最需要不断改革的领域。党的十八大以来，我国"坚持

---

① 《创新驱动，点燃发展新引擎》，《人民日报》2017 年 10 月 23 日，第 1 版。
② 中共中央文献研究室编《习近平关于科技创新论述摘编》，中央文献出版社，2016，第 56～57 页。

以深化改革激发创新活力，推出一系列科技体制改革重大举措，加强创新驱动系统能力整合，打通科技和经济社会发展通道，不断释放创新潜能，加速聚集创新要素，提升国家创新体系整体效能"①，推动我国科技事业发生历史性变革、取得历史性成就。实践证明，我国科技体制改革之所以能取得重大突破和成就，与牢牢坚持和科学运用正确方法论密不可分。科技体制改革是科技领域重要而深刻的变革，也是一项复杂的系统工程。以习近平同志为核心的党中央在形成全面深化改革方法论的同时，也为科技体制改革提供了丰富、系统的指导：必须坚持辩证唯物主义和历史唯物主义世界观和方法论，正确处理改革发展稳定关系②。深化科技体制改革，既要从系统和整体的角度认识问题，抓好科技体制改革的统筹协调，又要以促进科技和经济结合作为改革创新的着力点。完善科技创新管理，还要推进政府科技管理体制改革，以转变职能为目标，做好"三个分工"和"一个加强"，全面突破制约科技创新发展的体制机制瓶颈。

一　科技体制改革是一项复杂的系统工程

习近平总书记在推进全面深化改革工作时强调："全面深化改革涉及党和国家工作全局，涉及经济社会发展各领域，涉及许多重大理论问题和实际问题，是一个复杂的系统工程。"③ 科技体制改革作为全面深化改革的重要内容，涉及政府、市场、产学研等各个领域，涵盖思想观念转变、管理制度改革、创新活动流程优化、组织系统完善等方方面面，包含中央和地方改革部署、技术创新主体确立、科技创新与经济发展等多

① 习近平：《在中国科学院第十九次院士大会、中国工程院第十四次院士大会上的讲话》，《人民日报》2018 年 5 月 29 日，第 2 版。
② 习近平：《在庆祝改革开放 40 周年大会上的讲话》，《人民日报》2018 年 12 月 19 日，第 2 版。
③ 中共中央文献研究室编《习近平关于全面深化改革论述摘编》，中央文献出版社，2014，第 43 页。

方面关系统筹推进，是一项复杂的系统工程，其中任何一个领域的改革都会牵动其他领域，并需要其他领域的改革密切配合。

当前，世界各国围绕科技创新的竞争日益激烈，国际竞争形势也更加严峻复杂，我国科技发展既面临着日趋复杂严峻的外部环境，也面临着不同行业和部门情况千差万别、科技体制改革各领域不够同步和配套、牵一发而动全身等内部难题和挑战。因此，如何更好地开展科技体制改革这一复杂的系统工程、发挥科技体制改革协同配套的联动作用既是重点也是难点。习近平总书记的讲话为全面深化科技体制改革这一复杂的系统工程清晰地指明了方向。

一方面，必须从纷繁复杂的事物表象中把准改革脉搏，把握全面深化改革的内在规律[1]。习近平总书记关于全面深化改革的论述为科技体制改革提供了理论指引，也找准了突破的方向和着力点。科技发展具有独特的运行规律，要把市场经济规律和科技发展规律有机结合起来，以激发科技解放生产力和生产关系的巨大潜力为着力点，建立与科技发展规律和社会主义市场经济体制相适应的科技体制。深化科技体制改革要坚持发展战略引领，形成与经济社会发展需求相适应的科技体制，促进国家及地方科技与经济紧密结合；要围绕科技进步与国民经济发展需求，找准科技体制改革的脉搏，处理好政府和市场的关系、自主与开放的关系，统筹国内外各领域科技资源，增强自主创新能力和提升关键领域技术水平，使其服务经济高质量发展。

另一方面，需要加强顶层设计和整体谋划，加强各项改革关联性、系统性、可行性研究[2]。随着科技体制改革的不断深入，我们要在确定科技体制改革主要举措的基础上，深入研究政府、企业、人才等科技体制

---

[1] 中共中央文献研究室编《习近平关于全面深化改革论述摘编》，中央文献出版社，2014，第37页。

[2] 中共中央文献研究室编《习近平关于全面深化改革论述摘编》，中央文献出版社，2014，第38页。

各领域改革举措的耦合性和可行性，使得各领域的改革举措协同配合，聚合各项相关改革协调推进的正能量，注重改革措施整体效果，避免出现各领域改革措施相互抵触、相互牵扯等现象。因此，要全面梳理科技体制改革各项部署，形成推进科技体制改革的工作格局，打通科技创新与经济社会发展通道，最大限度激发科技创新在释放生产力方面的巨大潜能。

当前，我国科技体制改革已经从启动改革进入了建章立制的阶段。从中央到地方，从重点突破到全面展开，我国正在全面统筹推进科技体制改革。正如习近平总书记所说："我们大力推进科技体制改革，科技体制改革全面发力、多点突破、纵深发展，科技体制改革主体架构已经确立，重要领域和关键环节改革取得实质性突破。"①

近年来，党中央以统筹全局、着眼长远的系统思维和战略眼光对科技体制改革和创新驱动发展做出了全面部署，出台了一系列重大改革举措，促进科技体制改革由点及面逐步展开，不断向中心目标靠拢，形成整体效应。在宏观统筹方面，2012年9月，中共中央、国务院印发了科技改革发展的纲领性文件《关于深化科技体制改革加快国家创新体系建设的意见》，对深化科技体制改革工作做出了具体指导，并成立了国家科技体制改革和创新体系建设领导小组负责相关工作。2015年，党中央聚焦实施创新驱动发展战略，印发了《深化科技体制改革实施方案》，在科技体制改革工作上形成了系统、全面、可持续的改革部署和工作格局。同时在科技与经济、科技与金融、科技成果转化、人才等方面，多项改革措施也稳步推出。《促进科技成果转移转化行动方案》《"十三五"国家科技人才发展规划》《关于深化科技奖励制度改革的方案》等大批政策纷纷出台，突出了科技体制改革的重点，为创新链与产业链、信息链、

---

① 习近平：《在中国科学院第十九次院士大会、中国工程院第十四次院士大会上的讲话》，《人民日报》2018年5月29日，第2版。

金融链、政策链等各链条融合衔接提供了坚实的制度基础。

二 促进科技和经济结合是改革创新的着力点

进入 21 世纪，我国科技创新实力快速提升，2017 年全社会研发支出为 1.76 万亿元，占 GDP 的 2.15%，成为世界第二大研发投入大国；2017 年发明专利申请量达到 138 万件，位居全球第一。但是，我国的自主创新能力仍然相对薄弱，现行的科技体制和建设创新型国家、世界科技强国的战略目标不适应。企业在技术创新中的主体地位不突出，产业关键核心技术受制于人，产学研结合不足；市场在科技资源配置中的作用得不到充分发挥，科技资源配置分散重复、使用效率低；科技人才评价"一刀切"，重论文和项目，轻成果转化……这一系列问题严重制约了科技创新发展，阻碍了我国综合国力和世界竞争力的持续稳步提高。因此，抓住新一轮科技革命与产业变革的机遇，提升我国的自主创新能力，使创新成为引领发展的第一动力，迫切需要以科技创新管理为着眼点，进一步深化科技体制改革。

面对新形势新要求，习近平总书记指出："多年来，我国一直存在着科技成果向现实生产力转化不力、不顺、不畅的痼疾，其中一个重要症结就在于科技创新链条上存在着诸多体制机制关卡，创新和转化各个环节衔接不够紧密。就像接力赛一样，第一棒跑到了，下一棒没有人接，或者接了不知道往哪儿跑。要解决这个问题，就必须深化科技体制改革，破除一切制约科技创新的思想障碍和制度藩篱，处理好政府和市场的关系，推动科技和经济社会发展深度融合，打通从科技强到产业强、经济强、国家强的通道，以改革释放创新活力，加快建立健全国家创新体系，让一切创新源泉充分涌流。"① 因此，"科技体制改革必须与其他方面改革

---

① 习近平：《在中国科学院第十七次院士大会、中国工程院第十二次院士大会上的讲话》，《人民日报》2014 年 6 月 10 日，第 2 版。

协同推进，加强和完善科技创新管理，促进创新链、产业链、市场需求有机衔接"①。2013 年 7 月，习近平总书记在中国科学院考察时进一步指出，要坚决扫除影响科技创新能力提高的体制障碍，有力打通科技和经济转移转化的通道，优化科技政策供给，完善科技评价体系。要优先支持促进经济发展方式转变、开辟新的经济增长点的科技领域，重点突破制约我国经济社会可持续发展的瓶颈问题，加强新兴前沿交叉领域部署②。

因此，推动创新与产业、市场需求紧密结合，要加快科技体制改革创新。一是以转变职能为目的加快推进政府科技管理体制改革，增强政府服务科技创新职能，构建布局合理、功能定位清晰的科技计划体系和管理制度，充分发挥市场在科技创新资源配置中的决定性作用；二是构建符合科技发展规律的体制环境，构建从基础研究到成果转化和产业化的全流程科技创新管理与服务体系，探索建立高效协同的创新体系，让创新链与产业链、信息链、金融链、政策链等各链条融合衔接，让科技创新服务产业进步，服务国民经济主战场。例如，加快完善基础研究体制机制，构建以企业为主体的高效协同的创新体系，构建创新资源开放共享的良好生态等；三是构建有利于科技人才创新的体制环境。要最大限度调动科技人才的创新积极性，尊重科技人才的创新自主权，大力营造勇于创新、鼓励成功、宽容失败的社会氛围，激发人才服务经济社会发展的热情。例如，完善科技成果、知识产权归属和利益分享机制，让科技人才在创新活动中得到合理回报，激发科技人才创新创造热情，并使科技人才在高校、科研院所和企业合理流动，实现创新知识向市场扩散、向产业转移的目标。

---

① 中共中央文献研究室编《习近平关于科技创新论述摘编》，中央文献出版社，2016，第 56 页。
② 孙秀艳：《深化科技体制改革增强科技创新活力 真正把创新驱动发展战略落到实处》，《人民日报》2013 年 7 月 18 日，第 1 版。

三 以转变职能为目标，做好"三个分工"和"一个加强"

习近平总书记在 2014 年中央财经领导小组第七次会议上的讲话指出，要推进政府科技管理体制改革，以转变职能为目标，做好"三个分工"和"一个加强"①。"三个分工"指的是政府和市场分工、中央各部门功能性分工、中央和地方分工。"一个加强"是指要加强党对科技工作的领导。"三个分工"和"一个加强"原则，对深化我国的科技管理体制改革、优化我国的科技布局，具有重要的指导意义。

一是政府和市场分工。关于市场的作用，习近平总书记指出，市场配置资源是最有效率的形式。市场决定资源配置是市场经济的一般规律，市场经济本质上就是市场决定资源配置的经济。健全社会主义市场经济体制必须遵循这条规律，着力解决市场体系不完善、政府干预过多和监管不到位问题②。因此，科技管理体制改革要充分发挥市场在资源配置中的决定性作用。关于科技管理体制改革中政府的工作，习近平总书记强调，要加快研究提出创新驱动发展顶层设计方案，全面分析影响创新驱动发展的体制机制因素，以建设创新型国家为目标，在构建国家创新体系特别是保护知识产权、放宽市场准入、破除垄断和市场分割、建设协同创新平台、加大对创新型小微企业支持力度、完善风险投资机制、财税金融、人才培养和流动、科研院所改革等方面提出管长远的改革方案③。这就要求政府从分钱分物的具体事项中解脱出来，提高战略规划水平，做好创造环境、引导方向、提供服务等工作。

二是中央各部门功能性分工。中央各部门有的重点抓基础性研究，

---

① 中共中央文献研究室编《习近平关于科技创新论述摘编》，中央文献出版社，2016，第 66 页。
② 习近平：《关于〈中共中央关于全面深化改革若干重大问题的决定〉的说明》，《人民日报》2013 年 11 月 16 日，第 4 版。
③ 中共中央文献研究室编《习近平关于科技创新论述摘编》，中央文献出版社，2016，第 67 页。

有的重点抓应用性研究，有的则要重点抓产业化推广。习近平总书记强调，科技创新绝不仅仅是实验室里的研究，而是必须将科技创新成果转化为推动经济社会发展的现实动力①。这就要求深化科技体制改革要面向科技创新和经济发展，完善从科技创新到产业化的职能部署，并要求各部门各司其职，以构建高效的产、学、研、用的协同机制，让技术创新与产业化活动得到有力支撑，并充分释放各创新主体的科技创新活力。

　　三是中央和地方分工。党的十八届三中全会强调，应当正确处理中央和地方、全局和局部、当前和长远的关系，正确对待利益格局调整。只有处理好中央和地方的关系才能更好地发挥中央和地方的积极性，才能将全面深化改革任务贯彻落到实处。因此，要处理好以下几方面的关系：其一，顶层设计和贯彻落实的关系。中央负责统筹科技资源，构建总体布局合理、功能定位清晰、具有中国特色的科技计划体系和管理制度②，地方政府则要贯彻落实中央的总体布局，加强科技创新服务、产业化发展、市场监管等职责。同时，需要地方当改革排头兵，对有成功经验的，中央要及时给予授权；其二，基础研究和应用研究的关系。中央政府侧重抓基础，地方要更多抓应用。一些基础研究和大型科研基础设施的建设耗时长、投资大，应由中央统筹推进。地方则要充分利用中央提供的这些基础性资源，强化应用性研发，做好科技成果的转化和应用，以促进地方的产业发展；其三，统一协调的关系。科技研究不能是空中楼阁，要服务于地方经济发展。这就要求中央和地方要有畅通的沟通渠道，使中央能够了解地方的发展需求，从而有的放矢地进行科研计划的安排和科技资源的配置，地方也要及时跟进和贯彻中央决策部署，形成改革合力。

---

① 中共中央文献研究室编《习近平关于科技创新论述摘编》，中央文献出版社，2016，第57页。

② 中共中央文献研究室编《习近平关于科技创新论述摘编》，中央文献出版社，2016，第68~69页。

推进政府科技管理体制改革，除了做好"三个分工"之外，还要注重一个"加强"，即加强党对科技工作的领导。习近平总书记指出，我们坚持党对科技事业的领导，健全党对科技工作的领导体制，发挥党的领导政治优势，深化对创新发展规律、科技管理规律、人才成长规律的认识，抓重大、抓尖端、抓基础，为我国科技事业发展提供坚强政治保证①。加强党对科技工作的领导，有利于我国科技体制改革向着正确方向前进，有利于我国的科学技术事业沿着高效路线发展，是实现我国科技强国目标的根本保障。

第二节　加强和完善科技创新管理

随着新技术革命的日益发展和成熟，世界各国为抓住这一机遇、提升综合实力，逐渐开始改革和创新国家科技体制机制。例如，美国于2011年制定了《美国创新战略：确保经济增长与繁荣》，日本出台了《科学技术创新综合战略2017》《第五期科学技术基本计划（2016 - 2020）》。近年来，我国为了激发创新活力、提升创新体系能力、推动我国科技与经济进一步融合发展，也开始全面推进科技体制改革。例如，2015年《深化科技体制改革实施方案》所部署的至2020年要完成的143条改革任务，目前已完成了110多条。习近平总书记深刻指出："科技体制改革要敢于啃硬骨头，敢于涉险滩、闯难关，破除一切制约科技创新的思想障碍和制度藩篱。"② 我们深知，我国还存在制约科技创新发展的体制机制瓶颈障碍，我国科技管理体制还不能完全适应建设世界科技强国的需要，需要借助改革之力来激发创新活力，促成创新合力。

---

① 习近平：《在中国科学院第十九次院士大会、中国工程院第十四次院士大会上的讲话》，《人民日报》2018年5月29日，第2版。
② 习近平：《在中国科学院第十九次院士大会、中国工程院第十四次院士大会上的讲话》，《人民日报》2018年5月29日，第2版。

一　加快推进重大科技决策制度化

2017 年 12 月的中央经济工作会议强调，要加快建设创新型国家，推动重大科技创新取得新进展，促进大众创业、万众创新上水平①。习近平总书记在 2014 年 6 月的两院院士大会上指出："科技创新的重大突破和加快应用极有可能重塑全球经济结构，使产业和经济竞争的赛场发生转换。"② 由此可见重大科技创新在创建创新型国家中的重要地位和战略意义。然而，当前我国重大科技创新仍存在诸多问题和挑战，面临着复杂的环境和日趋激烈的国际竞争形势，需要推进重大科技决策制度化，实现重大科技跨越性发展。习近平总书记对重大科技决策机制的建设提出了明确要求："要加快建立科技咨询支撑行政决策的科技决策机制，加强科技决策咨询系统，建设高水平科技智库。要加快推进重大科技决策制度化，解决好实际存在的部门领导拍脑袋、科技专家看眼色行事等问题。"③ 习近平总书记这一指示站在历史和科技大局的高度，紧密结合我国实际国情，具有强烈的战略性、前瞻性、指导性。

从国内看，目前我国重大科技决策存在较多问题。首先，随着科学技术不断发展，多学科专业交叉集群、多领域技术融合集成的特征日益凸显，靠部门独立运作、个人单打独斗很难把握科技发展大势，一些部门领导仅仅靠个人有限的能力和感觉经验，难以对科技新领域、重大科技决策做出正确判断；其次，存在科技专家在科技工作中善于看领导眼色行事、投其所好的不良现象，这容易导致部门领导在重大科技决策时发生失误；最后，随着科技的重要性日益增强，科技决策涉及的利益范围和主体范围越来越广，对社会造成的影响也越来越大，受认知有限

① 《中央经济工作会议在北京举行》，《人民日报》2017 年 12 月 21 日，第 1 版。
② 习近平：《在中国科学院第十七次院士大会、中国工程院第十二次院士大会上的讲话》，《人民日报》2014 年 6 月 10 日，第 2 版。
③ 习近平：《为建设世界科技强国而奋斗》，《人民日报》2016 年 6 月 1 日，第 2 版。

理性束缚，决策者很难在复杂情境下做出科学判断。因此，重大科技决策中日渐复杂的博弈、权衡与评定过程和日趋深远的影响都要求我国加快推进重大科技决策制度化。

从国际看，越来越多的科技大国正在建设科学规范的科技决策制度。以美国和日本为例，美国科技决策体系不仅包含国会、政府、高等院校、美国科学院、其他研究机构、公众这六大相互作用的系统，而且科技专家在美国国家科技决策中有着重要地位，保证了美国科技决策尤其是重大科技决策的科学化、民主化、制度化。日本在召开内阁综合科学技术创新会议时，则会召集科技界、学术界、产业界等各界精英人士来为国家重大科技决策出谋划策，为顶层科技决策提供咨询建议。

在这种大趋势下，建立重大科技决策制度是适应科技发展规律的必然要求，是让科技决策和产业紧密联系的重要措施，让重大科技决策更富有产业眼光和全球视野，从战略层面保障我国重大科技研究和发展的正确方向。推进重大科技决策制度化，要从各个方面进行规范和引导。一是要完善科技决策咨询系统。重大科技决策面对的是国家顶层科技需求，其重要性和复杂性需要凝聚科技、经济、学术、教育等各界人才力量共同参与，需要从国家到社会的各个层面设立科技创新决策咨询机制作为保障；二是要注重发挥高水平科技智库作用。高端科技智库对于重大科技决策具有重要的"外脑"作用，应该发挥好国家高端科技智库的功能，为国家科技决策提供准确、前瞻、及时的建议；三是要规范重大科技决策程序制度。将"公众参与、专家论证、风险评估、合法性审查、集体讨论决定"[1] 这一决策程序落实到重大科技决策上来，明晰中央和地方的科技管理事权和事权定位，提高各级政府的重大科技决策质量。

---

[1] 《中共中央关于全面依法治国若干重大问题的决定》，《中国法学》2014 年第 6 期，第 5～19 页。

二 深化行政审批制度改革，推进简政放权

改革行政审批制度，推进政府简政放权，给予科技型企业更多创新活力，是提高科技创新效率的必要条件之一。习近平总书记多次强调要不断推进行政审批制度改革，最大限度减少政府对微观事务的管理，进一步激发市场和社会创新活力。他提出："要深化行政审批制度改革，推进简政放权，深化权力清单、责任清单管理，同时要强化事中事后监管。"① 早在习近平担任浙江省委书记时期，他就带领浙江省大力推进行政审批制度改革，在2006年浙江省就已成为全国省级行政审批项目最少的省份之一②。当下，习近平总书记号召的新一轮行政审批制度改革体现了统筹"点""线""面"的鲜明特征，"点"是指取消和下放审批事项是政府深化行政审批制度改革的起点，"线"是指行政审批制度改革应自觉地遵循改革内在逻辑主线，"面"是指均衡推进关联改革，彰显激发企业与市场活力的总体效果③。尤其在科技领域，更要深入推进科技部门行政审批制度改革，大力简政放权，激发科技创新活力。

党的十八大以来，我国以行政审批制度改革为突破口的简政放权工作取得了一定成效。根据2018年《政府工作报告》，近五年来，国务院部门行政审批事项削减44%，非行政许可审批彻底终结，中央政府层面核准的企业投资项目减少90%，中央政府定价项目缩减80%，商事制度发生根本性变革④。但是，与我国科技创新发展的迫切需求相比，与全面深化改革的总体要求相比，既有较大差距，也存在较大问题。首先，一些已经被取消的行政审批事项中，制约社会发展、群众反映强烈、真正

---

① 中共中央文献研究室编《习近平关于社会主义经济建设论述摘编》，中央文献出版社，2017，第68~69页。
② 习近平：《"八八战略"从头越》，《国际金融报》2006年2月9日，第5版。
③ 盛若蔚：《简政放权 统筹"点线面"》，《人民日报》2014年9月10日，第11版。
④ 《李克强作的政府工作报告（摘登）》，《人民日报》2018年3月6日，第2版。

有含金量的事项还不够多，在取消和下放审批事项的过程中各部门之间、政府之间以及部门与政府之间的衔接不够；其次，部分行政审批仍存在效率低下、手续繁杂、随意性大、运行不够透明规范、审批流程缺乏明确性和具体性等问题；最后，政府部门管理理念和方式亟须转变。相关政府部门在重视行政审批制度改革时，轻视了监管问题，一些审批事项取消后，相应的事中监管和事后监管未能及时跟上。针对这些问题，习近平总书记强调："不能让无穷的报表和审批把科学家的精力耽误了！"①

　　放眼全球，发达国家的一些科技创新体系，例如美国的硅谷、波士顿128号公路，日本的筑波科学城、硅岛，英国的剑桥科学园，韩国的大德科技园，法国的索菲亚，新加坡的肯特钢科技园等，这些以大学和研发基地为核心的科技创新体系的特点是，大学、研究中心、科研机构具有充分的自主权，同时相关部门简化了行政审批制度以提高科研项目的运作效率②。在创新体系效能提升受阻的关键时期，优化行政审批制度、加强科技企业、科研院校等自主权，可以有力激发科技创新发展活力。

　　我国推进行政审批制度改革、推进政府简政放权，不仅是调动和发挥各主体科技创新积极性、发挥企业在技术创新中主体作用的有效途径，而且是推进政府合理合法行政、促进法治政府建设的重大举措，在我国科技和经济的发展过程中发挥了重要作用。因此，要将行政审批制度改革、推进简政放权贯彻到科技这一重要领域。首先，科技部门要从行政审批制度改革入手，大力简政放权，进一步推动简政放权、优化行政审批流程，让科研院所、高校和企业得到实实在在的好处，并提高全社会的科技创新效率和积极性；其次，科技部门要抓住放管结合关键环节，

---

① 习近平：《在中国科学院第十九次院士大会、中国工程院第十四次院士大会上的讲话》，《人民日报》2018年5月29日，第2版。
② 蒋伏心：《科技体制综合改革：南京实践与特色》，社会科学文献出版社，2017，第1～10页。

加强事前监管与事中、事后监管，在减少行政审批、废除一些行政许可和非行政许可事项的基础上，做到放管结合，为大众创业、万众创新建立良好的监管制度，创造公平竞争的市场监管环境；最后，要推行权力清单制度，合理使用政府的审批权，通过编制政府科技管理权力清单，接受社会监督，把权力装进制度的笼子①。

三 改革科技评价制度

科技评价工作是推动创新驱动发展的一项基础性和根本性工作，客观公正的科技评价体系对激发广大科技人员的积极性、提升科技创新能力和效益至关重要。习近平总书记强调："要改革科技评价制度，建立以科技创新质量、贡献、绩效为导向的分类评价体系，正确评价科技创新成果的科学价值、技术价值、经济价值、社会价值、文化价值。"②

20世纪90年代开始，我国的科技评价工作主要依托论文发表数量、影响因子、专利、科研项目等量化指标逐渐形成了我国的科技评价体系。这种重数量、重基础、重短期的评价指标体系曾有助于扩大我国的学术影响力，却逐渐暴露出轻质量、轻应用、轻长期等诸多弊端，导致许多科技评价"一刀切"的问题。近年来，在以习近平同志为核心的党中央的带领下，我国在科技评价方面进行了积极探索，开展了大量卓有成效的工作，科技评价制度体系建设得到了初步完善。但是，人才评价制度不合理，唯论文、唯职称、唯学历的现象仍然严重，名目繁多的评审评价让科技工作者应接不暇，人才"帽子"满天飞，人才管理制度不适应科技创新要求、不符合科技创新规律等问题依然存在③，亟待通过进一步深化改革予以解决。

---

① 杨东占：《创新驱动发展战略研究》，人民出版社，2017，第56页。
② 习近平：《为建设世界科技强国而奋斗》，《人民日报》2016年6月1日，第2版。
③ 习近平：《在中国科学院第十九次院士大会、中国工程院第十四次院士大会上的讲话》，《人民日报》2018年5月29日，第2版。

当下，习近平总书记的重要指示深刻结合了我国现有的科技评价制度弊端，拓宽了我国科技评价的立体维度，使科技成果有了多元化的衡量尺度，为打破科技领域某些僵化的评价制度指明了方向。该指示主要强调了以下两点：

一是分类科技评价体系"三导向"。构建分类评价体系，以创新质量为导向，要以是否取得技术突破、做出创新贡献、引领前沿、在相关学科和领域产生重要的积极影响作为科技评价的主要标准；以贡献为导向，要改变仅依靠论文数量、专利数量、项目数量等评价科技工作的唯数量论，重视对经济发展、社会效益所做的实际贡献；以绩效为导向，要改变重个体轻团队的做法，兼顾个体评价和团队评价，制定科学合理的个人及团队绩效评价指标，构建以绩效为导向的激励机制[①]。

二是科技创新成果评价"五价值"。评价科学价值，重点要评价理论性、基础性的科学问题在科学理论研究中的价值；评价技术价值，需要侧重用技术指标来评价科技问题是否有应用价值和转移转化价值；评价经济价值，要以市场需求为导向，评价科技创新成果对经济发展的贡献；评价社会价值，要侧重科技成果是否促进国家进步、是否具有社会效益、是否增进人民福祉；评价文化价值，要判断科技工作是否具有文化氛围、是否形成良好的科研精神、能否增强我国文化软实力。

改革科技评价制度，是新形势下创建良好科技创新生态环境的关键。为改善科技评价现状，我国积极完善有利于创新的评价激励制度，强化科研项目绩效评价。在完善评价激励制度方面，优化、整合并精简人才"帽子"、切实解决"唯论文、唯职称、唯学历"的"三唯"问题，对于身负国家重大关键技术攻关和核心科技任务的科技工作人员加强薪酬激励；在优化科研项目绩效评价方面，积极推动重数量向重质量、重基础

---

① 习近平：《在中国科学院第十九次院士大会、中国工程院第十四次院士大会上的讲话》，《人民日报》2018 年 5 月 29 日，第 2 版。

向重应用、重过程向重结果转变，建立分类评价科技工作制度，严格依据任务书考核规定指标完成度，并加强发挥绩效考核评价结果的作用，切实保障绩效评价的激励作用。

四　完善科技和金融结合机制

在加快建设创新型国家背景下，习近平总书记强调，创新是一个系统工程，创新链、产业链、资金链、政策链相互交织、相互支撑①。在此过程中，科技与金融深度融合是必然发展趋势。习近平总书记多次阐明，要完善科技和金融结合机制，形成各类金融工具协同支持创新发展的良好局面②，促进科技同产业、科技同金融深度融合，优化创新环境，集聚创新资源③。他的指示是在科学分析当前国际国内形势后提出的，为新时期内我国科技和金融的创新发展明确了新的发展方向，也提出了更高的要求，具有重要的理论意义和实践意义。

金融作为现代经济的"血液"，其发展能够为科技创新提供必要的资金支持，提高科研效率和活力，有助于加快技术产业化。科技创新作为我国经济可持续发展的动力引擎，能够改善金融业务模式，扩大金融发展空间，助推金融优化配置。二者相互促进、相互融合，是增强我国自主创新能力、加快转变经济发展方式的重要内容。美国硅谷的形成就是科技创新与金融创新融合发展的典范。当地的众多科技型企业在成长和发展的各个阶段都与硅谷的商业银行、证券公司、投资银行、信贷公司和资产管理公司等机构充分融合，双方都取得了巨大成功。

多年来，我国借鉴发达国家在科学前沿和高新技术领域与金融相互

---

① 习近平：《为建设世界科技强国而奋斗》，《人民日报》2016年6月1日，第2版。
② 《中办国办印发〈深化科技体制改革实施方案〉》，《人民日报》2015年9月25日，第18版。
③ 习近平：《携手推进"一带一路"建设——在"一带一路"国际合作高峰论坛开幕式上的演讲》，人民出版社，2017，第10页。

融合的经验，结合我国科技创新与金融创新的实际情况，大力推进科技与金融结合机制，但是也面临着许多问题和挑战。由于科技创新过程中产学研多个环节都需要大量资金投入，存在风险高、投资回收期长等特点，造成许多金融机构的高风险规避行为和我国科技型企业的高风险特征相冲突、金融机构的信贷机制和科技型企业发展特点相冲突等问题，导致我国科技型企业面临融资难题，科技创新投入面临较大缺口。

因此，建立健全富有中国特色的科技和金融结合机制，建立多层次资本市场支持科技创新机制，是解决我国科技创新和金融创新融合现存问题的必要途径。在新的历史条件下，为适应新一轮科技革命发展和体制机制改革，我们更要积极落实习近平总书记的一系列重要讲话，努力推动科技和金融的深度融合，发挥好金融创新对科技创新的助推作用。完善科技和金融的结合机制，要壮大创业投资规模，对早中期创新型、科技型企业加大支持力度，对创业投资企业改革税收优惠政策，对创业投资企业投资高新技术企业的条件减少限制、适当放宽，对外商投资创业企业的制度进行完善。要加强资本市场对技术创新的支持，加速创新型和成长型企业的发展。要拓宽技术创新间接融资渠道，完善多元化融资体系，建立知识产权质押融资市场化风险补偿机制，创新金融机构对企业创新的融资方式，鼓励针对中小型企业创新的金融产品创新等，通过以上主要举措加快形成各类金融工具协同支持科技创新发展的良好局面①。

五　加快科技创新成果向现实生产力转化

对我国而言，促进科技成果转移转化是实施创新驱动发展战略的重要任务，是加强科技与经济紧密结合的关键环节，对于促进大众创业、

---

① 《中办国办印发〈深化科技体制改革实施方案〉》，《人民日报》2015 年 9 月 25 日，第 18 版。

万众创新，打造经济发展新引擎具有重要意义。习近平总书记明确指出："现在，科技成果转化不顺不畅问题突出，一个重要症结是科研成果封闭自我循环比较严重，必须面向经济社会发展主战场，围绕产业链部署创新链，消除科技创新中的'孤岛现象'。"[①] 他还提出，要以推动重大科技项目为抓手，打通"最后一公里"，拆除阻碍产业化的"篱笆墙"，疏通应用基础研究和产业化连接的快车道，促进创新链和产业链精准对接，加快科研成果从样品到产品再到商品的转化，把科技成果充分应用到现代化事业中去[②]。

多年来，我国一直存在着导致科技成果向现实生产力转化不力、不顺、不畅的体制机制障碍。特别是在经济发展新常态下，要强化创新作为引领发展的第一动力，就要使更多科技成果加快转化为现实生产力，发挥科技成果转化对供给侧结构性改革的支撑作用。

总的来说，做好科技创新主要做好两件事：一件事是成果产出，即加强对应用基础、前沿引领、关键共性、颠覆性科技研究与创新，把握科技创新成果产出质量和数量；另一件事是成果转化，即将科技创新成果转移转化为经济活动中的生产力，让科技创新成果切实为经济活动服务。

没有成果产出，就谈不上成果转化；但是没有成果转化，成果产出的价值就大打折扣。在成果转化方面，美国政府历来十分重视科技成果转化工作。早在20世纪80年代，美国就颁布了《国家技术转让与促进法》《技术转移商业化法》等一系列法律法规，随后成立了社会各层面的技术转移区域中心或办公室，推进科技成果转化与技术开发项目，建立科技园区，加快专利成果转让，开展国际合作等。与美国相比，在科技

---

① 中共中央文献研究室编《习近平关于科技创新论述摘编》，中央文献出版社，2016，第70页。

② 习近平：《在中国科学院第十九次院士大会、中国工程院第十四次院士大会上的讲话》，《人民日报》2018年5月29日，第2版。

人才数量方面，中国已经更胜一筹，在科技论文数量和专利数量方面，中国也与美国实力相当，但在科技成果转化为促进国家经济发展的动力和提升经济结构调整效益方面，仍与美国差距较大。

在经济发展新常态下，要解决我国科技成果转化不顺畅的问题，强化创新作为引领发展的第一动力，就要求更多科技成果加快转化为现实生产力。要坚持市场导向、政府引导、纵横联动和机制创新这四项基本原则，要抓好七项重点措施部署和落实，即开展科技成果信息汇集与发布、产学研协同开展科技成果转移转化、建设科技成果中试与产业化载体、强化科技成果转移转化市场化服务、大力推动科技型创新创业、建设科技成果转移转化人才队伍、大力推动地方科技成果转移转化①。

我国实施创新驱动发展战略，最为紧迫的是要进一步解放思想，加快科技体制改革步伐，扫除阻碍科技创新能力提高的体制障碍。近年来，我国科技体制改革全面发力、多点突破、纵深发展，科技体制改革主体架构已经确立，重要领域和关键环节改革取得实质性突破。在新时代，我国深化科技体制改革的决心依然不能动摇，勇气不能减弱，要更加敢于啃硬骨头，敢于涉险滩、闯难关，提升创新体系效能。

---

① 《国办印发〈促进科技成果转移转化行动方案〉》，《人民日报》2016 年 5 月 10 日，第 4 版。

第八章　创新发展理念的广东实践探索

改革开放以来，广东一直被视为全国改革开放的发源地、前沿地带，广东的改革发展对全国具有先导性、示范性意义。新中国第一张股票于1983 年在深圳发行，标志着国内第一家股份制企业的诞生；1992 年，邓小平视察广东并发表"南方讲话"，掀起新一轮改革开放浪潮；今日，广东又面临着建设粤港澳大湾区，打造国际科技创新中心、国际一流湾区和世界级城市群等目标。改革开放 40 年来，广东已从一个经济社会发展落后的农业省演变为全国经济发展最快、经济实力第一的大省，从 1988年至今，经济总量连续 30 年位居全国第一，有效发明专利量、PCT 国际专利申请量及专利综合实力连续多年居全国首位，2018 年有效发明专利达 24.9 万件，PCT 国际专利申请量约占全国一半，技术自给率达 73%，区域创新综合能力排名保持全国第一①，迈入中等发达经济地区梯队。

党的十八大以来，以习近平同志为核心的党中央对广东发展寄予厚望。2012 年 12 月，习近平总书记将广东作为履新后的首个调研省份，要求广东大力实施创新驱动发展战略；在 2014 年 3 月参加十二届全国人大二次会议广东代表团审议时，习近平总书记重申了对广东工作"三个定

---

① 马兴瑞：《政府工作报告》，《南方日报》2019 年 2 月 2 日，第 3 版。

位、两个率先"的总目标并提出新要求，要求广东充分发挥创新驱动作用，继续发挥敢为人先的精神，大胆实践探索，在全面深化改革中走在前列；2015 年 6 月，党中央、国务院将广东列入系统推进全面创新改革试验试点；2016 年 6 月，《广东省系统推进全面创新改革试验方案》正式被国务院批复；2017 年 4 月，习近平总书记又明确要求广东为全国实施创新驱动发展战略提供支撑；2018 年 3 月，习近平总书记在参加十三届全国人大一次会议广东代表团审议时发表重要讲话，提出广东要在构建推动经济高质量发展体制机制、建设现代化经济体系、形成全面开放新格局、营造共建共治共享社会治理格局上走在全国前列，即"四个走在全国前列"的新要求；2018 年 10 月，习近平总书记时隔 6 年再赴广东考察调研，提出深化改革开放、推动高质量发展、提高发展平衡性和协调性、加强党的领导和党的建设的重要指示要求。

被赋予创新驱动排头兵的重要使命，足以证明广东作为中国改革开放先行地的地位不可取代，也再次凸显广东对中国经济发展和中国改革开放的重要意义。党的十八大以来，广东坚持以习近平新时代中国特色社会主义思想为指导，深入学习贯彻习近平总书记重要讲话精神和治国理政新理念，认真贯彻落实习近平总书记对广东工作的重要指示精神，牢记习近平总书记的殷殷嘱托，按照中央的决策部署，深入实施创新驱动发展战略，把创新摆在全省发展全局的核心位置，部署实施了一系列重要举措来全力推进创新驱动发展。

第一节　以深入实施创新驱动发展战略为重点，加快建设科技创新强省

四十年来，广东充分利用改革开放创造的发展机遇和空间，经济社会发展取得巨大成就。但是发展至今，长期支撑广东经济快速发展的要

素驱动模式却变得难以为继，依靠传统要素带来的发展动能趋缓，经济发展表现出速度变化、结构优化、动力转换三大特点，产业结构调整也面临着重重困难。在发达国家工业振兴计划兴起和经济单边主义、保护主义愈演愈烈的大背景下，广东发展既面临产业转型升级的迫切要求，承受着发达国家高新技术创新能力领先与再工业化的竞争压力，又要力争跨越中等收入陷阱以及价值链中低端锁定困境。为此，广东省迅速采取行动，于2014年6月率先出台了《关于全面深化科技体制改革加快创新驱动发展的决定》；2015年又出台了《关于加快建设创新驱动发展先行省的意见》，这是实施全省创新驱动发展战略的纲领性文件，其特别强调把创新作为引领发展的第一动力；随后，广东省为深入贯彻习近平新时代中国特色社会主义思想和党的十九大精神，深入贯彻习近平总书记视察广东重要讲话精神，在2019年1月又印发了《关于进一步促进科技创新若干政策措施的通知》，出台了包括推进粤港澳大湾区国际科技创新中心建设、推进创新人才高地建设、加快建设省实验室和新型研发机构、加大企业创新普惠性支持等在内的"科技创新12条"，深入实施创新驱动发展战略，大力推进以科技创新为核心的全面创新。

广东始终坚持把科技创新工作摆在发展大局的核心位置，大力实施创新驱动发展战略，努力加快经济发展方式从要素驱动转向创新驱动。习近平总书记强调，实施创新驱动发展战略，最根本的是要增强自主创新能力，最紧迫的是要破除体制机制障碍，最大限度解放和激发科技作为第一生产力所蕴藏的巨大潜能，这为广东创新驱动发展提供了基本遵循。广东切实把思想和行动统一到以习近平同志为核心的党中央决策部署上来，坚持需求导向、问题导向、目标导向，努力提升全省科技创新能力，全面深化科技体制改革，加快创新驱动发展，推动广东从创新大省向创新强省转变，争当全国创新型省份建设排头兵。

一 采取点线结合策略，构建非对称性优势

习近平总书记在分析当前科技创新形势时提出的"非对称"战略，为广东科技创新工作指明了方向。近年来，广东采取点线结合的策略来部署科技创新发展工作。首先，以"点"突破，以非对称性技术、撒手锏技术奠定创新基础。《"十三五"广东省科技创新规划（2016－2020）》文件明确指出，要充分发挥广东市场化和国际化程度高、科技成果转化能力强等优势，坚持问题导向和需求导向，聚焦科技创新的重大任务和短板，力争在创新驱动发展的重点领域、关键环节形成新优势、取得新突破。为此，广东省部署了计算与通信集成芯片、移动互联关键技术与器件、云计算与大数据管理技术、智能机器人、新能源汽车电池与动力系统等十余项重大科技专项，力求占领重点领域核心关键技术制高点。

其次，以"线"为引，以关键产业构建非对称性优势。广东省将战略性新兴产业摆在经济社会发展更加突出的位置，发挥产业政策导向和促进竞争功能，打造一批产业链条完善、辐射带动力强、具有国际竞争力的战略性新兴产业集群，增强经济发展新动力。《广东省战略性新兴产业发展"十三五"规划》确立了新一代信息技术产业、生物产业、高端装备与新材料产业、绿色低碳产业、数字创意产业等重点发展产业，并超前布局发展空天海洋、未来网络、生命科学、核技术等战略性产业。在壮大新支柱产业的同时，培育新优势产业，推动新一代信息技术、生物技术、高端装备制造、新材料等产业成为新支柱产业，大力扶持新能源、节能环保、新能源汽车等成为新优势产业，进而构建非对称性优势，在关键领域建立未来竞争的新优势。

在具体抓落实方面，广东从夯实科技创新发展的基础着手，通过各种举措加强部署"点"和"线"上的科技创新。一是以发展新兴产业驱动基础研究能力提升。广东省坚持高端突破和创新引领，围绕新型印刷

显示、高端新型电子信息、新能源汽车、生物医药等八大战略性新兴产业组织开展核心技术攻关，加强基础研究和战略性新技术的前瞻部署，鼓励企业开展基础性前沿性创新研究，最终在关键领域和高端环节掌握了一批具有自主知识产权的核心技术，基础关键领域技术的突破极大驱动了广东经济社会发展；二是紧跟国家决策部署积极开展重大科技布局。广东省加强与国家重大科技专项和重点研发计划对接，围绕广东优势和支柱产业的发展需求，重点组织实施了计算与通信芯片、新型印刷显示、智能装备制造、生物医药与新材料等重大科技专项，突破了一系列产业关键核心技术，完成了一批重点领域核心关键技术和重大创新产品的布局。

目前，广东省处于领跑和并跑的技术占全国总量的近 10%，分布在信息、生物、新材料、能源、环境、农业、海洋、交通以及公共安全等领域①。2017 年，全省发明专利申请量和授权量分别达到 62.78 万件和 33.26 万件，同比增长 36.01% 和 28.41%②，居全国首位；获得 2017 年度国家科学技术奖 38 项，创历史新高，其中，由中国工程院院士、中国南方电网公司专家委员会主任委员李立浧主持完成的"特高压 ±800kV 直流输电工程"获 2017 年国家科技进步奖特等奖，实现了广东省牵头完成特等奖项目"零的突破"③。

二　发展壮大创新主体，增强创新发展活力

当前，广东仍处于由粗放型经济发展方式向创新驱动型发展方式跨越阶段，经济结构调整仍在爬坡越坎，相当一部分的制造业和服务业还

---

① 中共广东省委党校：《牢记嘱托　再创新局：学习贯彻习近平总书记对广东工作重要批示精神辅导读本》，广东人民出版社，2017，第 15 页。
② 黄锦辉：《粤有效发明专利量破 20 万件　连续八年居全国第一》，http://news.southcn. com/gd/content/2018 – 02/09/content_180756320. htm，2018 年 2 月 9 日。
③ 刘肖勇：《广东 38 个项目获 2017 年度国家科学技术奖》，《广东科技报》2018 年 1 月 12 日，第 5 版。

处于产业链低端环节，相对于发达经济体，广东还缺乏核心技术和自主品牌，全省拥有自主核心技术的制造业企业不足 10%。面对发达国家和发展中国家产业发展的"双向挤压"，广东亟须加快推动从要素驱动向创新驱动的根本转变，以创新驱动促进产业转型升级。基于此，广东省进一步明确了"坚持企业主体，聚焦产业升级"的创新型经济建设要求，围绕产业转型升级配置创新资源，以高新技术企业为"牛鼻子"，发挥企业在扩大研发投入、凝聚创新人才、加快成果转化、推进产业升级中的主体作用，通过优化增量和调整存量促进产业向中高端发展，不断提高产业发展质量。

第一，强化企业技术创新主体地位。党的十八大以来，广东充分发挥市场在创新资源配置中的决定性作用，重视发挥企业在创新发展中的主体作用，让企业在创新中唱主角，鼓励并引导全省广大企业和企业家抢抓机遇，主动作为，全面开展科技创新、产品创新、业态创新、市场创新、管理创新等各类创新，积极参与广东创新驱动发展的各项行动，成为创新驱动发展的主力军。《"十三五"广东省科技创新规划（2016—2020）》明确指出了增强企业技术创新主体地位的目标，文件指出，到2020 年，国家高新技术企业达 2.8 万家以上，建成省级科技企业孵化器800 家以上，在孵企业达 5 万家以上；全省大中型工业企业建有研发机构比例达到30% 以上，年主营业务收入 5 亿元以上工业骨干企业实现研发机构全覆盖。

近年来，广东主要通过以下举措来强化企业技术创新主体地位。第一，注重培育创新型企业，通过实施高新技术企业培育计划、科技型中小微企业培育工程，引导各类创新资源加速向企业集聚，不断增强企业在创新驱动发展中的主导作用，形成一批有国际竞争力的创新型领军企业，如华为、中兴、腾讯、格力、美的、比亚迪等在国内外均有较强竞争力和影响力的企业。在培育创新型企业过程中，重视推动形成大中小企业协调配套的创新型企业发展格局，重视推进产学研合作和协同创新，鼓励组建由企业、高校和科研院所共同参与的产业技术创新战略联盟和共性技术研发基地，推动跨领域、跨行业协同创新与资源转移共享；其次，加强企业研发机构建设。综合运用财政补助、企业研发准备金制度等政策与工具，支持企业建设一批工程研究中心、企业技术中心、重点实验室、企业研究院及产学研创新联盟等，引导企业整合资源建设一批新兴产业创新中心和制造业创新中心①；最后，创新财政科技投入方式，充分发挥财政资金对促进技术创新、技术改造的杠杆引导作用。例如，为鼓励珠江西岸先进装备制造产业带加快重大装备产品创新与研发，更好地推动珠江西岸先进装备制造业创新驱动和提质发展，广东省经信委设立了2018年珠江西岸先进装备制造业发展资金，以事后奖补的方式支持企业创新，鼓励首台（套）装备的研发与使用。

　　第二，全面推进高水平大学建设。2017年9月，国家"双一流"大学建设名单公布。全国共有42所一流大学建设高校和95所一流学科建设高校入选，其中，广东有2校18学科入选。2017年，广东已安排6亿元专项资金支持入选高校建设"双一流"。关于对接国家"双一流"建设，广东很早便有了先行举措。自2015年4月以来，广东率先在全国启动高水平大学、高水平理工科大学（下称"双高"）建设，这既是主动对接国家和世界一流大学、一流学科建设重大战略的前瞻性举措，也是推动高等院校有力支撑创新驱动发展战略的重要抓手。"双高"就是"双一流"的后备军和预备队②。近年来，广东省大力推进重点高等学校和重点学科建设，建设了一批高水平理工科大学，加快形成一批理工类、应用型重点学科。纵观广东高等教育"双高"建设三年来的举措，依靠政策

---

① 广东省科技厅：《"十三五"广东省科技创新规划（2016—2020年）》，http://www.gdstc.gov.cn/HTML/zwgk/fzgh/1495180752407160499394236367857.html，2017年5月11日。
② 贺蓓、尹来：《"双高"对接"双一流"，广东全国率先建高水平大学群》，《南方都市报》2017年10月16日，第4版。

扶持、加大资金投入、深化高等教育"放管服"改革、紧抓人才队伍建设等措施成功促进了广东高等教育大发展，为广东2校18学科入选"双一流"奠定了良好的基础。

第三，完善科研院所体系与建设机制。广东省历来重视科研机构的建设与发展。自2000年以来实施了省属科研机构分类改革，先后建设了工业、农业、服务业和社会发展四大板块省属科研机构，重组了省科学院，在科研机构体制改革上做出深入探索。自2015年广东省科学院实行重组以来，各科研机构的能力得到了较大的提升，在科研开发、科技成果转化、科技服务中各具特色，发挥了重要的作用①。今后几年，广东省将以建设国内一流的综合性大型科研机构为目标，实行面向市场、产学研结合、高效灵活的现代科研院所新型管理体制，强化高层次人才集聚、产学研合作以及科技成果转化的载体功能；深入实施科研（研发）机构改革提升专题计划，加强省属科研机构、各级工程中心和产业公共服务平台建设，建设一批高水平科研机构，重点扶持一批省级工程中心升级为国家级工程中心；支持广东省科学院与中国科学院、中国工程院以及国内外其他知名高等院校、大院大所加强交流合作，努力打造全省创新驱动发展枢纽型高端平台。

第四，推动科技创新平台体系建设。必经正视的问题是，在广东省的物质技术基础建设方面，截至2016年底，广东省建有国家重点实验室11个②，基础研究力量仅居全国第六名，与广东省GDP总量连续多年居全国首位的经济实力不相匹配。为贯彻落实习近平总书记关于夯实自主创新的物质技术基础建设的重要指示精神，增强广东基础研究和源头创新能力，广东省于2016年出台《广东省人民政府关于印发〈广东省科技

---

① 曾祥效：《广东应更加重视省属科研机构能力建设》，《广东科技》2017年第5期，第26~27页。
② 科学技术部基础研究司、科学技术部基础研究管理中心：《2016年国家重点实验室年度报告》，中国科学技术部，2017，第3页。

创新平台体系建设方案〉的通知》，明确提出，到 2020 年建成由国家实验室、国家重点实验室、广东省实验室、广东省重点实验室等共同构成的多层次、宽领域、特色优势明显的实验室体系，力争实现国家实验室建设零的突破、国家重点实验室数量翻番且总体数量跃居全国前三的发展目标；聚焦优势支柱及战略性新兴产业领域，建设一批具有开放性、集聚性和前瞻性的高水平广东省技术创新中心，培育成为国家技术创新中心，强化工程技术研究中心建设，力争到 2020 年形成国家技术创新中心、国家级工程技术研究中心、省级工程技术研究中心的梯次发展新格局。

广东省委书记李希强调，实验室建设要瞄准世界科技前沿，加强基础研究和原始创新，进一步推动重大科技基础设施和重大创新平台建设，协同提高自主创新能力[①]。2018 年 3 月，广东已经启动了首批 4 个省级实验室的建设，直接对标国际一流实验室，面向四个经济强市及其核心产业，建设深圳的网络空间科学与技术、广州的再生医学与健康、佛山的先进制造科学与技术和东莞的材料科学与技术 4 个省级实验室，率先将当地科技基础设施与企业基础和应用基础研究需求对接，开展相关领域研究。2018 年 11 月，广东启动第二批 3 家省级实验室建设，中国首台散裂中子源装置在东莞正式投入运行，江门中微子实验站等大科学装置顺利推进。

三　完善协同创新机制，推动形成创新合力

党的十八届三中全会决定提出，要建立产学研协同创新机制，这表明协同创新已经成为国家推进科技创新与产业发展的重要途径与重大战略举措。一直以来，广东科技发展仍存在高层次人才结构性缺乏、核心技术供给不足等问题，归根结底是原始创新能力不足、科技资源流动性

---

① 徐林：《大力建设科技创新强省》，《南方日报》2018 年 1 月 26 日，第 1 版。

不强。为此，广东省始终强调要全方位、多角度地健全协同创新机制，促进多领域协同创新。

一是不断创新体制机制，逐步建立了"三部两院一省"（科技部、教育部、工业和信息化部，中国科学院、中国工程院，广东省）的合作格局，打破行政区域对教育、科技资源的限制，引导更多创新要素和资源向广东集聚，弥补了广东在转变经济发展方式过程中的教育、科技资源不足的问题。2015年，广东省省部院产学研合作全年实现产值2000亿元，利税200亿元[①]，省部院产学研合作有效推动了广东经济的发展。

二是大力发展新型研发机构。广东省是新型研发机构起步最早的省份之一，可谓开全国先河。1996年12月，清华大学和深圳市政府合作建立深圳清华大学研究院，揭开了广东省新型研发机构建设的序幕。到21世纪前10年，以深圳华大基因研究院、深圳光启高等理工研究院为代表的新一批"民办非企业"性质的新型研发机构建立，广东省的新型研发机构进入蓬勃的多元化发展阶段。在2014年9月的广东省新型研发机构建设现场，时任省委书记胡春华提出，大力发展新型研发机构要发挥市场化优势。要把市场配置科技资源的作用充分发挥出来，引进和建立与优秀科研机构合作的平台，推动新型研发机构与企业合作，建立风险投资和科技金融服务机制，打通科技成果向现实生产力转化的途径，更好地推动科技成果的转化和应用[②]。在此决策部署下，近年来广东省新型研发机构发展成绩斐然。

据《广东省新型研发机构发展情况报告》显示，截至2017年底，广东省新型研发机构已达219家，机构总收入预计达1015亿元，成果转化和技术服务达614.5亿元，创新资源加速集聚，创新能力显著增强。从

---

① 林亚茗、吴哲、谢庆裕：《广东关键核心技术自给率达71%——初步构建起开放型区域创新体系》，《南方日报》2016年2月16日，第2版。

② 刘毅：《加快新型研发机构建设发展　支撑广东科技创新》，《广东科技》2014年第23期，第14～15页。

科研产出上看，2017 年新型研发机构有效发明专利拥有量预计达 8454 件，近三年增长率约为 36%，平均每家机构有效发明专利拥有量达 38 件。发表论文数预计达 6994 篇，年均增长率约为 31.6%，平均每家机构为 31 篇①。借助新型研发机构在成果转化、孵化企业、集聚人才和产学研合作等方面的综合载体作用，广东正努力实现科技与产业发展的"量质双提升"。

三是鼓励重大科技项目联合攻关。为贯彻落实国家重大科技项目战略部署，充分发挥产学研用协同机制，深入实施重大科技专项，鼓励重大科技专项协同攻关，围绕广东重大科技需求，广东省制定并出台了《广东省重大科技专项总体实施方案（2014－2018）》，按照"瞄准前沿、精心选择、突破重点、努力赶超"的总体思路扎实推进并鼓励产学研联合申报重大科技项目。

四是深入推动产学研协同创新平台建设。围绕战略性新兴产业发展和重大科技专项实施，广东深入推进以企业为主体、高校和科研院所广泛参与的产业技术创新联盟、院士工作站、特派员工作站等产学研合作创新平台建设，2011 年起推进近 300 家广东省产业技术创新联盟建设，目前已初步覆盖信息技术产业、生物产业、高端装备与新材料产业等广东省战略性新兴产业。2016 年，新组建产业技术创新联盟 82 家，总数达 204 家，累计攻克产业关键性、共性技术 4000 多项。此外，围绕企业和行业的技术研发需求，鼓励建立企业研究开发院、行业技术中心等新型研发组织，加快形成企业、大学、科研机构协同创新的技术创新体系。

五是推动各专业镇与对口高校、科研机构建立长期的合作关系，以推进传统产业转型升级为目标，发挥高校创新服务功能，建立服务全产业链的专业镇协同创新平台体系，深入实施"校（院）镇合作""企业

---

① 渠丽华：《2017 年广东省新型研发机构总收入超千亿》，http://baijiahao. baidu. com/s？id = 1587856653281670801&wfr = spider&for = pc，2017 年 12 月 26 日。

科技特派员"等行动计划，组建综合性、专业性的协同创新中心，积极开展产学研合作与协同创新，面向企业与产业集群，不断积累人才、技术、项目、资本、信息等创新要素，促进专业镇实现整体式、集群式创新①。

四　统筹推进"四链"融合，加速创新驱动发展

一直以来，广东省都坚定促进创新链、产业链、资金链和政策链融合，坚持打造系统创新链。《"十三五"广东省科技创新规划（2016—2020）》文件明确指出，广东省科技创新发展要遵循"四链"融合、统筹推进的原则，即坚持大科技、大创新、大开放、大协同的发展格局，促进创新链与产业链、资金链、政策链深度融合。

一是加快创新链与产业链融合。建设国家科技产业创新中心是中央赋予广东创新发展的总定位，广东牢牢抓住这个总定位，加速创新链与产业链的融合以提升广东科技创新能力与产业竞争力。一方面，积极完善区域创新体系，提高自主创新能力。例如，地处珠三角地理中心位置的广州番禺区积极推动上下游产业集聚发展，并引导大学城各高校与重点企业、园区、科研机构对接。另一方面，广东始终坚持创新驱动这一抓手不放松，强化企业创新的主体地位，加快建立科技创新成果转化机制，让创新为产业和经济的良好发展提供主要动力。

二是推进创新链与政策链融合。广东通过一系列创新驱动发展政策来促进科技创新，建设科技创新强省，打造全球性的科技创新中心。例如，在全国率先编制了"加快建设创新驱动发展先行省"的行动纲领和总路线图，全面启动建设全球最大的创新圈——珠三角国家自主创新示范区，加快推动粤港澳大湾区创新合作，推进广深科技创新走廊协同发展机制建立、颁布《"十三五"广东省科技创新规划（2016—2020）》等。

---

① 广东省科技厅：《广东专业镇协同创新打造经济新常态》，《广东经济》2016 年第 5 期，第 6～9 页。

三是全方面促进创新链与资金链融合。2014 年 2 月，广东省科技金融工作会议发布了《2014 年科技、金融、产业融合创新发展重点行动》。2014 年 6 月，广东出台了《广东省人民政府办公厅关于深化金融改革完善金融市场体系的意见》，为科技、产业、金融的深度结合指明了方向。2015 年 7 月，印发了《关于升级建设创新创业金融街的试点方案》，提出加快创新创业资源集聚，促进科技、产业、金融有效创新融合。2016 年 6 月，颁布《广东省人民政府办公厅关于金融服务创新驱动发展的若干意见》等系列政策，强调加快推动金融改革创新，促进金融更好地支持创新、支持实体经济、支持对外开放合作。设立产业技术创新与科技金融结合专项资金、成立广东省科技金融促进会等，着力打造科技金融沟通、对接与服务体系，加大财政科技投入力度，引导不同主体投入科技成果产业化，有力推动了科技创新与金融的充分融合。

经过多年探索，广东形成了"一专项、两平台、三体系"的科技金融联动格局①。其中，"一专项"是指"产业技术开发与科技金融"专项资金，为金融机构和社会资本投入科技产业起着引导调动作用；"两平台"之一是指广东省生产力促进中心牵头建设的全省科技金融综合服务网络平台，负责科技型企业融资中的"最后一公里"问题，之二是指依托广东省粤科金融集团建设的全省政策性科技金融平台，主要负责科技金融的一体化发展；"三体系"指科技信贷体系、科技风险投资体系和科技多层次资本市场体系。"一专项、两平台、三体系"打造了多方联动的政策措施，整合财政引导资金、传统金融资本、民间资本、保险资本等，加速了广东省良好科技金融环境的形成。

四是构建多层次、多元化的促进创新创业投融资体系。广东省近几年积极完善投融资体系，加速新兴科技成果转化和新型产业培育发展。

---

① 黄宁生：《全面推进创新型省份建设　打造国家科技产业创新中心》，《科技日报》2017 年 1 月 10 日，第 14 版。

其一，完善线上线下科技金融服务体系。建立并逐步完善广东省科技金融综合信息服务平台，运用信息化手段加强对科技企业的科技金融服务，在线上进行融资对接，已建设了1个省级科技金融综合服务中心，20个分中心，初步形成覆盖全省的科技金融服务实体网络；其二，培育和发展创业投资。设立广东省战略性新兴产业创业投资引导基金，并组织实施广东省战略性新兴产业创投计划，扶持战略性新兴产业和高技术产业领域处于初创期、早中期的创新型企业，设立广东省科技型中小企业技术创新基金，以无偿资助、贷款贴息等方式支持战略性新兴产业领域的科技型中小企业的技术创新活动；其三，引导企业走向资本市场。支持广州、深圳前海以及广东金融高新技术服务区股权交易中心发展，积极推动新三板科技企业挂牌上市工作，建立孵化器全链条，为新三板提供科技企业"蓄水池"。

第二节　以构建现代产业体系为重点，加快建设现代化经济体系

广东是我国的经济大省，是改革开放的先行者和排头兵，在构建现代产业体系和经济转型升级方面依旧走在全国前列，并具有自身独特经验。其一，广东始终坚持以工业创新为核心推进产业结构高端化发展。近年来，广东坚持把创新驱动作为工业发展的核心战略和产业结构调整的总抓手，强化企业创新主体地位，形成创新成果产业化的良好机制，使创新成为引领供给侧结构性改革和产业高端化发展的主要动力；其二，广东强调把战略性新兴产业发展摆在十分突出的位置。2017年，基于国家产业规划部署以及对国际科技产业发展趋势的判断，广东发布《广东省战略性新兴产业发展"十三五"规划》，紧紧围绕建设国家科技产业创新中心，重点布局新一代信息技术产业、生物产业、高端装备与新材料

产业、绿色低碳产业、数字创意产业以及战略新兴产业；其三，坚持以智能制造为主攻方向，建设制造强省。广东省选准优势领域，以智能制造为主攻方向贯彻实施《中国制造 2025》。其中，在广东省的大力支持下，珠江西岸"六市一区"成为国家首批"中国制造 2025"试点示范城市群，珠江西岸先进装备制造业发展迅速。而珠江东岸以广州和深圳为中心和带动点，成功打造了一批具有国际竞争力的电子信息产业集群。

一　培育壮大战略性新兴产业，高起点建设世界先进制造业集群

"十二五"期间，广东省将发展战略性新兴产业作为推进产业结构调整、加快经济发展方式转变、抢占经济科技发展制高点的重要举措，推动全省战略性新兴产业发展取得良好成效，全省战略性新兴产业年均增速超过 12%；以战略性新兴产业为主的高技术制造业增加值从 2010 年的 4850.59 亿元增加到 2015 年的 8172.2 亿元，年均增速达 11%，占规模以上工业企业增加值比重从 20.6% 上升到 27%。战略性新兴产业领域专利授权量位居全国前列，其中高端新型电子信息、新能源汽车、半导体照明、节能环保等领域专利授权量居全国首位[1]。

然而发展至今，广东的战略性新兴产业发展也面临严峻的发展形势和挑战。从国际看，世界主要发达国家和地区纷纷加快布局发展新兴产业，加快抢占未来科技和产业发展制高点；从国内看，珠三角、长三角、京津冀以及中西部等地区涌现出一批优势产业集群，形成了齐头并进、竞相发展的格局。但总体上，广东也处于新兴消费需求加快升级，新兴产业领域国际合作不断拓展，战略性新兴产业发展面临大有可为的战略机遇期。

---

[1]　广东省人民政府办公厅：《广东省人民政府办公厅关于印发广东省战略性新兴产业发展"十三五"规划的通知》，http://zwgk.gd.gov.cn/006939748/201709/t20170906_721337.html。

基于此，广东聚焦全球科技变革最前沿和产业发展新趋势，在《广东省国民经济和社会发展"十三五"规划纲要》中明确指出：将战略性新兴产业摆在经济社会发展更加突出的位置，发挥产业政策导向和促进竞争功能，打造一批产业链条完善、辐射带动力强、具有国际竞争力的战略性新兴产业集群，增强经济发展新动力。计划到 2020 年，高新技术产品产值占工业总产值比重超过 43%，战略性新兴产业增加值占 GDP 比重达到 16%。同时，广东强调通过引进、培育和建设一批重大产业集聚项目，实施一批新兴产业重大工程，推动新一代信息技术、生物技术、高端装备制造、新材料等产业成为新支柱产业；聚焦节能降耗、减排治污和绿色发展的需求，大力扶持新能源、节能环保、新能源汽车等成为新型优势产业①。

二　加强供给侧结构性改革，加快经济发展转型升级

2016 年，在党中央推进供给侧结构性改革的号召之下，广东率先出台了《广东省供给侧结构性改革总体方案（2016—2018 年)》及五个行动计划，打响了供给侧结构性改革的三年攻坚战。其中行动计划具体包括去产能、去库存、去杠杆、降成本、补短板五方面，简称为"三去一降一补"。目标是到 2018 年底基本实现"僵尸企业"市场出清，全面完成国家下达的淘汰落后产能任务。广东推进供给侧结构性改革始终坚持质量第一、效益优先，以创新驱动提升供给能力，以质量引领扩大有效供给，利用"三去一降一补"重要抓手，综合运用市场机制、经济手段、法治办法，形成优化产能结构、扩大有效供给的良好机制，大力促进生产要素从低质低效领域向优质高效领域流动，推动经济发展质量变革、效率变革、动力变革，促进整个经济结构向高质量发展转型调整。

近年来，广东认真落实中央全面深化改革和供给侧结构性改革的部

---

① 广东省发展和改革委员会：《广东省国民经济和社会发展"十三五"规划纲要》，http://zwgk. gd. gov. cn/006939756/201807/t20180706_772714. html。

署要求，推动一批重大改革取得突破，落实国家减税降费政策，出台"实体经济十条（修订版）""民营经济十条""促进就业九条"等系列政策措施，大力推进制造业提质增效，启动新一轮工业技改三年行动计划、高新技术企业树标提质行动等，使得发展活力和内生动力不断增强，有力支持了实体经济的健康发展。2018 年，全省新增规模以上工业企业8439 家，总量超过 5 万家，跃居全国第一。全省规模以上工业增加值增长 6.3%，先进制造业和高技术制造业增加值占规模以上工业比重分别达56.4% 和 31.5%。国家级高新技术企业数量超过 4 万家，总数、总收入、净利润等均居全国第一。国家质量工作考核连续 4 年获 A 级①。

虽然广东在推动一批重大改革方面成效显著，但离习近平总书记提出的广东为全国推进供给侧结构性改革提供支撑的要求还有差距。因此，《广东省国民经济和社会发展"十三五"规划纲要》重点强调了未来加强供给侧结构性改革的五大布局：一是以发展先进技术提升全要素生产率；二是以加强政策调控优化产能结构；三是以科技发展和市场需求导向扩大有效供给；四是以营造良好创新环境培育新业态和新商业模式；五是实施质量强省发展战略。

三　优化制造业发展布局，增强制造业核心竞争力

一是优化区域布局。推进珠江两岸制造业错位协调发展，以珠海、佛山为龙头，加快建设珠江西岸先进装备制造产业带，重点打造智能制造、新能源汽车、高性能船舶与海洋工程装备、轨道交通装备、通用航空装备等先进装备制造产业集群。支持韶关等地发展铸锻件、精密零部件等先进装备配套产业，建设珠江西岸先进装备制造配套产业区，培育特钢产业集群。以广州、深圳为核心，围绕电子信息技术、生物技术等重要领域，进一步拓展芯片设计、装备、模组制造及下游终端和应用开发

---

① 马兴瑞：《政府工作报告》，《南方日报》2019 年 2 月 2 日，第 3 版。

产业链，在珠江东岸打造一批具有国际竞争力的电子信息产业集群，引领河源、汕尾等地电子信息产业加快发展。建设绿色、安全、高效的沿海重化产业带，突出发展石化中下游产业和高附加值精品钢材，建设惠州、茂名、揭阳、湛江四大石化基地和产能超千万吨级的湛江钢铁基地①。

二是优化结构布局。实施优势产业培育行动，围绕装备制造、汽车、石化、家用电器、电子信息五大产业的龙头企业和重点项目，着力突破产业链关键环节，推动产业做大做强。实施工业强基工程，支持优势企业开展政产学研用联合攻关，突破关键基础材料、核心基础零部件（元器件）、先进基础工艺、产业技术基础的工程化、产业化瓶颈。加快发展服务型制造，支持制造业从加工生产环节向研发、设计、品牌、营销、再制造等环节延伸，鼓励制造企业积极发展精准化定制服务、全生命周期运维和在线支持服务，推动制造业由生产型向生产服务型转变②。

三是优化创新格局。推动形成以广州、深圳为引领，珠三角地区为主体，带动粤东西北地区协同发展的区域创新格局，形成若干具有强大带动力的创新型城市和区域创新中心。发挥广州、深圳在全面创新改革试验和创新型城市建设中的创新引领作用，增强珠三角地区汇聚创新资源的效能，鼓励支持珠三角城市创建国家创新型城市，推动珠三角地区各市形成各有特色、一体联动的创新驱动发展格局。整合深港创新圈、东莞松山湖高新区、广州科学城、中新（广州）知识城、惠州潼湖生态智慧区等地的创新资源，建设珠江东岸科技创新走廊；支持珠海西部生态新区、中山翠亨新区、江门大广海湾经济区和肇庆高新区等建设，推动珠江口西岸地区产业集聚和创新发展。增强珠三角地区对粤东西北地区在人才、技术、产业等方面的对接帮扶和辐射带动，在粤东西北地区

① 广东省发展和改革委员会：《广东省国民经济和社会发展"十三五"规划纲要》，http://zwgk. gd. gov. cn/006939756/201807/t20180706_772714. html。

② 广东省发展和改革委员会：《广东省国民经济和社会发展"十三五"规划纲要》，http://zwgk. gd. gov. cn/006939756/201807/t20180706_772714. html。

培育若干个省级创新型城市，努力在海洋经济、绿色农业、新型工业化等领域实现跨越式发展①。

四　加快专业镇转型升级，推进产业集群创新发展

20 世纪 80 年代末期，得益于毗邻港澳的地缘优势，在国际、国内产业转移推动下，广东省沿海地区逐步出现规模十亿、几十亿甚至上百亿元的产业相对集中、以镇为地理单元的新型经济形态。这些镇级经济的产业组织与产业形态是在政府推动与市场选择双重作用下形成，其产业集中度较高，专业化分工明确，产业链比较完备，创新、营销、信息网络和展览等公共服务体系健全。广东学者和地方政府将这种以镇（区）为基本地理单元，主导产业相对集中，已形成较大经济规模，呈现专业化协作配套发展的经济形态，称为"专业镇"②。例如，佛山顺德北滘镇、中山民众镇、东莞市清溪镇和东莞长安镇等。

制造业组别中，广东的东莞、中山和佛山的专业镇创新发展能力较为突出，家电、电子、健康医药仍是引领专业镇创新发展的主要产业；农业组别中，广州、深圳等创新型城市是珠三角农业镇发展的重要因素，粤北、粤西等地区专业镇创新发展则更依赖于产业特色；服务业组别中，创新发展能力强的专业镇主要集中于物流业，依托特定资源的文化旅游和文化创意产业专业镇创新能力也较为突出。2017 年，广东省专业镇地区生产总值（GDP）达 3 万亿元，占全省 GDP 总额的三分之一以上，近四成的专业镇工农业产值超过百亿元。其中，工农业产值超千亿元的专业镇达 11 个，超百亿元的 146 个③，专业镇在广东经济中扮演着越来越

① 广东省发展和改革委员会：《广东省国民经济和社会发展"十三五"规划纲要》，http://zwgk. gd. cn/006939756/201807/t20180706_772714. html。
② 朱桂龙、钟自然：《从要素驱动到创新驱动——广东专业镇发展及其政策取向》，《科学学研究》2014 年第 1 期，第 29～33 页。
③ 刘肖勇：《广东省专业镇地区生产总值预计达 3 万亿元》，《广东科技报》2018 年 4 月 13日，第 3 版。

重要的角色，成为重要的经济支柱。

"十三五"时期，随着资源环境约束的收紧、消费结构的升级和国际竞争的加剧，专业镇加快创新升级显得更为必要和紧迫。广东将着重推进加快专业镇转型发展，以推进专业镇产业转型升级为切入点，加快高新技术及新型业态改造和传统优势产业升级，大力构建社会化、市场化和专业化的专业镇公共科技服务体系。通过实施"重点示范专业镇"行动，打造专业镇协同创新中心，推进新一轮工业企业技术改造，推动特色产业集群的创新发展、协调发展和绿色发展，推动传统优势产业转型升级，并探索实行珠三角地区与粤东、粤西、粤北地区专业镇对口帮扶与联动发展机制，深化专业镇对口帮扶工作①。

第三节　以粤港澳大湾区建设为重点，加快形成全面开放新格局

2017 年 7 月，《深化粤港澳合作推进大湾区建设框架协议》正式签署，大湾区建设上升为国家战略。2019 年 2 月，党中央、国务院印发《粤港澳大湾区发展规划纲要》，提出要将粤港澳大湾区建设成为国际科技创新中心。打造粤港澳大湾区、建设世界级城市群是新形势下"一国两制"方针的实践探索，具有重大的现实意义和深远的历史意义，有利于推动粤港澳三地进一步扩大开放，汇聚全球更多创新要素资源，促进内地经济协调发展、保持港澳长期繁荣稳定；有利于贯彻落实新发展理念，深入推进供给侧结构性改革，加快培育发展新动能、实现创新驱动发展，为我国经济创新力和竞争力不断增强提供支撑；有利于国家"一带一路"建设，构筑丝绸之路经济带和 21 世纪海上丝绸之路对接融汇的

---

① 广东省科技厅：《"十三五"广东省科技创新规划（2016—2020 年）》，http：//www. gdstc. gov. cn/HTML/zwgk/fzgh/1495180752407160499394236 3067857. html。

重要支撑区。在"一带一路"框架下，粤港澳可以在新的历史起点上打造合作新引擎，开拓新领域，建立新机制，形成各方融合发展的大格局和携手参与国家战略的合力[①]；还有利于发挥粤港澳大湾区的龙头作用，加快推进珠江—西江经济带建设，辐射带动中南、西南地区发展，优化全国区域发展格局。

2018年8月，在广东省推进粤港澳大湾区建设领导小组全体会议上，李希强调，一定要认真学习贯彻习近平同志关于粤港澳大湾区建设重要讲话精神，把思想和行动统一到党中央的战略部署上来。把建设粤港澳大湾区作为继当年兴办经济特区之后迎来的又一重大历史机遇，充分发挥珠三角主阵地作用，推动粤东、粤西、粤北加强与大湾区发展对接，全面提升广东省经济创新力和竞争力。在2018年4月的全省全面深化改革工作会议上他还提出，坚持以体制对接和制度创新为核心，推动主要合作区域和重点领域体制机制创新，加快构建"极点带动、轴带支撑"网络化空间格局，深化粤港澳协同发展、互利共赢，打造国际一流湾区和世界级城市群[②]。省长马兴瑞在2018年《政府工作报告》中也着重强调，要携手港澳打造具有全球影响力的国际科技创新中心、金融枢纽和航运中心。

未来，广东将抓住粤港澳大湾区建设重大历史机遇，在更高起点上谋划构建改革开放新格局，推动大湾区建设成国际科技创新中心，深化粤港澳协同发展、深度参与"一带一路"建设，推动外向型经济升级，主动参与国际科技、经济的合作与竞争，积极融入国际科技创新网络，努力提升统筹国际、国内两种资源的能力，为经济社会发展提供强大支撑，为我国进入创新型国家行列提供有力支撑。

---

① 姜巍：《"互利共赢"新开放观与广东开放型经济体制创新研究》，《经济体制改革》2018年第2期，第5～12页。
② 徐林：《深入学习贯彻习近平总书记重要讲话精神 奋力开创新时代广东深化改革发展新局面》，《南方日报》2018年4月9日，第A01版。

一　建设国际科技创新中心，抢占全球科技创新制高点

新一轮科技创新和产业革命兴起之时，对广东省来说，是最好的时代，也是最具挑战的时代。能否牢牢把握新机遇占据全球科技创新制高点，实现经济发展转型升级，对于广东跻身全球创新型地区行列具有重要意义。按照习近平总书记的嘱托及中央部署，广东省以"四个走在前列"重要指示为统领，主动适应、把握和引领经济发展新常态，紧紧把握全球科技革命和产业变革重大机遇，立足自身实际，坚定不移地把创新驱动发展战略作为核心战略和总抓手，加快形成以创新为主要引领和支撑的经济体系和发展模式。

第一，全面深化与港澳台和泛珠三角地区科技合作。《"十三五"广东省科技创新规划（2016—2020 年)》明确指出要加强粤港澳大湾区创新合作，继续推进粤港澳创新走廊建设，实施粤港澳科技创新合作发展计划和粤港联合创新资助计划，深化粤台科技创新和产业合作，推动粤港澳台创新资源高效转移共享、协同创新创造，努力将粤港澳大湾区打造成为具有国际竞争力的创新高地。依托泛珠三角区域科技合作联席会议，在创新资源共建共享、科技专家库建设等领域进一步深化合作。

第二，打造"1 + 1 + 7"自主创新示范区建设新格局。目前珠三角国家自主创新示范区成为涵盖城市最多的一个国家自主创新示范区，有效促进了深圳与东莞、珠海、惠州等周边地区科技创新一体化，广州与佛山、中山、肇庆等周边地区的科技创新合作，逐步形成了以深圳、广州为龙头，珠三角七个市国家高新技术产业开发区为支撑，辐射带动粤东西北协同发展的创新格局①。同时还要继续加强对接港澳，与香港、澳门建立创新创业交流机制，共享创新创业资源，共同完善创新创业生态，

① 广东省委党校编《牢记嘱托　再创新局——学习贯彻习近平总书记对广东工作重要批示精神辅导读本》，广东人民出版社，2017，第67～68页。

为港澳青年创新创业提供更多机遇和更好条件。

2016 年 2 月，时任广东省委书记的胡春华强调，要扎实建设好珠三角自主创新示范区，全面提升珠三角区域创新水平，打造创新发展的强大引擎，为全省创新驱动发展提供示范带动。落实好以深圳、广州和珠三角 7 个地市国家级高新区为核心的 "1 + 1 + 7" 自主创新示范区建设新格局。珠三角 9 市按照示范区布局找准定位，形成分工互补的区域创新整体，共同将珠三角打造成为创新驱动发展的高地。推动创新要素高度聚集和创新资源优化配置，加大区域创新要素和创新资源聚集整合力度，重视发挥好高新区作为核心载体作用，推动科研资源共享共用，加快打通研发机构及人员与企业之间的通道，认真梳理并突破政策瓶颈，面向国际配置创新资源，把示范区建设成为带动全省创新发展的引擎。珠三角示范区在推动自身产业发展的同时，要在产业链配置上对粤东西北地区进行功能性转移，与粤东西北地区形成高水平的分工合作，形成两大区域融合发展的区域创新发展格局①。

第三，打造广深科技创新走廊。经过 40 年的改革发展，以广深间高速公路、轨道等交通要道为依托的轴线区域，集聚了大量高科技企业、人才、技术、信息、资本等创新要素。这一区域产业链齐全、配套能力强、市场发育成熟、对外开放水平高、科技成果转化能力强，为广深科技创新走廊建设积聚了优势。但是对标全球知名创新区域以及国内科技创新中心，区域内的创新发展仍面临高精尖创新资源不足、协同创新体制机制不健全、对科技产业发展的支撑能力不够充分等诸多掣肘②。

为此，广东深入贯彻落实中央关于实施创新驱动发展战略的决策部署，充分利用省内创新优势，实施《广深科技创新走廊规划》，建设由

---

① 徐林：《把创新驱动发展作为核心战略和总抓手落到实处　率先形成以创新为主要引领和支撑的经济体系和发展模式》，《南方日报》2016 年 2 月 17 日，第 1 版。

② 南方日报评论员：《为全国实施创新驱动发展战略提供重要支撑》，《南方日报》2017 年 12 月 15 日，第 F02 版。

"一廊十核多节点"，即广州大学城—国际创新城、广州科学城、深圳空港新城、深圳高新区、东莞松山湖等十大核心创新平台以及国际生物岛园区、天河智慧城、坪山高新区、梅林—彩田片区、中子科学城、长安科技商务区等 37 个创新节点构成的联动创新空间格局，建设具有吸引力的人居环境、国际一流的创新生态、多层次创新平台体系，建成一个产业联动、空间联结、功能贯穿的创新经济带，把广深科技创新走廊打造成为"中国硅谷"，形成全国创新发展重要一极，全面支撑"广州—深圳—香港—澳门"科技创新走廊和粤港澳大湾区国际科技创新中心建设，为全国实施创新驱动发展战略提供支撑。

第四，依托广州建立具有强大带动力的区域科技创新中心。习近平总书记在全国科技创新大会上强调，我国不仅要打造具有全球影响力的科技创新中心，而且还要建设若干具有强大带动力的创新型城市和区域创新中心。《中国区域创新指数报告（2017）》指出，广州年度区域创新综合指数位居我国第 4 名。广州科技教育人才资源丰富，拥有本专科以上高校 78 所，拥有广东省重点建设的全部 7 所高水平大学。作为珠江三角洲地区的龙头城市，广州市发挥高校和科研院所优势，依托国家建设珠三角国家自主创新示范区的政策优势，做强、做优、做大科技创新企业，推进珠三角（广州）国家自主创新示范区、广深科技创新走廊两大创新平台建设，打造广州创新发展极，承担"创新大脑"和"枢纽服务"的重要角色，积极增强创新"引擎"的带动、集聚和辐射功能，打造具有强大带动力的区域科技创新中心和国际科技创新枢纽城市[①]。

第五，依托深圳建设具有全球影响力的科技创新中心。创新是深圳的城市基因，也是深圳发展的显著优势。世界知识产权组织等机构发布的《2017 年全球创新指数报告》指出，在全球热点地区创新集群中，深

---

① 袁永、郑芬芳、郑求生：《广东建设全球性科技创新中心研究》，《科技管理研究》2017 年第 7 期，第 105 ~ 109 页。

圳居第二名，领先硅谷，仅次于东京。截至 2018 年 2 月，深圳拥有逾 3 万家科技型企业、1600 多家创新载体、数以万计的科技成果[①]。广东省充分发挥深圳的企业和市场化创新优势，依托国家建设深圳国家自主创新示范区的政策优势和濒临港澳的地缘优势，将深圳港建设成为海上丝绸之路的重要支点，并以深圳的 15 个地区作为广深科技创新走廊的重要节点，加快集聚和优化配置深圳的创新资源，加快推动深圳发展成为具有世界影响力的一流科技创新中心。

二　推动区域协同创新，提升资源跨区域配置效率

党的十八大以来，广东省坚决贯彻党中央建设创新型国家的战略部署，努力推动区域协调发展、提升资源配置效率。在 2018 年 6 月召开的广东省委十二届四次全会上，广东省委书记李希强调，广东要以构建"一核一带一区"的区域发展格局为重点，全面实施以功能区为引领的区域发展新战略，形成由珠三角核心区、沿海经济带、北部生态发展区构成的区域协调发展新格局。立足各区域功能定位，广东差异化布局交通基础设施、产业园区和产业项目，因地制宜地发展各具特色的城市，推动区域创新、协调发展。

一是全面提升珠三角综合实力和核心竞争力。深入实施《珠三角规划纲要》及相关政策，进一步优化珠三角地区生产力布局，推进珠三角国家自主创新示范区建设，支持珠三角率先构建现代化经济体系，加快珠江东西两岸融合互动发展，提升珠三角城市群引领带动能力。同时，支持东西两翼打造广东经济新的增长极，与珠三角城市串珠成链，建设沿海经济带。

二是着力推进粤东西北地区振兴发展。深化珠三角与粤东西北地区全面对口帮扶，支持结对城市开展产业共建，重点推进粤东西北地区交

---

① 陈雯莉：《"创新"基因让深圳焕发蓬勃生机》，《晶报数字报》2018 年 2 月 23 日，第 3 版。

通基础设施建设、产业园区建设和中心城区扩容提质，将粤东西北地区培育成新增长极。加强珠三角地区与粤东西北地区双向交流与合作，进一步强化珠三角核心区辐射带动作用，促进阳江、云浮、清远、韶关、河源、汕尾等环珠三角城市对接融入珠三角发展。近五年来，广东省的产业共建和对口帮扶工作取得明显成效，全省产业转移园规模以上工业增加值年均增长 20%①。

三是高度重视交通基础设施建设。近年来，促进粤东西北地区发展的基础设施建设取得重大突破，厦深、贵广、南广铁路和乐广高速等一批内联外通基础设施项目顺利建成。此外，广东省致力于打造世界级的"桥、岛、隧、地下互通"集群工程——深中通道项目。深中通道不仅为深圳、中山两地的紧密合作提供了便利，有利于提高珠三角区域整体竞争能力，还与港珠澳大桥相辅相成，推动粤港澳进一步密切合作。广州市也着力打造成为枢纽型网络城市，正在深入推进重要交通基础设施建设，例如航空机场、高速公路、国铁干线、码头航道、城际轨道等，已逐步建成对外高速通达、对内便捷互通的大交通网络体系，强化城市在人流、物流、资金流、信息流等方面的集聚和辐射带动作用，对提高全球资源配置能力具有重要的推动作用。

三 融入全球创新网络，增强全球资源配置能力

党的十八大以来，广东的开放格局已经从早期单纯的技术资本引进转变为融入全球创新网络，高效整合利用全球创新资源，并以此构筑全球竞争优势，掌握发展主动权的新格局。

一方面，广东实施了国际科技合作提升行动计划，着力"引进来"，重点加强与美国、欧盟、以色列等创新型国家的合作，搭建了中新（广州）知识城、中德（揭阳）金属生态城、中以（东莞）国际科技合作产

---

① 马兴瑞：《政府工作报告》，《南方日报》2018 年 2 月 2 日，第 A03 版。

业园等一系列国际科技合作重大平台，加快建设国际性创新驱动中心。近年来，广东省持续优化引进外资、服务外资等相关机制，于 2017 年印发的《广东省进一步扩大对外开放积极利用外资若干政策措施的通知》坚持引资、引智、引技相结合，努力汇集更多科技、人才等高端要素资源；支持外资研发机构参与省内研发公共服务平台建设和政府科技计划项目，并享受相关配套资金扶持；对外资研发机构给予财政资助、免税、退税等一系列优惠政策，支持研发创新；强调进一步扩大市场准入领域，营造优良营商环境，促进内外资企业公平竞争等。

近年来，广东省外商投资呈现投向高新技术产业、现代服务业的新趋势。特别是 2016 年以来，随着苹果、微软、思科等创新型跨国公司落户珠三角，外资在粤布局的高端化趋势越发明显。广东要继续稳定经济增长，离不开外资这一传统优势，经济迈向中高端、塑造发展新优势需要汇集世界 500 强等更多高端要素资源。据统计，2013～2016 年，珠三角累计实际利用外商直接投资年均增长 1.2%。外商投资领域向高技术产业、服务业特别是金融、保险、民生等服务领域拓展的趋势明显①。2018年，广东自贸区已经走过第三个年头，同时也迎来新的历史发展机遇。截至 2017 年 12 月，区内累计新设企业 21 万家，新设外商投资企业 9639家，实际利用外资 128.5 亿美元，世界 500 强企业在区内投资设立企业226 家。广东自贸区的建设助力"一带一路"腾飞，在全国范围内做出了很好示范②。

另一方面，广东也在加速全球范围内的创新布局，积极推动本土企业"走出去"。据不完全统计，近年来广东企业参与资源能源、生物医药、新能源等高科技领域的跨国并购 300 多起，实际交易总额超过 50 亿

---

① 《党的十八大以来珠三角经济社会发展成就》，广东统计信息网，http://www.gdstats.gov.cn/tjzl/tjkx/201710/t20171011_374439.html。

② 广东省自贸办：《广东自贸区三周年媒体行专题》，http://bendi.news.163.com/guangdong/special/tradezone3/。

美元①。此外，在"一带一路"框架下推动"走出去"和"引进来"相结合。积极响应"一带一路"倡议，大力支持共建国家贸易合作，搭建交流平台，力促企业合作。例如，长期以来，广东积极与葡萄牙语国家保持紧密合作，通过搭建展会平台，积极支持企业开拓葡语国家市场，及时为企业提供展会信息，帮助企业开拓国际市场，引导企业充分借助广交会、广东商品系列境外展等境内外展会平台抢抓订单。当前，广东省已先后在巴西、阿根廷、葡萄牙、西班牙等10多个国家联合举办粤澳联合海外推介会，组织省属企业及各市经贸分团在海外与葡语国家（地区）进行交流与推介②。

四　参与"一带一路"建设，发展高层次的开放型经济

广东曾是"海上丝绸之路"的始发地、我国最大的海上贸易中心、重要的枢纽、唯一的通商口岸及改革开放的先行区，也是我国对外经贸大省，是全国外向型程度最高的省份，拥有海陆统筹的先进港口群及高速公路网优势的综合枢纽，通过与香港、澳门合作，持续推动对外贸易的发展，促进沿岸国家和区域的经济发展。今日，广东正处在经济转型升级的关键攻坚期，参与"一带一路"建设将在一定程度上突破资源和市场的限制，利用"一带一路"共建国家广阔的资源、市场，重塑发展动力，调整发展结构，提升整合全球要素资源参与国际竞争的能力，培育国际经济合作竞争新优势，发展更高层次的开放型经济，实现经济的高质量发展。在习近平总书记提出"一带一路"重大合作倡议后，广东牢牢抓住这一扩大对外开放的重大历史机遇，着力加强与共建国家的互联互通，深化科技合作与经贸合作，推进双向投资，促进人文交流，共

---

①　罗桦琳：《创新驱动发展且看广东攻略》，http://www.gdass.gov.cn/message1nf0.5449.shtml，2017年5月23日。

②　祁雷：《广东与葡语国家合作大有可为》，《南方日报》2018年3月26日，第3版。

享机遇、共迎挑战、共同发展。

一是支持企业参与全球价值链布局。近年来，广东持续通过对外投资管理体制改革，鼓励企业"走出去"，主动参与更高水平的国际分工，布局全球科技创新网络，实现从全球价值链中低端向价值链高端攀升，提高开放质量或效益。例如，2015 年以来，广东省通过统保平台和贷款贴息项目支持企业海外投资。同时，对向"一带一路"共建国家及新兴国际市场国家和地区的出口投保给予倾斜支持，还采取股权投资、信保统保平台、贷款贴息等方式，激发企业对外投资活力；《广东省参与"一带一路"建设实施方案优先推进项目清单》梳理形成了 68 个项目，总投资达 550 多亿美元，鼓励有实力的企业参与国际基础设施建设和国际产能合作。

二是成立丝路重点基金，支持企业赴"一带一路"共建国家开展重大项目建设。广东省财政出资 20 亿元引导设立了总规模为 200 亿元的广东丝路基金，广东丝路基金聚焦于"五通"中的设施联通、贸易畅通、资金融通等领域。

三是与"一带一路"共建国家共建研究基地。近几年来，广东省建设了中国—东盟海水养殖联合研究与示范推广中心、中国—乌克兰巴顿焊接研究院等联合研究平台，积极参与建设了面向东盟、南亚、中亚、阿拉伯国家、中东欧等地区和国家的一系列区域和双边技术转移中心及创新合作中心，有力推动了与共建国家科研机构建立长期稳定的伙伴关系，促进了科技人文交流和技术转移，推动了相关产业的发展。此外，科技园区合作成为新的亮点和"国际名片"。广东通过建设高新区或科技园区的方式汇聚创新要素、促进经济增长的做法成为相关国家关注的兴趣点。目前，广东已与白俄罗斯等国家开展科技园区合作，建立了中国（广东）光电科技产业园等科技园区。

四是推动跨国区域融合发展。按照中央的决策部署，广东省充分利用港澳作为国际金融中心、贸易中心、航运中心的带动作用和独特的区位优势，与港澳共同建设面向沿线国家、联通内地的开放门户。主动参与孟中印缅经济走廊、中巴经济走廊、中新经济走廊、北部湾经济区和中国—东盟自由贸易区升级版建设。加快珠江—西江经济带开放发展，建设面向共建国家的合作区域。[①]

2013～2017 年，广东省大力提升开放型经济发展水平，着力培育开放合作新优势，全方位对外开放新格局进一步形成。深度参与"一带一路"建设，开通中欧、中亚班列，对共建国家进出口年均增长 8%。以欧美发达国家为重点，提升利用外资水平，五年累计实际利用外资 1253 亿美元。外贸结构进一步优化，进出口总额增长 8%，一般贸易和民营企业进出口年均增长 8.6%、11.6%，一般贸易占比超过加工贸易 9 个百分点。对外交流合作进一步加强，新增国际友城 59 对。[②]

第四节　以提高发展质量和效益为重点，加快推进科技体制机制改革

党的十八大以来，科技体制机制改革是改革发展的一个高频词。广东按照习近平总书记的部署和要求，坚持科技创新和制度创新"双轮驱动"，深入推进科技体制改革创新，力争破除一切制约科技创新的思想障碍和制度藩篱，增强广东区域创新体系整体效能，激发市场活力并降低社会交易成本，促进经济健康有序发展。中共广东省委书记李希在 2018 年 3 月全省科技创新大会上强调，要以最优、最好、最先进的标准为方向，深化体制机制改革，加快营造有利于创新的环境。

---

① 徐少华：《广东要争当贯彻推进"一带一路"战略的排头兵》，《新经济》2014 年第 31 期，第 1～5 页。
② 马兴瑞：《政府工作报告》，《南方日报》2018 年 2 月 2 日，第 A03 版。

一 以人才为发展根本，打造创新人才高地

近年来，广东省贯彻落实中央《关于深化人才发展体制机制改革的意见》精神，牢牢抓住人才这个根本，大力实施人才优先发展战略，立足全球视野，建立具有全球竞争力的人才制度体系，加快建设人才高地。为贯彻习近平总书记"人才是第一资源"的理念和国家人才发展战略，广东省把人才作为支撑发展的第一资源，于2017年1月出台《深化人才发展体制机制改革实施意见》，提出深化人才管理体制改革、改进人才培养支持机制、健全引才用才机制、强化人才评价激励保障机制、完善人才流动机制等一系列政策措施，力图通过建立人才优势，实现创新优势、科技优势、产业优势。

一是强化人才虹吸效应，打造国际人才新高地。首先，深入实施三大重大人才工程。"珠江人才计划"是广东省率先在国内开展的"整团队成建制"引才计划，即面向海内外大力引进国际一流水平的创新创业团队和领军人才、博士后研究人员；"广东特支计划"面向全省，遴选自然科学、工程技术和哲学社会科学领域的杰出人才、领军人才和青年拔尖人才；"扬帆计划"为振兴粤东西北地区提供人才动力。其次，强调整团队成建制引才。在引进高层次个人人才的同时，实行团队引进模式，并给予创新创业团队充足的资助资金。最后，鼓励在海外搭建平台，全球配置引才，柔性使用海外人才。鼓励支持有条件的地方建设海外人才离岸创新创业基地，支持企业在国（境）外设立研发中心、分支机构、孵化载体，就地使用人才。

广东通过实施"珠江人才计划""特支计划""扬帆计划"等重大人才工程，面向海内外引进了一批站在行业科技前沿、富有国际视野和能力的领军人才。从2009年开始实施"珠江人才计划"以来，广东加大引进创新科研团队和领军人才力度，先后引进6批162个创新科研团队和

122 名领军人才，集聚 5.8 万名国内外人才到广东创新创业，成为广东具有重要影响力的引才品牌①。

二是大力改进人才培养支持机制。首先，优化提升高层次人才培养工程，加大实施广东高层次人才特殊支持计划力度。给予杰出人才每人120 万元生活补贴，给予科技创新领军人才、科技创业领军人才、"百千万工程领军人才"、宣传思想文化领军人才和教学名师每人 80 万元生活补贴，给予科技创新青年拔尖人才、百千万工程青年拔尖人才和青年文化英才每人 50 万元生活补贴。同时，为支持省内本土高水平科研团队开展原创性基础研究，"珠江人才计划"从 2017 年起设立"本土创新科研团队"类别，并给予稳定资助。其次，实施企业家人才培养工程，建立常态化的企业家培训机制。每年选送 200 名省内高成长性科技型企业的主要负责人和国家及省重大人才工程创业人才到国内外学习培训，着力培养一批职业化、现代化、国际化的优秀企业家和职业经理人。再次，加大青年人才培养力度，实施青年优秀科研人才国际培养计划。每年资助 400 名 40 岁以下的优秀科研人才到海外一流大学和科研机构开展合作研究。发挥国家自然科学基金委员会——广东省人民政府联合基金和广东省自然科学基金等对青年创新人才的培育作用，着力培养一批科研创新团队和科技骨干人才②。最后，提高技术技能人才培养水平，制定高技能人才激励办法。遴选约 500 家企业深入开展校企联合培养技能人才试点。建立企业首席技师制度，通过评选南粤技术能手和组织职业技能竞赛，发现并培养优秀技能人才，鼓励各地区制定高技能人才纳入户籍准入管理政策，建立农村实用人才培训体系，深入实施新型职业农民培养工程。③

---

① 广东省人力资源和社会保障厅：《助力科技创新强省建设我省人社部门多措多举引进海外智力来粤工作外国人才占全国 1/6》，http://www.gdhrss.gov.cn/gzdt/10964.jhtml。
② 《广东省人民政府关于印发广东创新型省份建设试点方案的通知》，http://zwgk.gd.gov.cn/006939748/201703/t20170324_697587.html。
③ 中共广东省委办公厅：《关于我省深化人才发展体制机制改革的实施意见》，http://rencai.gov.cn/Index/detail/10148。

三是坚定不移地营造鼓励创新、宽容失败的氛围。首先，营造鼓励创新的氛围。广东省在《"十三五"广东省科技创新规划（2016—2020年）》提出，要加强对重大科技成果、杰出科技人以及创新型企业典型的宣传，逐步树立创新创业榜样以及崇尚创新、创业致富的价值导向，持续举办中国创新、创业大赛广东赛区、深圳赛区、港澳台大赛等大学生创新、创业大赛，积极参与国际创新、创业大赛，大力培育企业家精神和创客文化。进一步加强高等学校、科研院所和文化园区创新文化建设，鼓励大中型企业建立服务大众创业的开放创新平台，支持社会力量举办创业沙龙、创业大讲堂、创业训练营等培训活动。①

其次，对为创新创造而努力的失败者给予制度性保障。以广州市为例，2016 年广州市出台《广州市人民代表大会常务委员会关于促进改革创新的决定》，就"宽容失败"制定可操作性规定，即改革创新工作未实现预期目标，但决策程序和实施程序符合法律、法规、规章等规定，有关单位和个人勤勉尽责，未谋取非法利益，未与其他单位或者个人恶意串通的，对有关单位和个人不追究责任，不做负面评价。在推动改革创新过程中出现工作失误，但属于缺乏经验先行先试、国家尚无明确限制的探索性试验或者是为推动发展的无意过失等情形的，对有关单位和个人应当免于追究责任，或者从轻、减轻处理②。

再次，提供充足的科技创新资金支持。例如，广东省对高新技术企业的资金支持力度加大，2016 年修订并发布的《广东省高新技术企业培育工作实施细则》提到，入库或出库的高新技术企业最低奖 30 万元、最高奖补 300 万元，在同一年内，企业最高可享 600 万元的政策补贴"红

---

① 广东省科技厅：《关于印发〈"十三五"广东省科技创新规划（2016—2020 年）〉的通知》，http://www.gdstc.gov.cn/HTML/zwgk/fzgh/14951807524071604993942363067857.html。

② 《广州市人民代表大会常务委员会关于促进改革创新的决定》，http://www.rd.gz.cn/page.do? pa＝2c9ec0233a0016bd013a00366ab30059 &guid＝9e35074e6818478b9462cdefb3b6b8da& og＝402881cd27bbec710127bc46479d01c2。

包"①。在《广东省进一步扩大对外开放积极利用外资若干政策措施》中又明确支持研发创新，规定 2017～2022 年，对认定为省级新型研发机构的外资研发机构，省财政最高资助 1000 万元；对认定为博士后工作站、两院院士工作站的外资研发机构，省财政最高资助 100 万元；对外资研发机构通过评审的省级企业技术中心创新平台建设项目，省财政最高资助 200 万元。世界 500 强企业、全球行业龙头企业在广东新设具有独立法人资格的外资研发机构，可按照"一项目一议"方式给予重点支持。②

最后，加强科研道德建设和诚信建设，坚持制度规范和道德自律并举，建设教育、自律、监督、惩治于一体的科研诚信体系。具体举措包括：完善科研诚信的承诺和报告制度，实施科研严重失信行为记录制度，探索建立多层次的科技创新信用管理平台，形成跨部门的科研信用共建联动机制，鼓励社会参与科研诚信体系建设，监督、惩戒科研失信行为，提高失信成本，强化科研诚信的约束力；发挥科研机构和学术团体的自律功能，引导科技人员加强自我约束、自我管理；加强科研诚信教育，以科学道德、科学伦理、科研价值观教育培训为重点，引导广大科研工作者在科学探索的过程中自我约束，形成良好的科研文化氛围③。

二　推动科技管理向创新治理转变，提升政府创新服务能力

近几年，广东深入贯彻习近平总书记"坚决克服政府职能错位、越位、缺位现象"④ 的重要讲话精神，不断推动政府职能转变，深入推进简

---

① 新华社：《广东鼓励创新：企业一年内最高可享 600 万政策"红包"》，http://www. xinhua-net. com/fortune/2016 - 11/02/c_1119831873. htm。

② 《广东省进一步扩大对外开放积极利用外资若干政策措施》，http://zwgk. gd. gov. cn/006939748/201712/t20171204_733317. html？from = groupmessage&isappinstalled = 0。

③ 广东省科技厅：《关于印发〈"十三五"广东省科技创新规划（2016—2020 年）〉的通知》，http://www. gdstc. gov. cn/HTML/zwgk/fzgh/14951807524071604993942363067857. html。

④ 习近平：《正确发挥市场作用和政府作用　推动经济社会持续健康发展》，《人民日报》2014 年 5 月 28 日，第 1 版。

政放权，推进决策与评价科学化，强化政府创新服务，加快构建适应国际科技创新中心建设的科技创新治理体系。

其一，推进商事制度改革，加强事中事后监管。2012年以来，广东省牢牢把握"十二五"时期在行政审批制度改革方面先行先试的有利契机，结合广东省"三打两建"工作的深入推进，在全国先行一步开展了工商登记制度改革试验。在加强事中事后监管的原则下，大幅压减前置审批事项，改注册资本由实缴为认缴、先证后照为先照后证、企业年检为年报公示，推进工商注册便利化；强化信用约束机制，创新信息化、智能化监管手段，放管并重；开展市场准入负面清单制度改革试点，加快推进负面清单全覆盖。推行"双随机一公开"（随机抽取检查对象，随机选派执法检查人员，及时公布查处结果）监管，率先建立公平竞争审查制度，推动商事制度改革取得新成效，使得市场活力明显增强，新登记市场主体大幅增长，市场准入审批大幅减少和审批服务效能明显提升，全省办照时限普遍提速，统一缩短为5个工作日，比法定时限缩短了10个工作日①。

其二，简化行政审批流程。近年来，广东省积极改革创新政府工作，简政放权，科学全面地简化和梳理政府管理职能和流程，推进行政审批制度改革，并找准市场机制与政府监管的结合点，提高政府工作效率。广东省率先实行"三单"管理，即企业投资项目准入负面清单、行政审批清单、政府监管清单，简政放权和职能转变的步伐得到加快。"十二五"期间累计取消和调整省级行政审批686项，各级保留的行政审批事项数量均实现比2010年底减少40%以上②。同时，"一门式一网式"政府服务模式改革全面推开，逐步将部门分设的办事窗口和审批服务系统整合为

① 许瑞生：《深化商事制度改革　加强事中事后监管》，《行政管理改革》2015年第6期，第34~37页。
② 广东省人民政府：《广东省国民经济和社会发展第十三个五年规划纲要》，http://zwgk.gd.gov.cn/006939748/201801/t20180113_748467.html。

综合服务窗口和网上统一申办受理平台，网上全流程办理率达到 76.7%①。

其三，重大科技决策制度化、科学化。近年来，广东省为推进重大科技决策制度化，展开了一系列行动。首先，积极完善重大科技决策政策体系和制度安排。为推进重大科技决策制度化，广东省颁布了《广东省重大行政决策听证规定》和《广东省人民政府重大决策出台前向省人民代表大会常务委员会报告规定（试行）》，并制订了《广东省重大科技专项项目管理暂行办法》，为广东省重大科技决策科学化提供了制度保障；其次，加快建设科技决策咨询系统。广东省政府积极建设科技咨询专家库，广泛吸纳各地区、各行业的科技专家入库，鼓励专家掌握前沿科技发展态势，能够在国家层面提出咨询建议、发挥作用；最后，扎实推进重点智库培育工作。近年来广东省坚持高起点谋划、高水平建设省重点智库，2017 年有 15 家智库入选首批省重点智库②，针对广东省重点发展产业和前瞻科技布局提供深度分析与布局建议，推动政府科学决策水平的提高。

其四，完善科技评价机制。多年来，广东省十分重视科技评价改革工作，敢于创新制度，推动广东省科技评价工作更加公平、公正、公开。一方面，积极改进科技创新评价制度。广东省针对高校和科研院所的研究工作，积极完善分类考核机制和等效评价机制，覆盖科研、教学、成果转化等业绩，并丰富绩效考核指标，将标准制定、成果转化、专利发明等纳入指标体系③。在科技人员参与职称评审与岗位考核工作中，平等对待发明专利转化应用情况与论文相关指标，平等对待技术转让成交额与纵向课题指标④；另一方面，着力开展科技成果评价平台构建。2017

---

① 广东年鉴编纂委员会：《广东年鉴 2017》，广东年鉴社，2017，第 13 页。
② 翟丹然：《省重点智库建设工作座谈会召开》，《南方日报》2017 年 10 月 2 日，A05 版。
③ 广东省科技厅：《关于印发〈"十三五"广东省科技创新规划（2016—2020 年）〉的通知》，http://www.gdstc.gov.cn/HTML/zwgk/fzgh/149518075240716049939423630 67857.html。
④ 广东省科技厅：《广东省人民政府关于加快科技创新的若干政策意见》，http://www.gdstc.gov.cn/HTML/zwgk/zcfg/sfggz/1443002912701－905631760 7633866174.html。

年，广东省设立了"科技成果评价服务中心"，致力于通过专业评价机构对广东省企事业单位、高校、科研机构科技成果的科学价值、技术价值、经济价值、社会价值进行客观、公正的评价，提供优质便捷的科技成果评价服务。

其五，提供科技创新前瞻性研究服务。实施"重点产业专利导航计划"，围绕省战略性新兴产业、省重大科技专项、珠江西岸先进装备制造业等，深入开展专利导航、分析和预警，寻找产业创新重点方向，引导企业研究开发活动；选择若干高新区，在制定产业发展规划、创新政策及创新活动实践中实施一批运营类专利导航项目。截至 2016 年底，已有 21 个战略性新兴产业专利分析及预警数据库正式开通。同时，为跟踪最新科技创新动态，准确研判国际形势，广东省于 2016 年启动科技决策智库建设，服务于省重大科技决策、重大科技改革方向和社会重大科技发展方向决策。其中，科技革命与技术预见智库致力于国内外新兴科技产业动态与业态、新一轮科技革命发展研究、重大产业技术预见与挖掘等研究。

三　完善科技成果转移转化机制，促进科技赋能经济高质量发展

广东省始终坚持面向世界科技前沿、面向经济主战场、面向国家重大需求"三个面向"的科技主攻方向，积极落实习近平总书记关于实施创新驱动发展战略、深化科技体制改革、推动科技成果转化为现实生产力的重要指示精神。近年来，广东省积极制定政策推动科技成果转化为现实生产力，加快制定广东省科技成果转化促进条例，建立省级科技成果转化项目库，并于 2016 年颁布《广东省促进科技成果转化条例》，为促进科技成果转化为现实生产力提供了坚实的制度保障。同时，《"十三五"广东省科技创新规划（2016—2020 年）》也指出要完善科

技成果转移转化服务体系，大力发展各类科技成果转化服务机构、建设科技成果产业化基地。

其一，加强高技术成果转化载体建设。广东省以"三部两院一省"产学研合作为契机，建立了一批产学研创新联盟、产学研结合示范基地、科技成果转化服务机构、技术网络交易平台和科技成果产业化基地，为广东省科技成果转化构建了长效服务平台和支撑载体体系。例如，启动建设华南技术转移中心、中国高校科技成果交易会等科技成果转化重大平台，建立省级重大科技成果转化数据库等。

其二，加大科技成果转化资金支持。通过无偿资助、贷款贴息、补助资金、保费补贴和创业风险投资等方式，支持自主创新成果转化与产业化。设立由应用型科技研发专项、重大科技成果产业化扶持专项及其基金三部分组成的应用型科技研发及专项资金，进一步启动广东高校科技成果转化投资基金，加快科技成果转化与应用。例如，广东首创地方与国家联合研究新模式，设立国家自然科学基金委员会（NSFC）——广东联合基金，把关系广东经济、社会发展的重大科学问题提升到国家层面来组织实施，并将全国的科研成果引入广东，对推动广东重大基础研究和创新发展、成果转化具有深远意义。

其三，着手建设国家科技成果转移转化示范区。2018年，广东省开始建设珠三角国家科技成果转移转化示范区，努力打造成为连接粤港澳大湾区和泛珠三角地区，面向全国以及全球的科技创新成果转移转化重要枢纽。获批建设当年，珠三角国家科技成果转移转化示范区技术合同成交金额突破1000亿元，专利质押融资规模位居全国第一[①]。新时代的广东省，正在积极按照习近平总书记的指示，加快打通科技创新成果转化应用关卡，努力突破从科技成果到产业发展的转化瓶颈，加速科技与经济的融合发展。

---

① 马兴瑞：《政府工作报告》，《南方日报》2019年2月2日，第3版。

其四，构建区域高新技术成果转化和产业化基地。广东省积极贯彻落实《关于进一步促进科技成果转移转化的实施意见》，依托珠三角国家自主创新示范区、高新技术产业开发区以及重点科技园区等创新资源集聚区域，建设一批科技成果产业化基地，推动国内外重大科技成果在基地转化和产业化。对省内高新区电子信息、先进制造、生物医药、新材料、新能源等重点领域进行科技攻关战略部署，加大高新区投入，积极推动高新技术产业化。

其五，加强自主创新成果转化与应用支持。首先，健全政府采购制度。在性能、技术等指标能够满足政府采购需求的条件下，要求政府购买自主技术、自主产品等自主创新成果，首次投放市场的自主创新成果，政府应当率先购买；其次，推动自主创新成果形成相关技术标准。要求县级以上人民政府制定激励扶持政策，有条件的可以设立技术标准专项资金，支持企业、事业单位、行业协会主导或者参与国际标准、国家标准、行业标准和地方标准的制定和修订，推动自主创新成果形成相关技术标准；最后，引导自主创新成果应用与技术标准同步实施。广东省鼓励企业、事业单位、行业协会在自主创新活动中实行三个同步，即科研攻关与技术标准研究同步，自主创新成果转化与技术标准制定同步，自主创新成果产业化与技术标准实施同步。

其六，初步构建全链条、综合性、规模化的科技创新创业服务体系。近年来，广东省不仅深入实施孵化器倍增计划，大力推动科技企业孵化器、众创空间纵深发展，逐步完善众创空间—孵化器—加速器的全链条创新创业孵化体系，还鼓励引导各级政府、企业与省内外高等院校、科研机构、企业和社会团体以产学研合作的形式在广东创办新型研发机构，加快科技成果向现实生产力转化，不断催生新产品、新企业及新产业，使得全省科技和经济融合程度日益提高。2016 年，全省累计创办和孵化企业分别达 587 家和 3174 家，科技企业孵化器达 634 家，在孵企业超过

2.6 万家，纳入统计的众创空间达 500 家，逐步建立起众创空间—孵化器—加速器的全孵化链条①。

第五节　广州市深入实施创新驱动发展战略，高水平建设国家创新中心城市

广州是千年历史商都和中国改革开放前沿地，自古以来一直是中国通往世界的南大门，对外开放程度较高，经济一直比较活跃。当前，广州被赋予国家重要中心城市、粤港澳大湾区和泛珠江三角洲经济区核心城市以及"一带一路"枢纽城市的战略定位。近年来，广州市深入贯彻党中央、国务院及省委、省政府战略决策部署，深入实施创新驱动发展战略，高水平建设国家创新中心城市，强化国际科技创新枢纽功能，将科技创新作为国民经济和社会发展的重中之重加以统筹规划，突出企业创新主体地位，在科技创新、产业发展、企业培育、产学研结合、人才培养等方面取得突出成绩，广州创新驱动发展迈上了新台阶。

一　构建科技创新政策体系，激励科技创新驱动发展

近年来，广州市强化科技创新的顶层设计，加大科技创新发展统筹规划力度，制定《广州市促进创新驱动发展的实施方案》《广州市"十三五"科技创新规划（2016—2020 年)》，明确全市科技创新工作的重点任务和发展方向，统筹推动全市科技创新发展，构建了含金量较高、力度较大、处于国内前列的"1＋9"科技创新政策体系，为科技创新工作提供了源源不断的政策活力。

---

① 胡春华：《坚定不移实施创新驱动发展战略》，《人民日报》2017 年 8 月 30 日，第 7 版。

　　一是构建"1+9"科技创新政策体系①，激发创新活力。广州市出台了《关于加快实施创新驱动发展战略的决定》纲领性文件，明确指出广州将积极申报国家自主创新示范区，推进以广州为主体、广州高新区为核心的珠三角国家自主创新示范区建设，沿珠江两岸着力打造广州自主创新示范带。同时，发布了《关于加快科技创新若干政策的意见》《关于促进科技、金融与产业融合发展实施意见》《关于促进新型研发机构建设发展的意见》等9份配套政策文件，涵盖增强企业创新能力、产学研合作、推进科技成果转化、完善科技创新平台、吸引科技创新人才、加强科技金融等多个方面。

　　二是创新人才体制机制，形成梯次衔接的人才体系。推动创新领军人才队伍建设，制定出台人才"1+4"政策文件②，推进产业领军人才集聚。截至2017年，在广州工作的诺贝尔奖获得者6人、两院院士79人，"千人计划"专家281人、"万人计划"专家95人，广州地区5位创业人才入选第14批国家"千人计划"创业人才项目，在入选人数方面与上海并列全国第一。实施"珠江科技新星"专项，支持青年科技骨干开展科研活动；修订《广州市珠江科技新星专项管理办法》，从2016年起每年遴选人数增加至200名，2017年遴选"珠江科技新星"近900人，自2011年以来涌现出一批青年专家学者③；组织实施"智

---

① "1+9"科技创新政策文件，即《加快实施创新驱动发展战略的决定》纲领性文件及9个配套文件《加快科技创新的若干政策意见》《企业研发经费投入后补助实施方案》《促进科技企业孵化器发展的实施意见》《促进科技、金融与产业融合发展的实施意见》《对市属企业增加研发经费投入进行补助的实施办法》《促进新型研发机构建设发展的意见》《落实创新驱动重点工作责任的实施方案》《"羊城高层次创新创业人才支持计划"实施办法》《促进科技成果转化实施办法》。

② 注："1+4"政策文件，即《中共广州市委　广州市人民政府关于加快集聚产业领军人才的意见》及4个配套文件（《羊城创新创业领军人才支持计划实施办法》《广州市产业领军人才奖励制度》《广州市人才绿卡制度》《广州市领导干部联系高层次人才工作制度》）。

③ 广州市科技创新委员会：《〈广州市科技创新促进条例〉实施情况报告》，2018，第8页。

汇广州"高端人才对接服务行动，吸引海内外高层次人才前来，开展联合攻关、成果转化等创新合作；实施科技人才绿卡制度，建立高端人才绿色服务通道，开展技术移民试点，对引进的海内外人才，实行特殊的居住政策①。

三是发挥财政资金放大效应，促进科技与金融深度融合。实施打造具有国际影响力的风投创投中心行动计划，成立了注册资本为 50 亿元的科技成果产业化引导基金以及全国首个创新资本研究院，此外，广州首个创投小镇落户洋湾 2025 创新岛；成功举办全国首个创投周，超过 100 家科技企业获得机构意向投资；实施科技信贷行动计划，科技信贷风险补偿资金池 2017 年新增备案企业 4700 多家，累计超过 9000 家，切实解决中小型科技企业融资难、融资贵问题；实施以"新三板"挂牌为抓手的多层次资本市场行动计划，推动全国中小企业转让系统华南分中心落户荔湾区新三板大厦，与广州股权交易中心联合共建"科创板"；设立科技型中小企业创新资金，支持科技型中小微企业开展技术创新活动；制定《广州市重点服务创新标杆百家企业实施办法》，每年遴选 100 家"广州市创新标杆企业"，给予资金奖励和重点政策扶持。2015 年新增"新三板"挂牌企业 110 家，增加了 3 倍，累计达 145 家；2016 年新增"新三板"挂牌企业 203 家，累计达 347 家，新增挂牌企业数及挂牌总数均位列全国省会城市第一，新增挂牌企业净资产均值在"北上广深"排第一。2017 年，新增广州股权交易中心挂牌企业 1472 家、"新三板"挂牌企业 116 家，总数分别达 4328 家和 465 家②。

四是实施知识产权战略，营造知识产权创造与保护环境。积极推进国家知识产权质押融资示范工作，设立知识产权质押融资风险补偿基金，

---

① 广州市人民政府办公厅：《关于印发〈广州市科技创新第十三个五年规划（2016—2020年）〉的通知》，http://www.gz.gov.cn/gzgov/s2812/201704/9bd0afb3c29e4716ace1b5e4a78d5d07.shtml。

② 广州市科技创新委员会：《〈广州市科技创新促进条例〉实施情况报告》，2018，第 7 页。

着力推进专利质押融资常态化、规模化发展。贯彻落实《关于完善产权保护制度依法保护产权的意见》，增强各类经济主体创业创新动力。推动省、市、区共建中国（广东）知识产权保护中心，成立广东省南沙知识产权维权援助中心、广州市知识产权维权援助中心，加强知识产权公共服务。完善知识产权联合执法和跨区域知识产权执法协作机制，研究制定《广州市电商平台知识产权保护办法》，强化进出口环节知识产权保护，为电商领域经济发展保驾护航。2017 年全市发明专利申请 36941 件，同比增长 29.5%，发明专利授权量 9345 件，同比增长 21.9%，PCT 国际专利申请量 2441 件，同比增长 48.6%[①]。

二　提升自主创新能力，打造高端高质高新产业体系

一是推动自主创新能力提升。首先，为突出企业创新主体地位，广州市把高新技术企业培育作为"一号工程"，同时实施科技创新小巨人企业及高新技术企业培育行动，重点支持创新标杆企业做大做强。2017 年净增高新技术企业超过 4000 家，总数达 8690 家，在 2016 年实现突破的基础上再上新台阶（2015 年净增 263 家，总数 1919 家；2016 年净增 2820 家，总数 4739 家），连续两年净增量仅次于北京。支持企业设立研发机构，推动规模以上工业企业设立研发机构比例提高至 40%，年主营业务收入 5 亿元以上企业设立研发机构比例提高至 100%[②]。其次，提升源头创新能力。推动重大科技基础设施建设，力争在"十三五"期间有 1～2 项国家新建重大科技基础设施落户广州，积极参与广东大科学研究中心建设，依托超算能力和云计算优势，布局建设一批国际科学数据中心，提升高等院校和科研院所创新能力，支持企业与高等院校、科研机构合作，支持与国（境）外机构合作建设国际一流大学，加大前沿技术

---

① 广州市科技创新委员会：《〈广州市科技创新促进条例〉实施情况报告》，2018，第 8 页。
② 广州市科技创新委员会：《〈广州市科技创新促进条例〉实施情况报告》，2018，第 4 页。

和重大基础研究的支持力度①。

二是深入开展开放创新合作。广州市充分利用国内外两种创新资源和两个市场，全面参与全球产业竞争与合作，全面开展国际科技交流合作。与欧美发达国家合作有新突破，成功引进斯坦福国际研究院、美国冷泉港实验室，深化与英国伯明翰大学等政府间框架合作伙伴交流合作，成立驻美国硅谷、波士顿和以色列特拉维夫办事处，2013～2017年共转化先进技术成果 400 多项；与"一带一路"共建国家和地区合作更加紧密，中乌巴顿焊接研究院成为首个成建制引进国外科学院所的国际研发平台，完成现代焊接装备及工艺等 5 个平台建设，建立了以中乌两国院士领衔的 150 多人的国际化优秀科研团队。②

三是布局 IAB、NEM 产业，发展高端产业集群。在中央、国务院及省委、省政府关于推进智能制造的战略部署下，广州市确立了 IAB（新一代信息技术、人工智能、生物医药）、NEM（新能源、新材料）产业的发展战略，致力于面向全球集聚资本、技术、人才等创新资源，打造若干个千亿级高端产业集群。广州发布了《广州市加快 IAB 产业发展五年行动计划（2018 五年行动计划）》，明确提出要以新一代信息技术、人工智能、生物医药产业为引领，加强高精尖技术和项目引进。在此计划推动下，广州积极寻求世界顶级企业合作。随着富士康、思科智慧城、百济神州生物制药、赛默飞、冷泉港等项目的相继布局，富士康第 10.5 代显示器全生态产业园、乐金 8.5 代 OLED、思科智慧城、广汽智联新能源汽车产业园、通用电气生物科技园、百济神州等重大产业项目动工建设，以及琶洲互联网创新集聚区吸引腾讯、阿里巴巴等 17 家企业入驻③，广

---

① 广州市人民政府办公厅：《关于印发〈广州市科技创新第十三个五年规划（2016—2020年）〉的通知》，http://www.gz.gov.cn/gzgov/s2812/201704/9bd0afb3c29e4716ace1b5e4a78d5d07.shtml。
② 广州市科技创新委员会：《〈广州市科技创新促进条例〉实施情况报告》，2018，第 7 页。
③ 广州市科技创新委员会：《〈广州市科技创新促进条例〉实施情况报告》，2018，第 4 页。

州的 IAB 产业集群发展迈出坚实一步。"十三五"的中后期，广州将以每个细分行业的国际前 10 强企业为目标，引进一批集聚国际高端要素、高技术含量的跨国公司，汇聚广州建设（华南）总部或者研发中心，为广州市培育创新龙头企业。

三　优化创新空间布局，发挥龙头带动和辐射引领作用

广州市地处广东省中南部，珠江三角洲北缘，接近珠江流域下游入海口，是珠江东西两岸的"结合点"，是中国远洋航运的优良海港和珠江流域的进出口岸，是京广、广深、广茂和广梅汕铁路的交会点和华南民用航空交通中心。基于本身的产业优势、交通优势、教育优势以及正在崛起的科技创新优势，广州无疑将发挥重要的作用。随着广州创新驱动发展战略的深入推进，广州作为珠三角商贸、物流和交通中心的地位正在不断强化，科技创新能力也在不断提高，这使得广州可以在粤港澳大湾区建设中发挥独一无二的作用。

一是打造广州科技创新走廊，强化广州作为中心城市的龙头带动作用和辐射引领作用。按照省委省政府做出的"1 + 1 + 7"自主创新示范区建设新格局战略部署，作为龙头城市和重要增长极的广州制定出台了《广州国家自主创新示范区建设实施方案》，印发《珠三角国家自主创新示范区（广州）先行先试的若干政策意见》，推进政策创新和突破，融入国家自主创新示范区建设与发展。优化空间规划布局，加快统筹、整合各类科技园区，连接知识城、高新区、科学城、智慧城、琶洲互联网创新集聚区、生物岛、大学城、国际创新城、南沙明珠科技城等创新节点，高质量、高标准建设广州"四核"和"十三个创新节点"，打造"北斗矩阵式"广州科技创新走廊，形成创新发展的核心轴，支撑广深科技创新走廊建设。同时，依托广州高校、科研院所集聚优势，承担"创新大脑"和"枢纽服务"的重要角色，发挥粤港澳大湾区核心增长极作用。

二是加快建设全球枢纽型网络城市，提升全球资源配置能力。截至 2016 年，广州共吸引 288 家世界 500 强企业前来投资，与 220 个国家和地区开展贸易和投资往来，已成为我国与东南亚、印度洋周边国家以及澳大利亚联系的重要航空枢纽、航运枢纽。同时，广州还是我国第四大铁路枢纽、高铁枢纽、高速公路枢纽，第三大电信枢纽、国际互联网接入枢纽。中共广州市委、市政府在 2016 年 8 月发布的《关于进一步加强城市规划建设管理工作的实施意见》中强调，广州要建设枢纽型网络城市，以巩固和提升广州国家重要中心城市地位。广州市将按照广东省省会、我国重要的中心城市、国际商贸中心和综合交通枢纽的定位，主动对接"一带一路"建设，聚焦国际航运中心、物流中心、贸易中心和现代金融服务体系，重点建设国际航运枢纽、国际航空枢纽和国际科技创新枢纽三大战略枢纽，吸引和容纳全球经济资源、金融资源、贸易资源、物流资源、文化资源、人才资源和创新资源，加快提升城市品质和国际竞争力。

四 加快创新载体建设，促进科技成果转化

一是打造全链条科技企业孵化体系。广州孵化育成体系在广东独具特色，近年来在全国最早建立了完善的政策支持体系，且陆续修订出台了一系列管理办法，引导社会力量积极参与孵化育成体系建设，形成全市"众创空间（创业苗圃）、孵化器、加速器"全链条孵化体系；同时秉承"六个一"理念（即在每一个细分行业，支持一家龙头企业，打造一个研发平台，设立一支创投基金，组建一个产学研技术创新联盟，建设一个特色园区），形成集众智、汇众力的全要素协同创新生态系统。2017 年，广州众创空间、孵化器总数分别达到 164 家（国家级 53 家）、261 家（国家级 26 家），孵化面积超过 900 万平方米，2015～2017 年优秀国家级孵化器数量连续三年居全国前列，毕业企业超过 1000 家，已成

为广东省甚至全国建设孵化育成体系的典范。① 在 IAB、NEM 领域涌现了达安医疗健康、冠昊生命与健康、华南新材料等一批专业孵化器。

二是加大新型研发机构建设发展扶持力度。支持以"多种主体投资、多样化模式组建、市场需求为导向、企业化模式运作"为主要特征的新型研发机构建设发展，与国内外知名高校、科研院所、企业合作组建了中科院广州生物医药与健康研究院、中乌巴顿焊接研究院、清华珠三角研究院等开放型科技创新平台，2015 年省级新型研发机构 28 家，2016 年新增认定省级新型研发机构 16 家，累计达 44 家，2017 年新增省级新型研发机构 8 家，总数达 52 家，数量连续三年居全省第一。②

三是提升科技成果转化服务能力。广州市出台了《广州市科技成果交易补助实施办法》，鼓励国内外技术成果在广州落地转化。2017 年建立了科技成果转化数据库，汇集科技成果 9260 项，开展技术合同登记 6612 项，为全市科技成果转移转化提供支撑。形成了以广州知识产权交易中心、广州交易所集团、汇桔网等为代表，国有控股、民营资本共同参与的多种所有制、多层级技术（知识）产权交易体系。发放科技创新券，支持企业及创客购买各类科技创新服务。落实市财政资助项目科技成果登记制度，支持各类成果转化机构向社会提供科技信息服务。加快推进科技成果转化应用，扩大高校和科研机构成果转化自主权，赋予创新领军人才更大的人财物支配权、技术路线决定权，推进实施经营性领域技术入股改革，健全科技成果、知识产权归属和利益分享机制。

当前，广东省既面临千载难逢的发展机遇，也面临经济发展和转型升级的双重压力。要在新起点上实现新崛起，广东省肩负着强烈的责任感、使命感和紧迫感。作为中国经济第一大省，广东已经将创新作为引

---

① 罗桦琳：《广东打造国家科技产业创新中心》，《广州日报》2017 年 10 月 2 日，第 A5 版。
② 广州市科技创新委员会：《〈广州市科技创新促进条例〉实施情况报告》，广州市科技创新委员会，2018，第 6 页。

领发展的第一动力，积极贯彻落实创新驱动发展战略。近几年来，广东在发展方式转变和发展动力转换上迈出坚实步伐，进一步形成了以创新为主要引领和支撑的经济体系和发展模式，开创了全省发展的新起点和新局面。广东经济社会发展取得的巨大成就是广东落实好全面创新改革试验的坚实基础，增强了广东自主创新的信心与勇气，使广东的发展站在了更新更高的起点上。未来，广东将高举习近平新时代中国特色社会主义思想伟大旗帜，认真贯彻落实党的十九大精神和习近平总书记提出的"四个走在全国前列"要求以及对广东工作的重要指示批示精神，坚定不移地走中国特色自主创新道路，紧抓粤港澳大湾区建设重大机遇，加快融入"一带一路"建设的广阔发展空间，以改革激发创新活力、创新驱动发展、实干践行新理念，将创新摆在发展全局的核心位置，让创新在全社会蔚然成风，为在构建推动经济高质量发展体制机制、建设现代化经济体系、形成全面开放新格局、营造共建、共治、共享社会治理格局上走在全国前列注入新动力，为实现中华民族伟大复兴的中国梦做出更大贡献！

后　记

　　本书是在广州市社会科学界联合会组织领导下，由华南理工大学工商管理学院、广东省重点智库"华南理工大学科技革命与技术预见智库"、广州市大型企业创新体系建设研究中心的多位专家与学者通力合作的智慧结晶。全书撰写工作主要由张振刚和陈一华承担，同时还有十位同志参与本书撰写工作，他们是尚钰、张璇子、易欢、尚希磊、魏玉媛、罗泰晔、沈鹤、黄洁明、陈雪瑶、朱莉莉。

　　本书的撰写出版工作是在广州市社会科学界联合会领导的关心和指导下进行的，其间还获得了丛书编委会多位专家的指导。其中特别感谢广州市社会科学界联合会曾伟玉主席，她为本书付出了大量心血，做出了重要贡献，一是亲自多次组织策划本书相关研究工作，组织了多次研讨会，与本书作者讨论了研究设计和撰写工作；二是为本书的框架拟定、写作思路和写作内容提供了高屋建瓴的指导建议；三是组织省内外专家为本课题组提供了学术交流平台和智力支持。感谢广州市社会科学界联合会郭德焱副主席、陈伟民部长等领导的热切关注和大力支持。还要感谢华南理工大学王福涛教授、余传鹏老师，华南师范大学薛捷教授，华侨大学林春培教授，广州大学李云健老师，广东省科学技术厅副厅长郑海涛研究员，广州市科学技术局詹德村副局长，广东拓思软件科学园有限公司董事长周海涛研究员等，他们为本书的研究工作提出了许多建设性意见。本书还得到了社会科学文献出版社相关领导和编辑、专家的指导和帮助。

在此，谨向参与本书工作的各位领导、专家和学者，表示衷心感谢！

图书在版编目（CIP）数据

创新发展理念研究：创新是引领发展的第一动力／
张振刚，陈一华编著. -- 北京：社会科学文献出版社，
2019.10（2021.3 重印）
（新发展理念研究丛书）
ISBN 978 - 7 - 5201 - 5781 - 0

Ⅰ.①创… Ⅱ.①张… ②陈… Ⅲ.①技术革新 - 研
究 - 中国 Ⅳ.①F124.3

中国版本图书馆 CIP 数据核字（2019）第 243328 号

新发展理念研究丛书
创新发展理念研究：创新是引领发展的第一动力

编 著／张振刚 陈一华

出 版 人／王利民
责任编辑／周 琼
文稿编辑／杨一男 杜红春

出 版／社会科学文献出版社·政法传媒分社（010）59367156
地址：北京市北三环中路甲 29 号院华龙大厦 邮编：100029
网址：www. ssap. com. cn
发 行／市场营销中心（010）59367081 59367083
印 装／北京玺诚印务有限公司

规 格／开 本：787mm × 1092mm 1/16
印 张：18.5 字 数：245 千字
版 次／2019 年 10 月第 1 版 2021 年 3 月第 2 次印刷
书 号／ISBN 978 - 7 - 5201 - 5781 - 0
定 价／85.00 元

本书如有印装质量问题，请与读者服务中心（010 - 59367028）联系